技术运营

海量资源精细化运营实战
第2版

熊普江 盛国军 /著

机械工业出版社
CHINA MACHINE PRESS

图书在版编目（CIP）数据

技术运营：海量资源精细化运营实战 / 熊普江，盛国军著. -- 2 版. -- 北京：机械工业出版社，2024.
10. -- ISBN 978-7-111-76647-6

Ⅰ．F273

中国国家版本馆 CIP 数据核字第 2024E3Z783 号

机械工业出版社（北京市百万庄大街 22 号　邮政编码 100037）
策划编辑：赵亮宇　　　　　　　　　责任编辑：赵亮宇
责任校对：王小童　杨　霞　景　飞　责任印制：刘　媛
涿州市京南印刷厂印刷
2024 年 11 月第 2 版第 1 次印刷
170mm×240mm・17.25 印张・278 千字
标准书号：ISBN 978-7-111-76647-6
定价：89.00 元

电话服务　　　　　　　　网络服务
客服电话：010-88361066　机　工　官　网：www.cmpbook.com
　　　　　010-88379833　机　工　官　博：weibo.com/cmp1952
　　　　　010-68326294　金　　书　　网：www.golden-book.com
封底无防伪标均为盗版　机工教育服务网：www.cmpedu.com

Praise 本书赞誉

本书通过对爆款产品及应用的详细分析，介绍了如何在创业和创新中找到技术突破点、如何制定卓越的技术运营策略，以及如何运用与实现系统方法。作者从互联网时代下的大型企业系统架构、资源规模、业务技术优化等最佳实践出发，全面剖析技术精细化运营。作为经历过企业数字化转型的人，掩卷感悟良多，对本书观点有诸多认同。本书与两位作者深耕技术、精益求精、治学深思等密不可分，互为因果。每一位企业管理者及技术创业者都应该阅读本书，从中找到技术破局点，把握产业制高点，实现突破。

——朱怀敏，三七互娱 CTO

大量知名互联网高科技公司的案例，让本书更加引人入胜，仿佛整个人深入其中，经历了一次次管理、执行、总结和复盘。经验和教训虽然能引起我们的共鸣，但更重要的是我们心中那一幅蓝图、那个格局的构造，格局的每一个基础和细节联通了整个企业。书中还有更多足以让每个行业受用的引导内容，强烈推荐此书，绝对值得一看！

——王海洲，小米集团信息技术部副总裁

本书从组织、资源、技术、架构等多个角度出发，创造性地解决公司技术运营中的难题，无论系统处于哪个阶段，公司处于哪种规模，都能从中得到启发。本书的出版非常及时，这是到目前为止，我读到的介绍技术运营最全面、最深入的书籍。

——于吉花，海尔智家 CIO

海量的用户需要互联网平台提供海量的资源支持，如何有效地规划和使用资源是对互联网平台技术运营的巨大挑战。两位作者总结了自己多年的实战经验，从架构、规划、运营、管理的角度，提炼出海量资源精细化运营的方法论和卓越实践，是CTO、CIO、架构师、技术管理者与技术运营实践人员不可或缺的宝典和手册。

——陈斌，NETSTARS CTO

书中给出了一种带有"精益"理念的技术运营新模式。从定义到现状，从面临的问题到对应的解决方案，从实施到效果评价，最后到未来挑战和进一步优化，层层递进，分析透彻，对产品开发、运营非常有帮助。通过对业务计算、存储及流量的精细化分析和管理，可以让业务架构更合理、体验更流畅，让有限资源的使用效益最大化，既保障了业务增长，也大大节约了成本。

——张俊杰，格力电器股份有限公司计算机中心主任

Foreword 1 序 一

看过纪录片《寿司之神》的人，一定会被小野二郎那种对寿司的执着精神所感动：他对顾客观察得非常仔细，会根据其性别调整寿司大小；他会记住顾客的座位顺序及客人左右手的使用习惯，据此来调整寿司摆放的位置；他会亲自监督醋米的温度、腌鱼时间的长短、按摩章鱼的力度等，进而确保寿司的品质。作为寿司界的大神，小野二郎每时每刻都在思考，如何用"匠心"持续"精细打磨"将寿司做得更好。

同样，诞生于2011年的微信，其极致的产品体验也让用户爱不释手。根据腾讯发布的2023年全年财报，目前这款超级应用的全球月活用户数已逾13亿，给用户与公司均创造了巨大的价值。作为微信用户，我们能感受到这款产品的"匠心"。正如本书作者所揭示的，精细化的技术运营必定是这款产品成功的秘籍之一。

以用户为中心，将精细化技术运营着力于每一个业务场景，不断在技术框架、算法、资源容量、产品策略、生命周期管理等方面精心打磨，可以为用户创造更多的价值，同时将技术做深做透，也能为企业自身打造更多的核心竞争力。

从本书提及的多个案例来看，精细化技术运营不仅使用户体验与用户价值得到大幅提升，而且从服务器折旧、机架使用、带宽专线租用、运营维护等运营成本来看，为企业节省的费用也相当可观。

传统企业在信息化、数字化过程中同样面临很多困境，如体验指数、效能指数与弹性指数等。技术的精细化运营能持续优化和改善产品体验，持续提升用户价值，持续控制或降低企业的运营成本。让优秀的技术运营能力成为企业的核心竞争力，是技术管理者、技术团队转变观念、发挥技术价值的关键路径。

事物是动态发展变化的。在产品运营中，用户在增长，属性在变化；在产品迭代、功能持续增加或升级中，各种环境与数据始终都在变化，因此精细化运营必须持之以恒。未来，专业化分工会越来越细，产品与技术的迭代速度也会越来越快；数据成为生产要素，人工智能蓬勃发展。这都使得大家的学习能力越来越强，精细化技术运营诉求还会进一步上升，精细化运营的价值也会进一步放大。

细节非常重要，场景代表未来。在注重"工匠精神"的今天，精细化技术运营极具价值，值得大家借鉴和推广。

吴华鹏

秦淮数据集团董事兼首席执行官

iTechClub（互联网精英俱乐部）、1024学苑创始人

中国计算机用户协会常务理事，AETDEW（发展中国家工程科技院）院士

Foreword 2 序 二

如何提高运维的地位？这是我和很多同人苦苦思考的一个问题。运维向来处于软件生产链的后端，甚至某百科给运维的定义就是"软件部署"。"运维不就是把开发部门写好、测试部门验证过的软件推送到服务器吗？这都搞不好，要你有何用！"这样的运维离业务太远，因此很多时候沦为"背锅侠"，"人在家中坐，锅从天上来"。

如何改变这种现状？我们可以去和开发部门争辩，以证明我们是清白的。（可是，真的能自证清白吗？）我们可以拽着开发部门一起实践 DevOps，把可运维性（非功能性需求）前置到软件开发框架中（可是，依然容易被业务部门"鄙视"）。

还有没有其他办法呢？其实办法"远在天边，近在眼前"。运维离数据最近，我们可以通过精细的预核算及资源供应、有说服力的技术架构评审、合理的资源规划（业务指标预测、资源容量预测、资源策略与分布规划、运营优化）、极致的产品体验优化及运营优化，真正为业务创造价值，提高 DAU（Daily Active User，日活用户数），提升企业产品的市场占有率、营收和利润。

这样做的好处是将"链"变成了"环"。在软件生产链上，本来业务部门是头，运维部门是尾，平时可能没有太多交集（除非出故障了）。当运维助力业务部门实现首尾衔接，让业务部门尝到"甜头"时，那自然会关系融洽，运维人员也有机会从源头上摘掉"背锅侠"的帽子。

这意味着什么？意味着运维真的有机会"翻身做主"。在英文中，operation 本来既可以是运维，也可以是运营。这样一来，运维变成了技术运营，并有机会成为业务部门的一分子。

但很多运维同人业务场景小（服务器可能只有几百台），业务上又终日被各种非例行工作弄得应接不暇，没有机会也没有精力从事技术运营相关的工作，影响工作效果。

幸运的是，互联网一线大厂（如腾讯）、传统知名企业（如海尔）在海量资源场景下进行了多年的精细化运营实践，并且愿意将这些实践经验分享出来，最终为业界呈现了本书。

本书的作者熊普江长期从事运维行业，他是我的好友，对我很是支持。早在2017年3月的GOPS全球运维大会（深圳站）上，熊普江就做过一个题为"运维价值新主张：精细技术运营优化"的分享，在那次分享中他就曾提及如何为企业节省运营成本。从目前来看，那次分享貌似是本书的雏形。

本书的另一位作者盛国军在海尔工作多年，也是高效运维社区主群的骨干成员，多年来对运维社区也抱有拳拳之心。他善于总结，提出三讲（讲观点、讲数据、讲案例）及三指数（体验指数、能效指数和弹性指数）。三讲即用观点指出问题的本质，用数据确保问题的客观性和真实性，用案例将成果具象化。三指数更是和技术运营的本质如出一辙。

两位作者多年的工作经验很好地融合在一起，使得本书的适用范围大大扩展，不但适合互联网行业，也适合助力传统行业的实践落地。

即使AIOps出现，本书也不会逊色。虽然AIOps确实可以使技术运营更上一个台阶，但技术运营是AIOps的能力来源，而本书作为专家知识库更彰显其价值。当然，说不定相关内容已经在作者的再版计划之内了。

非常开心能为本书写序，希望读者也和我一样，从中受益良多，并付诸行动，创造实际的价值。"路漫漫其修远兮，吾将上下而求索。"虽然我已经不在运维第一线，但我和高效运维社区始终在服务天下运维同人。在此谨代表高效运维社区祝贺本书顺利出版发行，让运维同人得以享受大厂福利。

萧田国
高效运维社区发起人

Preface 前言

　　本书第 1 版自 2018 年 8 月出版以来,得到了业界同行及广大读者的喜爱与好评。几年过去了,世界范围内社会、经济、技术等领域都发生了巨大变化,**技术运营需要与时俱进**,技术运营的重要性、必要性与紧迫性持续提升。物联网、5G、Web 3.0、ChatGPT/AIGC（AI Generated Content,人工智能生成内容）等数字技术日渐成熟并开始得到广泛应用,工业互联网在全球的建设如火如荼,数据成为新的生产要素。2023 年 2 月中共中央、国务院印发了《数字中国建设整体布局规划》,数字经济建设成为我国未来重要的发展战略之一。互联网与数字技术加速与实体经济融合,全面渗透到我们的工作、生活与生产中。因此,技术运营涉及的外延、深度及价值水平需要进一步拓展。本书第 2 版中优化增补了如下内容:

- **探索了更多的技术运营业务场景与案例**。例如,短视频秒播优化,在确保用户体验最佳的情况下,降低带宽或流量的占用。再例如,探索企业数据治理,助力形成数据资产,并进行数据的高价值转化与应用,让数据成为企业新的生产力。
- **增强了精细化技术运营优化的普适性**。在第 2 版中,针对海量资源的技术运营进行优化,移除了特定企业场景下的方法与经验（包括特定的应用前置条件）,使得精细化技术运营的优化方法更具普适性,更容易操作与落地。
- **全面提升了技术运营内容描述的逻辑性**。在第 2 版中,全面修订技术运营方法论的描述逻辑,更新运营优化案例的数据,使技术运营内容更翔实准确、更通俗易懂、更具参考价值。

为什么要写这本书

互联网发展到今天,已经有几十年的历史。互联网技术与应用已经深深影响了社会生产发展的方方面面,成为名副其实的重要生产力工具。互联网给社会带来的变化是日新月异的,用"沧海桑田"来形容这种变化也不为过。图1展示了2007年和2023年全球市值TOP10企业的变化。

全球大企业市值

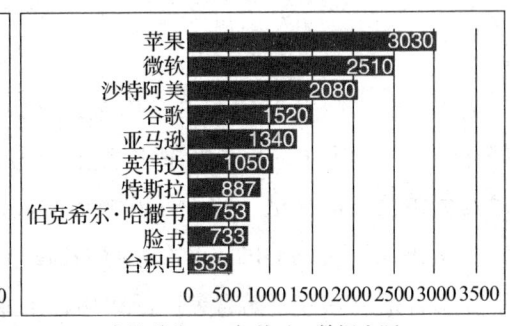

2007年		2023年	
埃克森美孚	467	苹果	3030
通用电气	394	微软	2510
微软	265	沙特阿美	2080
中国工商银行	259	谷歌	1520
花旗银行	243	亚马逊	1340
美国电报电话	238	英伟达	1050
皇家壳牌	232	特斯拉	887
美国银行	230	伯克希尔·哈撒韦	753
中国石油	225	脸书	733
中国移动	207	台积电	535

市值单位:10亿美元。数据来源:City index

图1 全球市值TOP10企业的变化

以互联网产品为主营业务的头部公司,如谷歌(Alphabet)、亚马逊(Amazon)、脸书(Meta/Facebook)等,以及其他市值位列世界500强TOP10的企业,它们用于支持超大规模业务的技术架构与运营模式越来越得到大家的广泛认可、学习、研究及推崇。

这些企业巨头,除了商业模式的成功之外,背后精细的技术调优、资源管理与架构支撑也是一种不可或缺的综合能力,并且这种综合能力并没有真正为人们所知。在互联网数字化转型的今天,这种精细化技术运营能力更值得探究与重视。

在中国,移动互联网发展领先于全球,数字经济时代已然来临。微信、QQ、王者荣耀、微信支付、抖音、美团等一款款国民级、拥有海量用户的产品与服务,均与我们的工作、生活及休闲娱乐息息相关。不少读者或许已经从各种渠道看到或学习过一些业务技术架构、功能及业务拓展相关的文章或课程,然而对于这些海量业务成功运转背后的资源容量管理、技术架构演进、产品策略调整、成本优化控制等，可能鲜有了解。

海量规模业务的背后，必然是海量资源的运营与支撑。公开信息显示，早在2018年年初，微信全球月活用户数已超过10亿，日收发消息高达数千亿条，每天朋友圈图片与视频浏览下载量达数百亿次，春节微信红包收发量峰值更是平日峰值的数十倍。支撑这些业务的后端资源如何保障？如何应对业务量的爆发并提供技术支持？如何在确保用户体验的前提下最大限度地利用这些资源？业务的代码运行、事务处理、功能实现等都是基于资源算力、存储、网络及架构的，没有海量资源的支撑，没有持之以恒的精细化技术运营与架构优化，这些海量业务都将是空中楼阁，更谈不上成为卓越的国民级产品。因此，业务成功运转、产品成功的关键，离不开背后科学、高效的海量资源管理与持续的精细化技术优化。

笔者曾在腾讯公司从事过多年的运营管理工作，负责过包括微信事业群、技术工程事业群、网络媒体事业群、企业发展事业群等多个事业群多个业务与产品的技术架构评审、资源规划、容量管理、运营效率、成本优化等工作，特别是微信产品的精细化技术运营项目推进与管理，更见证了微信飞速发展过程中精细化技术运营所带来的巨大收益。

精细化技术运营是微信产品成功的秘诀之一。微信在2014年展开设备资源的精细化技术运营，当年业务指标实现1.75倍增长，但全年节省采购服务器接近9000台。2015年年初至2016年年底，微信推动展开带宽资源的精细化技术运营，两年内微信收发消息指标增长了10倍，但带宽资源在2015年最高的一个月却节省高达3.5Tbit/s（互联网带宽计费量，假设单运营商带宽按10元1Mbit/s计，则单月节省带宽费用达3500万元）。从2014年至今，微信的各种环境与数据始终都在变，比如用户在增长，产品在迭代，功能在不停地升级等，技术运营团队始终坚持资源的精细化运营，深挖每一个算法实现、框架改造、架构迭代……除了技术上精进，还同步推动产品去做一些极致的策略调整与优化。这种精细化技术运营的经验值得推广、借鉴与应用。

精细化技术运营可以成为企业的核心竞争力。实际上，海尔集团的精细化技术运营案例也表明，在传统企业的数字化转型过程中，精细化技术运营同样有非常好的效果。

精细化技术运营是一种思维，一种意识，也是为产品与业务发展保驾护航的重要方法。我希望通过本书，将多年来积累的实用且优秀的精细化技术运营业务场景案例展现出来，让大家从中了解到技术运营的精髓以及精细化运营的价值。

期待大家通过精细化技术运营的实践，不断追求卓越，为企业产品或业务的成功做出贡献。

读者对象

本书结合海量用户业务场景与翔实的精细化技术运营实战案例，从用户价值出发，帮助读者了解技术运营组织体系，通过技术架构设计、典型场景技术算法的实现，有效判定资源使用的合理性和业务资源成本构成，提升资源利用率，增强其成本意识，从而锻炼极致的精细化技术运营思维，持续提升产品体验、改善运营效率及优化技术架构，助力将业务与产品做到极致，从而增强企业技术竞争力。本书读者对象包括但不限于：

- 企业管理者
- 研发人员
- 运维人员
- 产品人员
- 财务及审计人员

如何阅读这本书

本书谈论的"技术运营"，是针对业务与产品而言的，与场景相关，涉及的知识面比较广，不仅有技术层面（包括硬件、网络资源、软件框架、技术架构、算法实现与逻辑调整等），也有运营层面（包括业务规划建模、数据分析、容量管理、用户行为与产品体验等），还有项目管理层面（包括项目立项、推进、协作，预核算管理以及标准、规范、流程等）。同时，我们强调的是"精细化"，对场景细节、产品策略、技术深度等又有很高的要求。显然，理解与实现卓越的技术运营并不简单。

为了便于读者理解与掌握，本书按照"技术运营"的四个关键要素——**实施主体、作用对象、执行手段与方法**以及**数据分析与效果衡量**——来组织整体内容。

实施主体指的是由谁来实施技术运营。毫无悬念，技术运营的实施主体就是企业员工，包括但不限于企业管理者、研发人员、运维人员、产品人员甚至财务及审计人员。既然涉及人员，就无可避免地会有组织体系与分工协作。第1章与第2章将分别介绍技术运营的概念与组织体系的建设。

作用对象是指互联网的业务或产品。前面已经提到，互联网的业务或产品的服务，是由基础设施资源来承载的。因此，我们需要从产品或业务视角，以合适的颗粒度来组织资源，这样技术运营最终也能落地到资源运营上。第3～5章将分别介绍业务资源的规划、供应以及预核算管理控制机制。

执行手段与方法主要指的是通过技术解剖细节，层层细化，精益求精地去改造优化，使业务或产品发展得更好，更有价值和竞争力。执行手段与方法这部分内容是本书的重中之重，我们将结合实际场景与案例阐述如何进行精细化技术运营以及如何评估与考量运营的效率。第6章将主要介绍精细化技术运营的方法论和运营效率的监控与评估，第7章则将结合具体的业务场景，详细剖析精细化技术运营的实战与应用，让读者有更直观的感受。

技术运营中的数据分析与效果衡量离不开工具的支持，第8章将探讨有助于技术运营实施的工具与支撑系统。精细化技术运营是一个螺旋式上升、不断循环迭代的过程，需要不断提升人们的意识与思维，第9章将展望精细化技术运营的未来演进方向。

参与过互联网产品开发、业务资源管理，有一定技术架构与算法知识基础，或者有产品运营优化经历的读者，可能更容易理解本书内容。无论如何，通过本书，你一定会对精细化技术运营有更深刻的理解，这有助于开展技术运营优化及相关工作。

致谢

在写作本书的过程中，我得到了很多同行、同事以及朋友的鼓励，特别是海尔集团卡奥斯 CTO 盛国军先生为本书提供了很多精彩的精细化技术运营案例。感谢机械工业出版社的支持，使得本书得以出版。

还要感谢家人的支持。由于我平时工作非常忙，要抽出很多业余时间来整理过往的工作资料，编辑与撰写文稿，每每要熬夜劳作，家人实在不愿意看到我这么辛苦，担心我的身体，好多次劝我放弃，感谢他们的关心。但我觉得这种精细化技术运营的思维、工匠精神与实战经验，对很多技术管理者、产品研发人员、运维人员都是大有裨益的，值得为此付出。我想，最终的这份坚持，无论是对我本人还是读者来说，无疑都是一笔宝贵的财富。

一切细微之处，皆是演进之端。精细化技术运营，将使资源与业务的价值无限延伸！

熊普江

Introduction 引 言

技术运营的"三讲"和"三指数"

感谢普江同学邀请我参与本书的部分协同写作！

回顾我这二十几年的IT（Information Technology，信息技术）行业从业经历——从一个普通的程序员逐步成长为一名技术管理者——其中点滴，我把它总结为"三讲"和"三指数"。

"三讲"是指：讲观点、讲数据、讲案例。

在我国，程序员把自己称作"码农"，说自己是编程的"农民工"，干的都是体力活，加班也很严重，但正是这群码农创造了中国现在互联网的成就。如何在程序员这个群体中脱颖而出呢？那就是正确、高效地做好每一件事。如何让技术发挥更大的价值呢？那就是找准业务场景进行技术赋能。"讲观点"就是要抓住事物的本质，考验的是发现问题的能力；"讲数据"就是确保问题的客观性和真实性，而不是仅凭自己臆想；"讲案例"就是对成果具象化的检验。在实际的技术工作中，可以多从以下几个方面有意识地提高自己的能力：能够发现现有方案的问题；能够提供解决问题的思路和方案，并比较这些方案的优缺点；能够做出正确的技术决策，用什么样的技术、什么解决方案以及怎样实现来完成一个项目；能够用更优雅、更简单、更容易的方式来解决问题；能够提高代码或软件的扩展性、重用性和可维护性等。

"三指数"是指：体验指数、能效指数、弹性指数。

大中型企业的信息化往往呈现出"业务系统多元、基础架构老化、接口调用散乱、语言工具庞杂"等特征，CTO经常处于"救火"的状态。如何在繁杂的工作中理出头绪，找到工作主线，我的老板教导我要善于抓住主要矛盾和矛盾的主要方面。我把老板的教导拆解为体验指数、能效指数和弹性指数，以这三个指数为主线进行资源配置和系统优化改造，宏观地推进整体技术为企业战略服务。以物流为例，体验指数中最核心的指标就是及时送达率，能效指数中最核心的指标就是每个订单的技术研发费，弹性指数中最重要的指标就是通过外扩支持10倍峰值。

致谢

感谢海尔集团董事局主席周云杰先生对我职业发展的指引和支持！

感谢同事们、朋友们一直以来对我工作的支持！

感谢妻子和女儿一直以来对我工作和写作的支持！

盛国军

Contents 目 录

本书赞誉
序一
序二
前言
引言：技术运营的"三讲"和"三指数"

第1章 技术运营概述 ··· 1

1.1 面临的挑战 ··· 2
1.1.1 技术架构选型与评估 ··· 2
1.1.2 运营资源的规划与保障 ·· 3
1.1.3 运营成本的有效控制 ··· 5
1.1.4 产品体验与用户价值的提升 ··· 7
1.1.5 构建有效的技术运营团队 ·· 8
1.2 技术运营的范畴 ··· 9
1.3 精细化技术运营的价值 ·· 12
1.4 本章小结 ··· 14

第2章 组织体系 ·· 15

2.1 技术运营管理组织体系 ·· 15
2.2 技术运营职业发展通道及能力要求 ··· 17
2.3 技术运营流程与规范 ··· 20

- 2.4 技术运营保障机制 ········· 22
- 2.5 本章小结 ········· 25

第 3 章 资源规划 ········· 26

- 3.1 方法论 ········· 27
  - 3.1.1 规划概述 ········· 28
  - 3.1.2 规划方法论 ········· 28
  - 3.1.3 资源规划的范畴 ········· 29
  - 3.1.4 资源规划的过程 ········· 31
- 3.2 规划布局 ········· 32
- 3.3 资源规划分析 ········· 35
  - 3.3.1 运营相关数据 ········· 36
  - 3.3.2 行业分析 ········· 38
  - 3.3.3 业务分析 ········· 39
- 3.4 规划制定 ········· 44
  - 3.4.1 前瞻性资源规划的实现 ········· 44
  - 3.4.2 自顶而下的容量规划 ········· 45
  - 3.4.3 自底而上的容量规划 ········· 47
  - 3.4.4 业务架构优化演进规划 ········· 51
  - 3.4.5 资源规划小结 ········· 53
- 3.5 本章小结 ········· 55

第 4 章 资源供应 ········· 56

- 4.1 资源供应管理概述 ········· 57
- 4.2 资源微观规划 ········· 58
- 4.3 服务器资源管理 ········· 62
  - 4.3.1 服务器新技术应用 ········· 62
  - 4.3.2 服务器采购 ········· 64
  - 4.3.3 服务器库存 ········· 66
  - 4.3.4 服务器退役 ········· 68

4.4	IDC 机房资源管理	68
	4.4.1 IDC 机房建设	68
	4.4.2 机位容量	70
	4.4.3 服务器网络带宽/专线流量	71
	4.4.4 机房裁撤	73
4.5	资源服务	74
	4.5.1 资源申领	74
	4.5.2 服务器退回	76
	4.5.3 服务器置换	77
	4.5.4 故障替换	77
	4.5.5 服务器搬迁	78
	4.5.6 IDC 升级	80
	4.5.7 服务器硬件升级	80
4.6	本章小结	80

第 5 章 成本预核算 81

5.1	运营成本概述	81
	5.1.1 资源类别与定价	82
	5.1.2 成本归属的产品规范	87
	5.1.3 运营成本构成与科目划分	88
5.2	预算管理	89
	5.2.1 与预算相关的基本概念	89
	5.2.2 预算管理组织体系	92
	5.2.3 运营成本预算管理流程	93
5.3	核算管理	98
	5.3.1 核算定义及类别	98
	5.3.2 运营成本核算管理案例	101
	5.3.3 核算周期	106
5.4	成本预核算管理的优化	106
	5.4.1 成本预核算分析	107

5.4.2　运营预算管理系统 108
　　　5.4.3　运营成本优化思路 110
　5.5　本章小结 110

第6章　精细化技术运营 111

　6.1　运营效率监控 111
　　　6.1.1　服务器利用率监控与分析 112
　　　6.1.2　带宽使用监控与分析 116
　　　6.1.3　专线使用监控与分析 119
　　　6.1.4　业务运营数据监控 123
　　　6.1.5　掌握互联网业务的运营状况 124
　6.2　技术架构评审 127
　　　6.2.1　技术架构与运营效率的关系 127
　　　6.2.2　技术架构评审方法 128
　　　6.2.3　架构评审过程 136
　6.3　技术运营优化 147
　　　6.3.1　优化必要性 147
　　　6.3.2　精细化技术运营的方法论 149
　6.4　项目推动 150
　6.5　本章小结 151

第7章　实战案例 152

　7.1　设备资源精细化技术运营案例 152
　　　7.1.1　设备资源精细化技术运营要点 153
　　　7.1.2　管理消息 154
　　　7.1.3　管理收藏 156
　　　7.1.4　管理朋友圈 157
　　　7.1.5　授权登录 161
　　　7.1.6　游戏模块 166
　　　7.1.7　大数据平台 170

7.2 带宽资源精细化技术运营案例 172
    7.2.1 带宽资源精细化技术运营要点 173
    7.2.2 公众号图片 174
    7.2.3 C2C 视频 178
    7.2.4 朋友圈视频 181
    7.2.5 视频 P2P 184
    7.2.6 视频编码：AI 应用 188
    7.2.7 带宽转换 190

7.3 专线资源精细化技术运营案例 193
    7.3.1 C2C 业务：减少流量穿越 195
    7.3.2 数据仓库：流量削峰 196
    7.3.3 信安业务：架构调整 198
    7.3.4 流量类型：差异化升级 199
    7.3.5 管理规范：持续完善 201

7.4 其他精细化技术运营案例 204
    7.4.1 GPU 算力池化及调度 205
    7.4.2 数据价值转化 210
    7.4.3 短视频全生命周期精细优化 216

7.5 本章小结 223

第 8 章 运营支撑 224

8.1 数据支撑 224
    8.1.1 数据的定义 225
    8.1.2 数据的采集 226
    8.1.3 数据的分析 230
    8.1.4 分析结果的展现 231

8.2 工具或系统支持 231

8.3 以业务为导向的服务提升 233
    8.3.1 质量为首 233
    8.3.2 效率为重 238

    8.3.3 成本兼顾 ········· 238

    8.3.4 安全为本 ········· 240

  8.4 本章小结 ············· 241

第 9 章 卓越运营的未来之路 ········· 242

  9.1 云端微服务化 ········· 242

  9.2 物联网时代资源管理全要素化 ········· 243

  9.3 数据要素资产化与价值化 ········· 244

  9.4 区块链应用 ········· 245

  9.5 自动化 ············· 247

  9.6 智慧化 ············· 249

  9.7 本章小结 ············· 249

附录 企业 DCI 运营管理规范 ········· 250

Chapter1 第 1 章

技术运营概述

> 良工锻炼凡几年，铸得宝剑名龙泉。
> 龙泉颜色如霜雪，良工咨嗟叹奇绝。
> ——郭震（唐）

互联网行业发展迅速，技术演进日新月异，企业管理者往往面临种种困扰：如何深入了解业务运营与产品发展现状？与竞品相比，企业的业务或产品有何优劣？其背后的技术架构合理吗，领先还是落后？不同发展时期面临的主要矛盾与挑战是什么？基础设施资源是否成为业务发展的障碍？如何把控资源的投入与使用合理性？如何提升产品的运营效率……特别是在互联网海量业务领域，这些困扰更为明显。上述问题的答案都与本书的核心概念"技术运营"有关。

"技术运营"这个概念，很多人可能感觉既熟悉又陌生。实际上，它最早源于腾讯大规模业务技术支持与产品运营，涵盖很多工作岗位职责与能力方向，包括数据分析、运营规划、技术运维、容量管理、体验提升、成本优化等多个维度。

在本章中，我们将阐述技术运营的产生背景、技能范畴与能力要求，以及精细化技术运营可以带来的价值。

1.1 面临的挑战

一个互联网企业的产品或业务，自诞生之日起，便时刻面临着各种挑战，主要包括：

- 技术架构选型与评估。
- 运营资源的规划与保障。
- 运营成本的有效控制。
- 产品体验与用户价值的提升。
- 构建有效的技术运营团队。

1.1.1 技术架构选型与评估

互联网技术发展日新月异，诸如移动互联网、云计算、物联网、大数据与AI（Artificial Intelligence，人工智能）、区块链等新技术层出不穷。技术管理者在业务发展过程中，经常要面临"如何进行技术选型""技术架构如何演进及如何衡量优劣"的挑战。

随着互联网在经济社会中的深度融合，互联网人口流量红利正在逐步消失，物联网时代来临，科技创新是互联网下半场业务发展的驱动力。这使得技术选型成为以互联网产品为主营业务的企业所面临的挑战之一。数字经济浪潮之下，面对以科技驱动业务，传统企业要实现数字化转型，其技术选型方面的挑战更为突出，主要体现在以下几个方面：

- **技术方向选型犹豫**。传统企业往往资产比较重，对业务流程的把控谨慎，要求特别高，而对技术快速改变难以适应，对新技术或新应用实施抱有某种担心，导致对互联网技术方向的选型犹豫不决。
- **技术开发与控制能力相对薄弱**。传统企业往往对互联网用户规模及其突发特性预估不足，技术方案或架构弹性能力相对欠缺，导致线上应用与服务总是不稳定或成本畸高，恶性循环之下易招致管理层对互联网技术业务创新的抵制。
- **对数据要素及其价值发挥的投入不足**。数据已成为一种新的生产要素，与土地、劳动力、资本、技术并列，足见其重要性。数字经济时代，用户个性化需求越来越多，现代企业更依赖数据来驱动业务。企业要面临如何吸引海量顾客、随时随地全方位提供产品服务、更好地满足顾客个性化需求等挑战。数据可以帮助企业了解客户需求、优化产品和服务、提高生产效率、降低成本，并做出更明智的决策。数据蕴含着巨大的价值，但这些价值需要通过挖掘和分析才能实现。另外，人工智能需要大量的数据作为训练和测试的原料。对数据要素的投入不足，将导致企业竞争力下降。

- **架构演进升级的评估机制与方法缺乏**。架构是业务系统的地基，决定系统的性能、稳定性、扩展性等基本属性。例如，某家制造企业架构不合理，导致生产效率低下，成本居高不下。而一个合理的架构可以帮助企业快速开发和部署新产品，并确保系统能够稳定可靠地运行。随着技术的升级、业务的发展与变化，架构也需要不断地迭代演进，以适应新的技术和业务需求。新的技术可以提供更好的性能、更高的可靠性、更强的扩展性，而业务的发展与变化则会带来新的需求和挑战。架构的合理性很难评估和判定，涉及技术、业务、成本等多个因素，而且因素之间往往是相互矛盾的，需要综合各种因素进行权衡。例如，一个高性能的架构可能成本很高，而一个低成本的架构可能性能较差。目前，高水平的架构人才和系统评估方法都很匮乏。

在真实的业务场景中，技术选型很多时候并非一定要"最好的技术"或者用"最新的技术"，而是考虑有没有"最适合的技术"。笔者在长期的运营管理工作中发现，技术研发人员有时致力于开发产品功能，有时可能忽略了其他环节，也有不少技术人员认为业务资源消耗的成本与自己无关，较少在意。这实际上给技术架构的选型增加了难度与不确定性。

如何合理地进行技术架构选型与评估，是追求卓越运营时面对的首要挑战。

1.1.2 运营资源的规划与保障

运营资源的规划与保障在互联网业务系统中是一项至关重要的任务，涉及软硬件技术的发展、IDC 机位资源布局、"东数西算"布局规划和"双碳"绿色可持续发展等多个方面。

软硬件技术的发展变化日新月异，市场竞争激烈，部分技术领域卡脖子问题严重。例如，随着云计算、大数据、人工智能等新技术的兴起，企业对运营资源的需求不断增加；同时，由于市场竞争的加剧，运营资源的价格不断上涨，导致企业在运营资源上面临巨大的成本压力。具体来说，在软硬件技术方面，我国在芯片、操作系统、数据库等核心技术领域与国外先进水平还存在较大差距，导致企业在选择运营资源时往往受制于国外厂商，缺乏自主选择权。

IDC 机位资源是运营资源的重要组成部分。近年来，随着互联网业务的快速发展，对 IDC 机位资源的需求不断增加。然而，我国 IDC 机位资源主要集中在东部沿海地区，中西部地区 IDC 机位资源相对匮乏。这种布局基于用户需求形成，却并不是合理布局，导致东部地区 IDC 机位资源紧张，价格昂贵，而中西部地区 IDC 机位资源闲置，浪费严重。同时，IDC 机位资源的建设周期长、投资大，导致 IDC 机位资源的供需矛盾更加突出。例如，2021 年，中国东部地区 IDC 机位市场份额达到 70%，而西部地区 IDC 机位市场份额仅为 30%。2021 年，中国 IDC 机位平均价格为每月 5000 元／机架单位，而一线城市 IDC 机位平均价格高达每月 10 000 元／机架单位。

国家提出"东数西算"战略就是要解决上述资源分配不均衡的情况，互联网数据的实时计算与核心业务的实时服务主要由东部地区的数据中心提供；大量的数据离线计算、低频及容灾业务服务则由西部地区的数据中心提供。因此，西部地区数据中心资源增速将远超东部地区，也就是说，东部地区的数据中心要逐步向西部地区转移。按照"东数西算"战略推进，不同地域的互联网业务需要规划进行数据的跨地域传输和处理，这将对运营资源的规划与服务保障产生巨大影响。

国家还提出"双碳"发展目标，要求企业在运营中减少碳排放。企业需要选择低碳、节能的运营资源，同时需要对现有运营资源进行改造和升级，优化能源利用效率，采用绿色能源，推动服务器虚拟化和能效改进、应用架构升级和性能提升等，以减少碳排放。这将导致企业在运营资源的选择和使用上更加谨慎。例如，根据中国信通院的数据，2021 年，我国数据中心总耗电量达到 2100 亿千瓦时，占全国总用电量的 2%。如果按照"双碳"目标要求，到 2030 年，我国数据中心总耗电量需要减少一半以上。

面对上述挑战，实现运营资源的规划与保障，数据分析、预测和监控以及精细化技术运营是关键的工具与手段，可以帮助企业更好地了解资源使用情况，及时做出调整和优化。这些努力将有助于确保互联网业务系统在不断变化的环境中保持高效、可靠和可持续的运行。

1.1.3　运营成本的有效控制

一般来讲，典型的互联网产品或业务都会经历类似的生命周期：孕育期、成长期、成熟期、衰退期、死亡期（参见图1.1）。每个互联网产品或业务在其生命周期的不同阶段，对资源的需求与技术运营的投入各有不同。

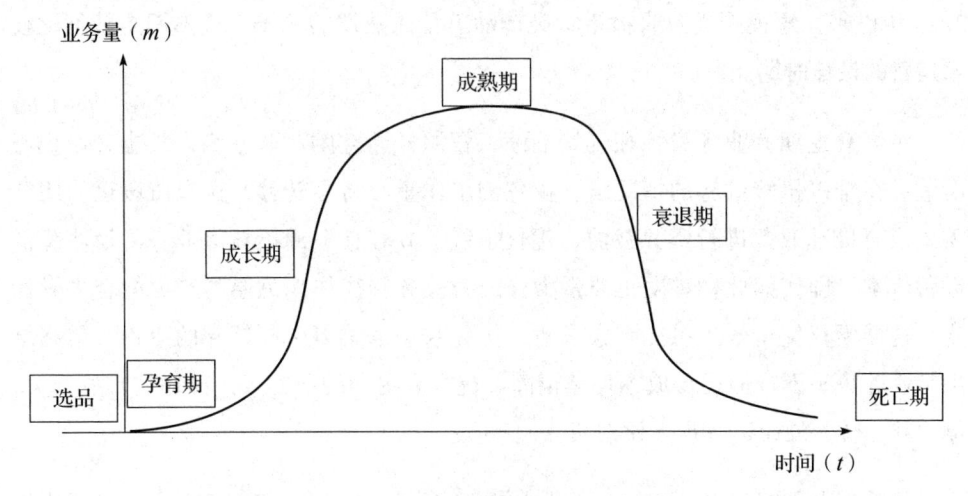

图1.1　互联网产品或业务的生命周期

互联网业务的运营资源需求主要体现在三个方面：**设备资源**（计算型服务器、存储型服务器、网络设备、安全设备等）**与机位需求**、**带宽需求**与**数据传输专线需求**。在不同发展阶段，互联网业务对这三方面的资源需求量不同，所面临的运营成本挑战也不同。

在孕育期，业务少数功能试水，资源需求一般较小，运营成本不受关注。

在成长期，业务增长迅猛，竞品逐步增多，新功能层出不穷。从产品到研发，业务部门的主要精力都放在需求的快速响应上。敏捷开发要求快速迭代，此时产品代码性能与稳定性往往都有所欠缺。在这个阶段，对资源的需求非常刚性，运营问题开始突显：服务器资源需求量迅速增长，但资源利用经常负载不均或过低；

不合理的数据穿越流量对专线造成压力，并影响同机房或同模块内的其他业务；同时运营数据不全，等等。因此在这个阶段，技术运营团队如果不注意运营数据收集与分析、逐步介入技术架构优化，很可能会使产品或业务丧失技术优势、成本优势，从而导致产品或业务失败。2023年以来，快速增长的业务有AIGC类产品服务。成长期是启动精细化技术运营的关键时期。

在成熟期，业务发展趋于平稳，功能相对完善，运营数据逐步齐全，业务侧产品与研发人员对业务运营状况都比较熟悉，也有时间与意愿投入精细优化与改进中，此阶段最适合运营团队推动技术架构优化与提升，优化效果也会非常明显。2023年以来，短视频类及直播带货类产品就是成熟期的例子。成熟期是精细化技术运营的最佳时期。

进入衰退期，业务量往往开始萎缩，资源开始空闲。业务侧人员也开始人心涣散。在难以扭转颓势的情况下，业务侧工作重心将会转移。这个阶段运营团队需要及时推动业务进行资源裁剪、优化下线，并转移资源给新兴业务，设法降低运营成本。即使如此，难度也非常大：因为业务侧往往无意愿与动力配合去做优化，这样不仅优化效果可能差强人意，优化收益也难以引起领导的重视，最终结果是业务势头不行但运营成本仍然很高。进入衰退期的业务或产品往往难逃"关、停、并、转"的命运，步入死亡期。

排除生命周期因素，从企业运营成本角度看，如果某业务或产品的运营成本增速过快，也会大量侵蚀企业的营利空间，造成利润下降或者亏损（示意图见图1.2）。

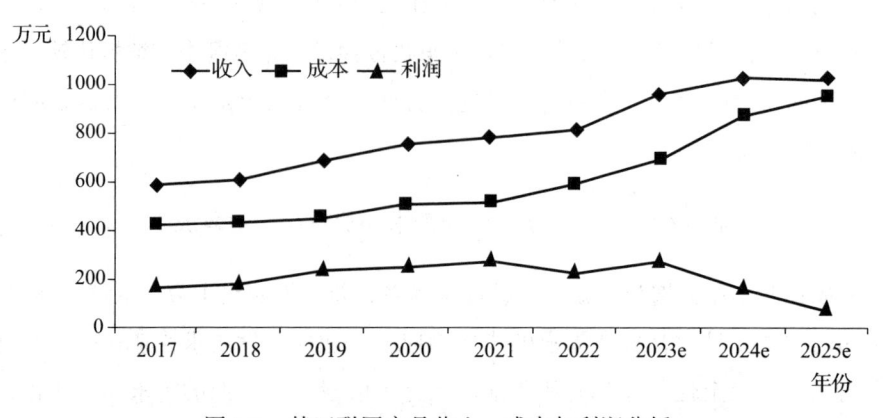

图1.2 某互联网产品收入、成本与利润分析

可见互联网业务面临的运营成本挑战巨大，需要有效掌握业务所处的发展阶段、行业地位与差距、运营资源等运营状况。如何在业务快速发展的同时控制或优化成本，是技术运营要重点考虑并应对的挑战。

1.1.4　产品体验与用户价值的提升

相关数据显示，自 2011 年以来，全球逐步进入移动互联网时代，特别是在中国，移动互联网应用广泛，普及率领先全球。截至 2023 年底，全球智能手机用户数量达到 69.2 亿，约占全球人口数量的 85%。可以说任何产品体验都绕不开移动终端上的用户体验，如稳定性、快速性、安全性、流量开销、存储空间占用情况、耗电量，等等。这些与传统 PC（Personal Computer，个人电脑）互联网时代相比，差别是巨大的。

在移动互联网环境下，网络复杂性与用户的覆盖率也面临更大的挑战。首先，移动网络的复杂性更高。图 1.3 是移动无线网络拓扑示意图。

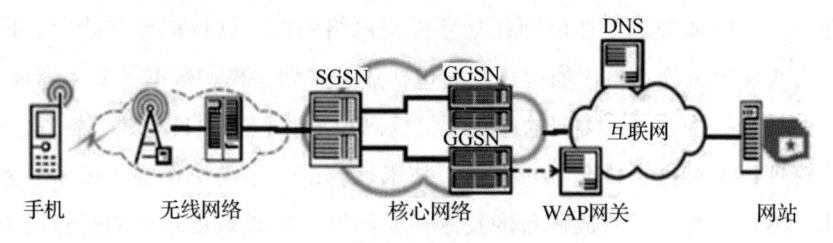

图 1.3　移动无线网络拓扑示意图

从图 1.3 中可以看出，移动无线网络比传统 PC 互联网要复杂得多，基站无线信号覆盖及强度、无线网络协议、协议转换、鉴权等，都是 PC 互联网时代不需要考虑的。

其次，移动终端存在多样性。从手机品牌（如苹果、华为、三星）、型号（如 iPhone X/iPhone 14 Pro/iPhone 15 Pro Max 等）到操作系统（如 iOS、Android）及版本，都多种多样，各有千秋。

再次，移动互联网用户是"永远"在线（即无离线的概念）的。用户对服务的要求已提升到了随时随地、随手可得的状态。

而讲到用户价值，主要体现在以下几点：

- **帮助用户解决一个或多个实际的痛点或问题**。包括给用户带来愉悦的感受，比如实现网上买火车票的功能，或者开发一款公平、好玩的游戏。
- **帮助用户提高事务处理效率**。这里既包括帮用户节省成本，也包括帮用户节省时间，比如说微信就帮用户提高了沟通的效率，降低了社交成本。
- **尊重并保护用户权益不受侵害**。使用业务或产品的用户应该得到足够的尊重，用户的数据与隐私要设法保护，让用户在使用产品的过程中不会有担忧，不会被坑、被骗，不会受到骚扰等。

所以，在移动互联网时代，产品体验与用户价值方面的挑战都有了新变化与难度，这对技术运营提出了更高的要求。

1.1.5 构建有效的技术运营团队

现代社会的分工越来越细，专业化程度也越来越高。海量资源的技术运营涉及面非常广，比如技术专业层面包括硬件与网络资源、软件框架与能力、技术架构、算法实现逻辑等；再比如运营层面包括业务规划建模、数据分析、容量管理、用户行为与产品体验等；类似的还有项目管理层面，包括项目立项、推进、协作、预核算管理以及标准、规范等。显然，技术运营的分工与协作必不可少，需要执行主体。事在人为，没有成体系的技术运营团队，很难取得卓越的运营成果。如何构建有效的技术运营团队，是需要面对的又一个挑战。

技术运营团队建立后，还要有配套的流程机制来保障各项工作有序进行。不仅如此，这些流程机制的建立与完善，还需要依据业务的发展、环境的变化进行持续更新与迭代。

技术运营往往是分阶段、分目标实施的。不同阶段、不同目标，会涉及跨不同部门、不同团队来进行项目协作。越是海量资源的业务，涉及的部门与团队就会越多。由于每个参与的团队、人员的工作重点、KPI（Key Performance Indicator，关键绩效指标）不尽相同，如何取得推进的共识，达成运营目标，最终使业务或产品获得成功，同样是技术运营所面临的重大挑战。

综上所述，互联网业务或产品的技术运营面临种种挑战，特别是在互联网人口流量红利逐步消失的今天，通过精细化运营，结合技术的驱动，打造极致的体验，持续构建技术领先优势，势在必行。

1.2 技术运营的范畴

技术运营并不是简单的运维岗位，而是涉及一系列工作岗位与方向的综合概念。可以从两个维度来看技术运营的范畴：资源维度和业务维度。

从资源维度看，主要侧重于企业业务总体运营资源的投入及分布，并由此匹配网络布局与采购量，更多的是成本优化与管控。涉及的工作包括：资源类别与标准的制定、资源数量与分布的规划、资源成本的预核算、资源容量储备与供应、运营成本数据收集与分析等。

从业务维度看，主要侧重于企业业务运营水平与效率。涉及的工作包括：IT 软硬件技术应用、软件框架与技术架构设计、业务运维、运营质量与产品体验评价、运营数据分析、项目管理等。

由于 IT 软硬件技术应用、软件框架与技术架构设计、业务运维、运营数据分析等贯穿于整个技术运营阶段，因此我们将技术运营的范畴归结于以下六个方面：

- 技术架构评审。
- 资源规划。
- 成本预核算。
- 资源供应。
- 产品体验与运营优化。
- 运营项目管理。

下面将一一简要介绍。

1. 技术架构评审

技术架构评审，是指通过对产品的技术架构、技术实现逻辑、产品体验等全方位的评估与审视，提出包括技术研发在内的操作系统优化、架构升级、框架优化、算法改进、产品策略调整、业务调度优化、资源适配等，涉及产品体验改善、用户价值提升、运营成本优化，是精细化技术运营的核心。

技术架构评审与优化关系到产品团队、技术研发团队、业务运维团队、运营规划团队等多个团队角色的协同努力，其结果将是技术运营奖惩的主要依据。

2. 资源规划

资源规划针对业务进行，是对技术运营的载体——资源（资源，即互联网产品正常运行服务所需的生产资料，主要包括服务器、机架机位、网络带宽与专线等）进行前瞻性的预测。这项工作极其重要，相当于给技术运营定方向、设目标及划红线，具有战略性与纲要性。

业务资源规划工作内容包括：资源类别与标准制定、业务指标预测、资源容量预测、资源策略与分布规划、运营目标设定、运营优化方向等。

3. 成本预核算

成本预核算包括对业务计划使用的资源数量与成本预算编制、使用管控策略及业务实际使用资源数量与成本实际结算。成本预核算既是企业运营成本的精准度量、管控有效抓手与闸口，也是业务技术运营效率考量的主要依据之一。

成本预核算的工作内容包括运营资源与成本的预算编制、预算使用与控制、预算使用分析、预算追加与滚动、核算账单输出、核算数据分析等。

成本预核算的管理需要一整套 IT 系统的支持，用来显示各类资源标准、数量及成本定价规范，预算使用与成本核算的规则等，及时输出业务运营成本账单，供业务方及相关技术运营团队查询，确保资源使用合理及运营成本得到有效管控。

4. 资源供应

互联网产品具有生命周期，业务运行又具有波动性，产品与业务形态千差万别，因此承载业务所需要的资源类别不仅要符合业务特性的需求（即要做资源适配），也要保持合理的容量水平以及资源扩充的响应时长。尤其在业务发展成长期，资源的供应不仅要满足质量要求，更需要及时并且数量充分，以确保支撑业务的快速发展。

从资源供应的角度，资源最终要落地到某个地理位置上的IDC（Internet Data Center，互联网数据中心）园区或机房（或机房区域）内。由于IDC园区或机房的相应配套资源（如空间、电力、带宽、网络架构等）不可能无限量供应，使得资源储备、供应效率及业务的匹配程度、业务架构能力等都面临相当大的挑战。

另外，资源（如服务器、网络设备等）或物理设施（如建筑、电力等）的折旧年限、使用寿命等特性，会对业务运行的稳定性、效率与产品体验等造成影响，因此需要做好资源容量规划，及时管理、协助调度业务。

"巧妇难为无米之炊"，业务运行所需的资源适配、容量管理、供应效率，以及业务调整迁移都是技术运营的重要内容。

5. 产品体验与运营优化

产品体验与运营优化是技术运营团队中业务运维人员的主要工作，包括常规的业务变更上线支持、运行监控、故障处理、业务调度等。除此之外，技术运营更强调产品的运营数据分析。

运营数据分析包括运营质量数据，业务指标数据，资源使用类别与数量、成本数据等的收集、建模分析，从而科学有效地评估技术运营效率，帮助保障运营质量，持续提升产品体验。

运营数据的分析结果往往是技术运营能力水平的重要考量依据。

6. 运营项目管理

有明确目标导向、需要跨团队、跨部门协同推进的技术运营工作，很多时候要按项目来驱动进行，这就涉及运营项目管理。"运营目标化，目标项目化，项目节点化，节点责任化"就是技术运营工作的推进主线。运营项目可以很好地帮助企业级特定的或阶段性技术运营目标实现与落地，例如，成本优化项目、容灾保障项目、IDC裁撤项目、运营支撑系统建设项目等。这些运营项目的管理也属于技术运营范畴。

需要特别指出的是，运营系统开发（如运营数据工具、预算系统、核算系统、资源容量系统、规划分析系统等）是运营项目管理的重要组成部分，也是技术运营高效落地的有力支撑。

运营项目管理属于管理学范畴，本书虽有涉及，但不会作为重点内容展开阐述。

1.3 精细化技术运营的价值

数字经济时代，精细化技术运营带来的价值是巨大且全方位的。这些价值包括运营资源成本的节省、用户体验的极致优化、产品技术竞争力的提升、工程师文化的改善等。

1. 运营资源成本的节省

互联网业务在孕育起步时，更注重产品功能的实现与快速上线，技术人员在对细节把控以及运营成本的消耗方面考虑较少，这给精细化技术运营提供了机会与空间。事实上，当业务进入快速发展阶段，技术运营人员就要介入并考虑精细化，确保产品运营的成本可控。

某大型互联网企业的精细化技术运营成果表明，自2014年在公司层面推动精细化技术运营以来，收益巨大。仅以精细化技术运营直接节省的运营成本来看，2014年就达8亿元，2015年则是14亿元，2016年高达22亿元。这些精细化技术运营所节省的开支，相当于直接给公司创造了同等数额的利润。

2. 用户体验的极致优化

在精细化技术运营过程中，团队会依据业务场景分析每个细节，从技术架构、业务逻辑，到实现算法、产品策略，都会拿来与整个企业同类产品、企业外竞品乃至整个行业的标杆产品进行比对，进而发现产品体验中的细微不足，并优化它们。

即使是标杆产品，在精细化技术运营过程中，经历更大范围的其他业务人员的审视，往往也会暴露一些不足。

精细化技术运营有助于提升技术运营人员的技术评估能力及培养精细化意识。有一位参加过精细运营优化的业内人士提到一个有意思的考试系统案例：他在参加某驾校的理论考试时，发现试卷的 100 道选择题均来自题量为 2000 的题库。他在考试中发现：系统出题的时间比较长，并且试卷中存在 5% 左右的重复考题。这时他马上意识到考试系统有不足之处：随机从题库中选题，而且是每道题都随机选一次。也就是说，考试系统在架构与算法上存在问题，导致效率低下及考题重复。他当场给考试中心提出了考试系统的精细优化建议：一次性生成整套试题，采用分组随机，并进行 HashSet 去重，这样即可避免题目重复并大幅度提升性能。

3. 产品技术竞争力的提升

通过精细化技术运营，可以做精做透业务场景，从多个技术细节进行单点突破，实现技术的差异化与引领性，让产品发展更具技术竞争力。

举例而言，实施精细化技术运营优化后的某大型消息系统，现在每天可处理 5000 亿的消息量，假定用 1 万台服务器就能支撑收发 1000 亿条消息，则 5000 亿条消息就用约 5 万台服务器来支撑。如果另外有一个竞品软件，用 5 万台服务器才能支撑 1000 亿条消息收发，那么竞品软件需要花数倍的成本，且效率低下。

上述大型消息系统的研发团队曾经解决了超大规模消息数据存储一致性、高可用性及读写性能问题，从而大幅提高了效率。消息数据原采用 QuorumKV 存储，但其并发能力不足，难以支持每分钟 40 亿次以上的访问量；同时当单机出现故障时，可能存在少量主键（key）失效或锁定而数据未同步的情况，容易引发服务故障。基于新架构进行数据存储集群升级后，实现了 PaxosStore 存储，尽管其存储底层大部分还是采用 Bitcask、Ktable 存储、大表存储等技术，但优化后采用新的一致性算法与协议，提升容灾与并发能力，降低写失败和最终失败的概率，最终不仅解决了强一致性文件系统在集群增大时性能下降的问题，还成为领先 Raft 及 Google 租约型 Paxos Log 的技术服务能力。

4. 工程师文化的改善

"工程师文化""工匠精神"得到广泛认可，技术工程人员也获得了更多的尊重，这激发了他们更多的潜力。在精细化技术运营过程中，经常对比标杆产品的技术架构、逻辑框架及实现算法，可进一步激发技术人员"赛马"的潜力。持续的精细化技术运营，可以培养工程师思维与文化，有助于达成工匠精神。

以某大型企业为例，历经多年公司层面的持续推进，精细化技术运营在该企业已深入人心，由上至下各级人员都有意识关注产品用户体验、技术架构优化、运营成本消耗，从而精心打磨产品细节，持续提升运营效率，为用户与企业创造了更多价值。

1.4 本章小结

在本章中，首先介绍了技术运营所面临的主要挑战：技术架构选型与评估、运营资源的规划与保障、运营成本的有效控制、产品体验与用户价值的提升，以及构建有效的技术运营团队；其次阐述了技术运营的范畴，包括技术架构评审、资源规划、成本预核算、资源供应、产品体验与运营优化、运营项目管理；最后分析了精细化技术运营的价值。

"魔鬼藏在细节里"。我们将在后面的章节中使用实际的业务场景案例来说明精细化技术运营的具体实现与价值体现。精细化技术运营不仅仅是技术能力，更多的是一种思维，可使产品在日新月异的技术迭代中不断得到优化，节省运营成本，保持竞争优势。

Chapter2 第 2 章

组织体系

能用众力，则无敌于天下矣；

能用众智，则无畏于圣人矣。

——《三国志·吴志·孙权传》

海量资源管理与精细化技术运营都离不开有效的组织体系，包括团队、机制。本章将介绍典型互联网企业的技术运营管理组织体系、职业发展通道及能力要求、流程与规范、保障机制等。

2.1 技术运营管理组织体系

互联网企业的最主要生产资料包括软件代码、硬件与带宽等资源（服务器、网络设备、带宽、专线等），这些资源的运营效率对产品发展至关重要。企业应当组织人员对资源规划、成本预核算、供应及运营效率等负责，即有负责运营管理的组织或部门。

以某互联网企业为例，公司负责技术运营的组织有两级：

- 运营管理部：总体负责公司的技术运营管理，隶属技术工程事业群。
- 业务运营部：各业务事业群或业务链群单元负责技术运营的组织，即运营部（或运维中心）。

1. 运营管理部

运营管理部负责全公司技术运营方向与目标的制定、运营资源管理、运营效率提升以及技术运营奖惩评定等。运营管理部按职能划分为五个子团队：规划管理、运营项目管理、成本预核算、资源供应、运营开发。其中，规划管理团队的规划经理与运营项目管理团队的运营经理这两个岗位是公司运营管理部实施技术运营管理的对外接口，规划经理负责从技术上对业务侧技术运营的目标、执行技术要求及落地成果细节进行审视与评估，运营经理负责对业务侧技术运营涉及的具体项目落地进行沟通与推进。

因被赋予企业资源运营效率、技术运营水平提升的战略管理职能，运营管理部需要监督企业所有已上线的运营业务或产品的运营状况、投入与产出执行、发展趋势等情况，并定期向企业管理层提供战略汇报与建议，所以经常被大家喻为企业运营的"引擎"。

2. 业务运营部（或运维中心）

业务运营部负责单个业务链群的业务技术运营，包括业务运维、资源运营（包括资源的规划、申请、分配、回收等，业务指标与资源量、成本等数据分析）、产品体验与运营优化（包括技术架构评审、产品体验改进、技术优化实施等）、运营项目管理（包括具体执行与推进等）等，相比传统意义上的业务运维团队，业务运营部的职能更多、更广泛。

一般而言，业务运营部总监是业务链群技术运营与运营管理部的接口人，业务运营部与运营管理部的职能与关系见图2.1。在项目管理上，各业务运营部会指定一个专门的运营项目接口人（业务项目经理），负责协调、推动本业务链群的技术运营项目落地与执行。

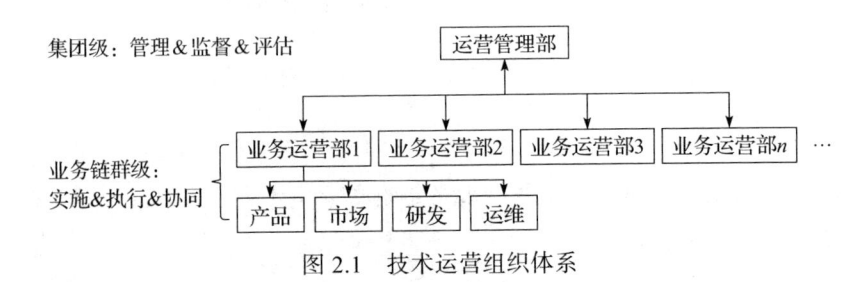

图2.1 技术运营组织体系

业务运营部团队是技术运营工作的主要实施落地团队，产品团队、市场团队、研发团队与运维团队的相关人员为具体的实施、执行与协同人员。

2.2 技术运营职业发展通道及能力要求

技术运营是一个职业发展通道，对应多个专业工作岗位与专业领域方向。技术运营脱胎于互联网公司大规模业务的技术支持与产品运营。以腾讯为例，其设立的技术运营通道，隶属于技术族群（简称 T 族），由虚拟组织职业发展管理委员会负责管理。职业通道通常设分会长一名，分会委员若干名，分会秘书一名。成员均来自该通道有影响力的专家或权威人士，承担相应通道的培养体系建设、职业等级评定、职业规划管理、发展活动组织等工作。

技术运营工作已经在大型企业形成了完备的职业发展通道。技术运营细分为以下岗位：运营规划、系统技术、网络技术、数据中心技术、DBA（DataBase Administrator，数据库管理）、业务运维、服务管理。技术运营中的每个岗位都有明确的职责范围说明。以运营规划岗位为例，其职责说明如下：

1）负责公司运营环境下的基础架构与业务资源分布的规划设计，包括但不限于：数据中心的规划设计、网络架构的规划设计、业务系统的资源分布架构规划设计等。通过前瞻性的规划，提供基础架构和业务资源分布发展的蓝图，解决运营环境中业务架构与基础架构对齐的问题。

2）组织和协调公司相关团队落实各项运营规划工作，优化和改进系统架构、资源部署，提升用户体验，提高运营效率，降低运营成本，促进业务发展。

运营规划岗位的具体工作内容包括：

1）制定应用部署规划方案，提升业务在基础架构侧的技术运营竞争力。
2）根据业务资源分布模型，规划指导 IDC 资源的布局、储备、建设、实施。
3）组织协调相关团队落实运营规划项目及优化效果评定。
4）编制运营资源预算。
5）研究互联网产业环境，研究、应用和推广业界领先技术。
6）收集、统计、分析日常运营数据，推动运营质量、效率和成本的持续优化。

同时，技术运营的每个岗位也有明确的任职等级划分与能力要求说明。一般而言，技术运营岗位包括通用能力、专业知识、专业技能、组织影响力这四大框架，表2.1给出了运营规划分等级的细化能力要求示例。

表 2.1　运营规划岗位的能力框架及对应的能力项目

能力框架	能力项目
通用能力	沟通能力
	解决问题能力
	学习能力
	客户导向能力
专业知识	业务知识
	IT 知识
	关联知识
专业技能	项目管理
	应用架构规划
	资源成本规划
	网络规划
	IDC 建设规划
组织影响力	方法论建设
	知识传承
	人才培养

其中，能力项目对于不同等级有不同的能力要求，这样实际上形成了这个职业通道岗位的职级（1～5级），每个职级又分为基础等、普通等与职业等三档。同样以运营规划岗位来举例，该岗位隶属T族，目标人群主要针对T2～T3及以上职级的员工。以T3职级为例，其能力要求标准参见表2.2，子等职级雷达图参见图2.2。

表 2.2　运营规划岗位 T3 能力标准描述

能力项目	关键词	行为标准
沟通能力	多种沟通技巧，跨团队沟通	• 准确无误，逻辑清晰，简练地表达自己的观点，准确地领悟对方的观点 • 掌握多种沟通技巧，能进行跨团队沟通，达成共同目标 • 能够主持中型会议（15人内）
解决问题能力	厘清因果，将复杂问题进行分解	• 确定问题的根源及背后的因果关系，找出与问题和建议方案相关的风险所在，并采取适当的预防措施 • 将复杂的问题进行拆分，指出关键控制点，并系统性地从多个方案中选择最佳方案

（续）

能力项目	关键词	行为标准
学习能力	总结提炼，帮助他人学习	• 了解专业领域的发展情况，关注行业内新技术、新方法的应用，并尝试在工作中运用 • 能够运用所学知识，并举一反三 • 不断总结自己过去和他人的实践经验，从中汲取有价值的内容 • 与团队成员交流和分享相关知识、经验，帮助他人了解更好的学习方式和学习机会
客户导向能力	深入分析客户需求	• 通过对客户需求的深入分析，能够准确识别关键需求，解决客户关系管理与维护中的深层次问题 • 改善工作流程、方法以提升产品或服务质量，提高客户满意度
业务知识	深入理解业务及进行沟通	• 熟悉本部门和本行业相关产品形态、业务模式或运营模式 • 能够和产品经理有效沟通和讨论，对产品形态、业务模式或运营模式提出意见和建议
IT 知识	可以与技术人员深入交流	• 熟练掌握一项或多项 IT 技术（包括 IDC、服务器、操作系统、网络通信、软件开发、信息安全等），有一定实践经验，可以针对某项技术问题与专业技术人员进行深入交流
关联知识	熟练掌握互联网行业的法律、财务知识，以及公司人事管理、规章制度等，可进行应对经验的分享	• 熟练掌握互联网相关法律知识，如合同法、专利法、公司法、税法等，能够及时发现法律风险和公关危机，并进行积极应对，能够分享应对经验 • 熟练掌握与业务相关的财务知识，如三大报表、重要的财务指标、业务相关税收等，能读懂财务报表，了解相关指标和项目的关联关系 • 熟练掌握公司人事管理、规章制度，如福利制度、职业发展通道、奖惩制度等，能充分利用公司资源，对员工进行及时激励，指导员工进行职业发展规划
项目管理	独立负责中型项目的实施和运作，预见潜在问题	• 能够独立负责中型项目的实施和运作，清楚项目的关键因素，在现实情况和有限条件下做好任务分解和进度安排 • 针对计划合理地调配和充分利用现有资源，解决项目中的大部分问题 • 在活动过程中充分预见可能的问题，并提前确定相应的防范应变措施
应用架构规划	设计部署方案	• 能够综合考虑业务的功能特性、用户特点、访问质量要求、运维要求等因素，合理规划业务部署 • 能够解决业务运维中与架构规划、应用部署等相关的较复杂问题，推动架构优化项目的实施，在项目中承担重要职责
资源成本规划	编制预算	• 了解应用中各模块的构成，能够根据各模块的性能特点，结合业务指标，制定预算模型，编制预算
网络规划	设计网络方案	• 能够根据业务架构和资源需求、用户访问质量要求、外部环境等因素，合理设计网络方案

(续)

能力项目	关键词	行为标准
IDC建设规划	编制IDC建设计划	• 能够综合公司各产品的资源需求,合理制定IDC建设计划
方法论建设	提炼规律	• 能够从工作中总结与提炼共性的规律,把岗位的工作心得或案例沉淀总结并输出成果,形成可复制的经验与模式,优化工作效率
知识传承	跨团队经验与知识的分享	• 积极参加部门内或部门间工作相关的交流和研讨,并进行经验与知识的分享及学习
人才培养	随时辅导	• 能够辅导1~2个初级员工,进行随时辅导,帮助改进工作效率,提升能力

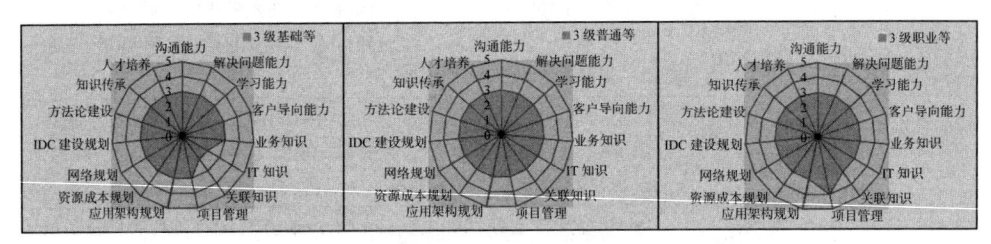

图2.2 运营规划岗位T3各子等职级雷达图

2.3 技术运营流程与规范

流程一般是项目中各项工作执行流转的过程手续、规矩与机制。规范一般是指每项工作执行需要确保的质量标准与要求。

流程是为提高效率服务的。在精细化技术运营中,合理的流程可以确保项目的推进效率。一个团队的执行力取决于是否有工作流程的指导。没有工作流程或工作流程不完善会干扰、阻碍工作的进行,或对工作过程产生错误的引导;而完善的、标准化的工作流程会对工作的进行起到指导和保驾护航的作用,从而提高工作的推进效率。

在精细化技术运营过程中,规范的制定确保了技术运营的质量与水准。

海量资源的精细化技术运营,同样离不开流程与规范。技术运营流程与规范分为企业层面的与业务链群层面的。

1. 企业层面的运营流程与规范

流程与规范不是一日之功，而是在业务实际运营与发展过程中逐渐发起、建立并持续完善的。以某大型企业为例，在技术运营工作方面，公司层面建立的运营流程与规范包括：

- 运营设备分类技术标准
- 网络架构标准化、模块化
- CAP（Content Acceralate Platform，内容加速平台）接入流程规范
- 运营事故定级及奖罚标准
- 安全规范
- 数据中心裁撤管理办法
- DCI（Data Center Interconnect，数据中心互联）专线运营管理办法
- 运营预算管理规范

一般地，企业层面的运营流程与规范覆盖业务范围广，通用性强，更注重资源运营管理。

2. 业务链群层面的运营流程与规范

业务链群层面也会依据自身业务的具体场景与运营质量要求，制定具体的技术运营流程与规范。例如：

- 数据库设计规范
- 业务上线部署规范
- 监控接口规范
- 值班报障处理流程
- 运维脚本编写规范
- 预算使用申请办法

一般地，业务链群层面的运营流程与规范更重业务场景、重实操，具有专业性。

为了便于技术运营人员对流程或规范的理解、重视及遵循，业务链群层面可以将一些运营流程规范编成朗朗上口的诗词与警句，张贴在显眼处。例如，某业务运营部发布的技术运营规范宣传语，可将其张贴在办公室墙上，参见图2.3。

```
破 "不可重启"，立 "任意关机"；
破 "写死IP"，立 "弹性调度"；
破 "线上雪崩"，立 "异常保护"；
破 "告警泛滥"，立 "监控精准"；
破 "浪费设备"，立 "善用资源"；
破 "直接全量"，立 "多级灰度"；
破 "侥幸漠视"，立 "及时响应"；
破 "不了了之"，立 "跟进反馈"。
```

图 2.3　技术运营规范宣传语

2.4　技术运营保障机制

精细化技术运营的目标价值实现需要机制来保障。通过建立奖惩激励机制体系，鼓励相互 PK（Player Kill，竞比/淘汰）、对标及价值衡量评估。以腾讯为例，多年来，企业形成了不成文的规定："谁提出，谁执行""一旦做大，独立成军"。这就是被外界津津乐道的"赛马机制"，也可以说是腾讯能不断推出优秀产品的秘籍。事实上，"赛马机制"也决定了腾讯历史上多个重要的转折点，从早期的 QQ 秀、QQ 邮箱，再到后来的微信，可以说都是"赛马机制"的产物。技术运营同样如此，近年来，在公司运营管理部的引导下，持续重视业务链群产品或业务之间在技术运营上的能力对标与 PK 竞比，以 PK 的结果进行奖项激励，树立标杆，形成并不断提高运营能力标准基线。

1. 奖惩是推进海量资源技术运营工作的主要手段

奖励和惩处具有激励和控制的双重功能，是推进技术运营工作的主要手段。如前所述，有明确目标导向的、需要跨部门跨团队的技术运营工作会按项目来驱动。奖励和惩处会用于激励、管理、平衡、鞭策、规范海量资源运营项目的推进。奖惩的基本原则是：是非分明，赏罚得当。

海量资源的技术运营项目，一般由企业的运营管理部发起与主导，按业务线组织跨部门跨团队来实施，各团队之间在运营能力、成本优化、研发水平等方面都可以比拼和横向对标。

通常认为奖惩制度包括实行奖惩的原则、条件、种类、方式、程度、手续，以及行使奖惩权限的主体等内容。奖励是对表现优异的团队、个人给予精神和物质的嘉奖，以激励全体成员（这里奖励主要指对海量资源运营相关团队或个人的激励活动）。惩罚是对工作不力或犯有过失、违反纪律的团队、个人进行的处罚或制裁（这里惩罚主要指代对海量资源运营相关团队或个人的相应惩罚行为）。

以腾讯公司为例，基于针对海量资源的技术运营，公司逐步建立健全了运营类的"**荣誉激励体系**"，整体的荣誉激励体系呈现金字塔形，从上而下分为四个层次：公司级-顶级、公司级、行业线级、各事业群/部门级，主要激励采用奖金方式。层级越高，获奖数量越少，奖金越高，获奖难度也越大，参见表 2.3。

表 2.3 企业运营类荣誉激励体系示例

类别	奖励设置
公司级-顶级	名品堂
公司级	年度成本优化奖、年度技术突破奖、年度营销突破奖、年度管理文化突破奖、年度业务突破奖
行业线级	卓越研发奖、卓越运营奖、代码文化奖、微创新奖
事业群/部门级	事业群总裁奖、EVP 奖、跨部门合作奖等

要获得"公司级-顶级"类别奖励"名品堂"，主要评判标准是产品在市场上的占有率和全年的提升情况。该奖励与运营类相关，但更看重市场上用户的认可度，属于公司层级对整个产品线的激励手段。

年度成本优化奖、年度技术突破奖、年度营销突破奖、年度管理文化突破奖和年度业务突破奖五大奖项是公司级奖励，除了丰厚的奖金和日常宣传之外，还会在公司年度大会上对部分项目团队进行表彰鼓励。其中年度成本优化奖和年度技术突破奖是海量资源技术运营过程中激励手段最有效的两个。

- 年度成本优化奖。运营类年度成本优化奖主要评估各个技术运营团队通过技术、管理、运营手段，在不影响业务发展的情况下，对公司海量资源运营过程中贡献的成本优化与效率提升价值，是海量资源技术运营激励手段中最为重要、幅度最大、激励最及时的奖项。
- 年度技术突破奖。该奖项的评估更加单纯地着眼于技术创新与应用。

为了更大程度地激励技术运营团队，除了事业群内和公司级别的运营激励手段之外，还可以采用专门针对技术运营的横向对比平台，例如，设立卓越运营奖。卓越运营的激励平台是给技术运营团队提供相互分享、相互学习、相互借鉴的平台，整个公司技术运营文化也可在此过程中得到巩固和提升。

关于海量资源运营过程中的运营事故惩罚制度，一般采用类似奖励的分级管理制度，从多个维度进行评估定级，参见表2.4。

表2.4 运营事故分级处罚评估

分级评估维度		分级评定说明
业务影响		按业务影响时间评定，区分关键业务与非关键业务
隐私侵犯/骚扰用户		按影响程度及用户数量评定
收入影响		按收入规模评定
用户投诉		按各渠道的投诉总量评定
支付类	社交支付	按全天影响支付成功笔数评定
	商业支付	按全天影响支付成功笔数评定
其他维度	业务开通关闭出错	按服务开通或关闭失败数量评定
	用户/业务数据丢失	按用户/业务数据丢失量及重要性评定
	系统/网络安全/业务安全	按漏洞或安全问题造成的范围及影响程度评定
	公司声誉	按影响用户价值和公司声誉程度及负面报道数量等评定
	法律纠纷	按最终被处罚、被索赔数额等评定

2. 用户价值是衡量海量资源技术运营效果的重点方面

衡量海量资源技术运营的效果，应该以用户价值为出发点进行评估，这也是奖惩依据的最重要方面。以运营类荣誉激励体系为例，每个层级的激励都离不开用户价值的评估，这一点从奖项的申报评估表中可以一览无遗。团队在申报技术运营项目激励奖项时，一般需要从四个维度来描述说明，参见表2.5。

表2.5 技术运营激励奖项申报评估表

奖项申报评估描述维度	运营质量	说明项目在哪些维度较突出。同时自评得分为0～10，无关联为0，成绩最突出为10
	运营效率	
	信息安全	
	用户价值	必须体现

从表中可见，用户价值是必须描述的项，评估时所占比重也较大，即用户价值是技术运营激励奖项评估的重要准绳，这也体现了企业"一切以用户价值为依归"的经营理念。

2.5 本章小结

本章介绍了技术运营管理组织体系、职业发展通道及能力要求、流程与规范以及保障机制，可以帮助企业构建有效的技术运营团队，实现业务精细化技术运营。其中，用户价值是技术运营的最终目标，也是激励评估的准绳。

第 3 章 Chapter3

资源规划

> 运筹帷幄之中，决胜千里之外。
> ——《史记·高祖本纪》

大家在平时的工作中经常会看到一些企业或第三方的行业分析报告，其中有对未来发展做出预测的数据，而且我们还会在适当的时候参考引用这些第三方的分析预测数据，比如艾瑞咨询对中国移动游戏市场规模做出的分析，参见图 3.1。

2016～2024年中国移动游戏市场规模

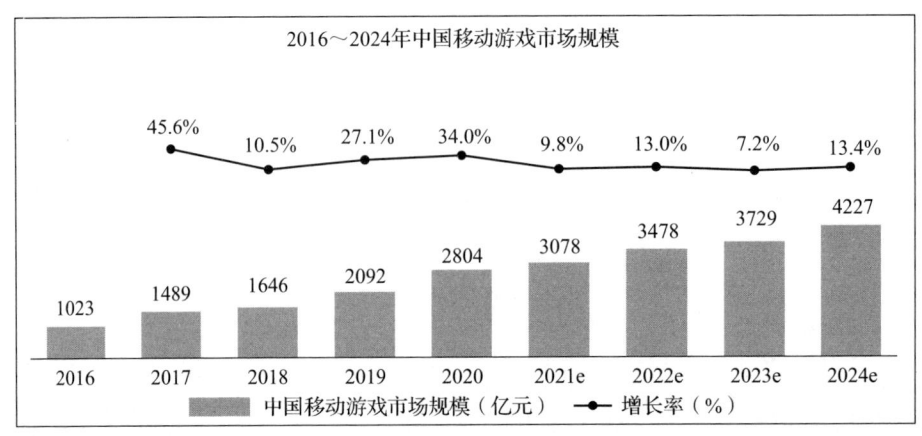

年份	市场规模（亿元）	增长率（%）
2016	1023	
2017	1489	45.6%
2018	1646	10.5%
2019	2092	27.1%
2020	2804	34.0%
2021e	3078	9.8%
2022e	3478	13.0%
2023e	3729	7.2%
2024e	4227	13.4%

图 3.1 艾瑞咨询对 2016～2024 年中国移动游戏市场规模的分析（来源：艾瑞咨询）

再比如，某企业年度运营成本预算战略会上，资源运营团队给出的未来3～5年的主要运营资源规划预测数据（模拟数据），参见图3.2。

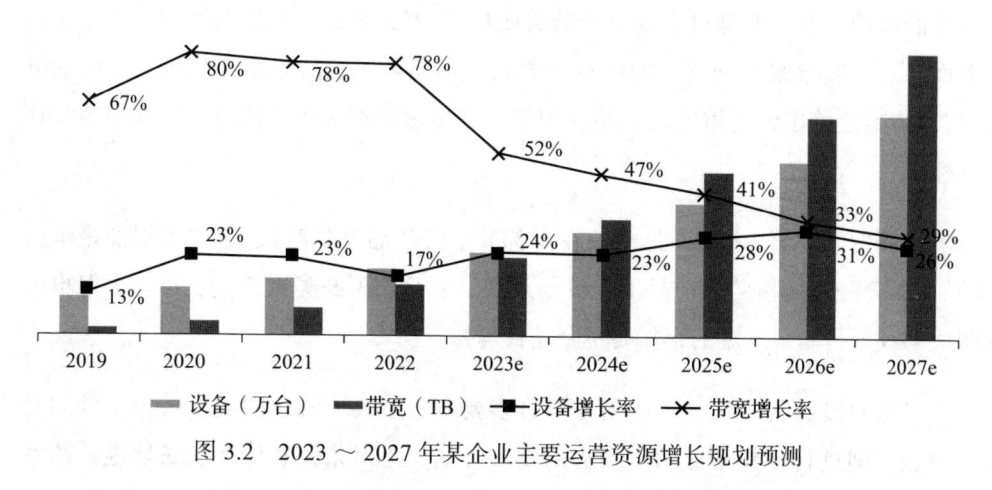

2023～2027年某企业主要运营资源增长规划

图3.2　2023～2027年某企业主要运营资源增长规划预测

实际上，类似于海尔和腾讯这样的大型企业，每年都要实施运营资源规划编制，主要用于应对以下挑战：梳理业务发展状况，明确保障业务发展的所需资源，合理把控业务需求，给出企业未来3～5年运营资源的规模及布局。以腾讯为例，企业运营资源规划（又称"企业中长期IDC资源容量规划"）的编制一般于每年8月启动，历时2个月左右。该编制始于2009年，每次编制5年的总体规划数据，按年滚动刷新。

那么，这些预测数据或规划是如何得出来的？有何意义？本章将对这些内容进行阐述。

注意：我们在这里所讨论的运营资源规划，主要指企业中长期IDC资源容量规划。

3.1　方法论

"兵马未动，粮草先行"是作战制胜的关键策略之一。同理，资源规划是海量资源运营成功的前提，是保障业务发展的关键工作。鉴于运营资源规划的重要性，为确保规划的严谨、科学，资源规划的实施需要遵循方法论体系，且要与时俱进。

3.1.1 规划概述

规划能力是一种可以看到未来 3~5 年甚至 5~10 年前景的战略能力。在互联网领域，阿里巴巴的创始人是战略规划与布局的高手，其曾公开说道："阿里今天的成功，事实上是过去战略布局的成功。"言下之意，阿里的许多成功依赖自上而下、高瞻远瞩的规划，即依靠少数人长远而敏锐的战略眼光找到"正确的方向"，清晰地给出到达该方向的路径规划，并追求某种极致的执行，从而完美实现目标。

但同时，"微信之父"张小龙在内部 8 小时产品分享时说道："规划都是骗人的。"尽管张小龙指的是产品不能仅靠规划，而是要不断尝试迭代、进化，但也说明成功规划是非常困难的，需要不断迭代与修正。

参考百度百科的定义，规划是融合多要素、多人士看法的某一特定领域的发展愿景，即进行比较全面的、长远的发展计划，**是对未来整体性、长期性、基本性问题的思考、考量和设计未来整套行动的方案**。

3.1.2 规划方法论

按照技术运营的组织体系，资源规划工作主要由运营管理部的规划管理团队负责，发挥以下三方面的作用：

- **制定企业中长期（3~5 年）IDC 资源容量蓝图**。为企业业务长远发展所需的资源容量提供相关的决策依据。
- **约束不合理的业务资源分布**。引导业务资源均衡布局，且可持续。
- **指导 IDC 工程建设**。适度提前进行 IDC 资源储备，充分保障业务发展。

这就引出企业运营资源规划的"十二字"目标，即"管理容量，引导布局，保障发展"。

为实现规划的"十二字"目标，企业业务资源规划的方法论是：**追求质量与效率的平衡**。质量包括数量与规格两方面，效率则包括速度与成本两方面。规划的方法论如图 3.3 所示。

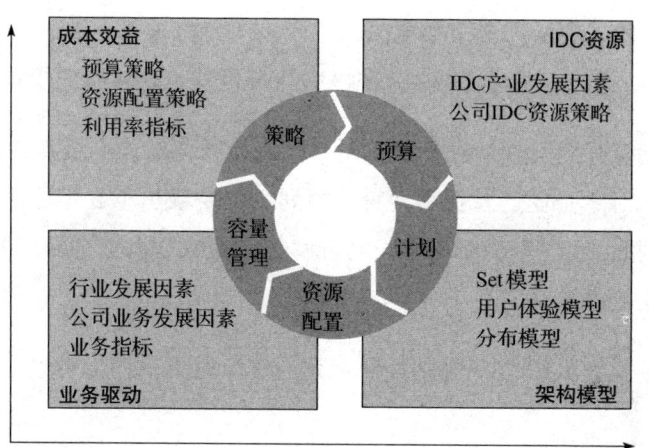

图 3.3　业务资源规划方法论：质量与效率的平衡

企业运营资源规划要从业务需求出发，由业务驱动，考虑架构模型、资源布局及成本效益，将资源规划贯穿在预算、资源配置与供给、容量执行管理、实施策略等环节上。也就是说，运营资源规划要兼顾 IDC 资源，实现所需资源的合理配置，即高质量和高效率。

以架构模型为例，规划时需要考虑业务的 Set 模型（专业术语，指某个业务的资源组合模型）、用户覆盖的网络质量要求（延时、丢包、运营商等）、分布形式（集中式还是分布式）以及容灾架构等。

3.1.3　资源规划的范畴

资源规划按时间维度可以分为**远期规划**、**中期规划**与**近期规划**，区分如下：

- 远期规划：5～10 年或以上，侧重战略性，如国家"十四五"规划。
- 中期规划：一般 1～5 年，注重方向性和前瞻性，如企业中长期 IDC 资源规划。
- 近期规划（也可称为"计划"）：1 年以内，注重操作性，实现与项目计划的有效衔接，如海尔卡奥斯 2024 年业务资源预算规划。

远期规划更多地出现在国家层面或行业层面，由国家部委或行业主管部门定期发布，如 2016 年 12 月发布的《大数据产业发展规划（2016—2020 年）》、2021

年 3 月发布的《中华人民共和国国民经济和社会发展第十四个五年规划和 2035 年远景目标纲要》、2023 年 2 月发布的《数字中国建设整体布局规划》等。

考虑到互联网行业快速变化的特性、IDC 网络架构升级迭代及 IDC 的建设周期等因素，对于企业运营资源而言，规划可主要聚焦于 5 年之内的中期规划与近期规划。例如，3 年期的企业中长期 IDC 资源规划、各业务部门的年度预算规划、精品网建设规划等。

企业中长期 IDC 资源规划按照规划的资源对象不同，可以细分为四类，参见表 3.1。

表 3.1　资源规划对象分类

资源规划分类	规划内容及范畴
服务器规划	服务器技术选择、机型规划、数量级、分布
出口带宽规划	运营商选择、带宽类型、数量级、网络架构、分布
互连专线规划	规模数量、技术选择、架构等
专项规划	专区建设（如金融支付专区、GPU 专区等）、IDC 裁撤等

注：GPU 专区是指用于放置含图形处理单元（Graphics Processing Unit）的高性能并行计算服务器的专属区域。

进行企业业务运营资源规划时，针对业务还需要定义一个合理的规划颗粒度。以腾讯为例，在运营管理口径上将产品划分为五个层级（颗粒度），分别是产品集、规划产品、运营产品、业务集、功能模块，如图 3.4 所示。

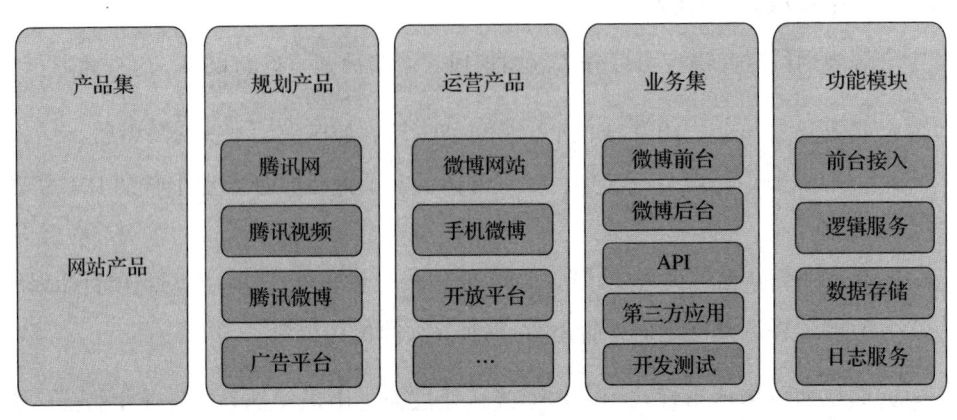

产品集	规划产品	运营产品	业务集	功能模块
网站产品	腾讯网	微博网站	微博前台	前台接入
	腾讯视频	手机微博	微博后台	逻辑服务
	腾讯微博	开放平台	API	数据存储
	广告平台	…	第三方应用	日志服务
			开发测试	

图 3.4　企业业务层级示意

"运营产品"及以下层级，主要由业务团队来定义。类似海尔这样的大型企业，往往有数百个在线运行的运营产品，涉及数千个业务集及数十万个功能模块。显然，业务资源规划的对象很难细化到运营产品的层级上。

一般地，为便于与竞品进行比较，企业运营资源规划对象建议设定在"规划产品"这个层级。规划产品可由运营管理规划团队依据产品及其附属子产品的用户规模、使用的资源规模、发展阶段及战略定位来定义，需要覆盖产品发展的主要生命周期。

3.1.4 资源规划的过程

结合运营资源规划的方法论，企业中长期 IDC 资源规划过程有五个阶段，分别为预备期、沟通期、规划编制期、汇总验证期及汇报输出期（参见图 3.5）。

预备期 → 沟通期 → 规划编制期 → 汇总验证期 → 汇报输出期

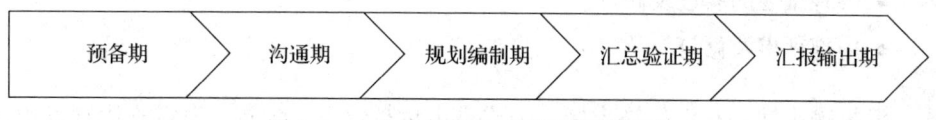

图 3.5　企业中长期 IDC 资源规划过程

规划过程的五个阶段缺一不可。整个中长期 IDC 运营资源规划过程大约持续 2 个月。下面将简述每个阶段需要完成的工作。

预备期。在预备期，主要完成以下工作：

- 确定主要规划方法。
- 确定大的规划策略（如定价、分布）。
- 确定可提供服务的园区（现状与未来）。
- 确定规划产品（分工、重点及历史数据）。
- 确定机型（存量与未来 1 年）。
- 收集行业数据。

沟通期。在沟通期，主要完成以下工作：

- 行业数据分析。
- 业务 KPI。

- 未来需求、重点工作或主要矛盾。
- 针对性的规划策略。
- 关键任务。

规划编制期。在规划编制期，以两个独立的方法编制出中长期运营资源数据，并将编制的数据提交给业务团队，进行进一步的沟通。两种方法如下：

- 自顶而下总体预测。
- 自底而上分规划产品建模编制。

汇总验证期。在汇总验证期，对编制出的规划数据汇总，从不同维度（如行业、历史增长、机型、分布等）进行验证，包含交叉验证与评审，不断修正数据，主要完成以下工作：

- 各种维度的验证及修订。
- 内部评审及修订。

汇报输出期。在汇报输出期，正式输出包括设备、带宽、专线等运营资源在内的 3 年规划编制，并发布此规划数据作为年度预算编制、评审的参考依据，或者作为 IDC 资源储备或采购的参考等，主要完成以下工作：

- 设备资源中长期规划。
- 带宽资源中长期规划。
- DCI 专线资源中长期规划。

3.2 规划布局

为确保运营资源规划数据有效且不发生大的偏差，在规划编制前，需要划定资源规划的大方向、基本原则与主要策略等。

1. 资源规划的前期准备

在开始运营资源容量规划之前，需要做一些前期的准备工作。这些前期准备工作包括：当期规划的总体策略与布局原则要求、行业发展变化情况、业务的现状指标及现有运营资源数据等。

2. 规划的策略与布局原则

规划的策略与布局原则是指需要满足的限制性条件以及中长期 IDC 资源规划的边界，它相当于城市土地规划中的红线。

规划的策略与布局原则需要综合考虑现有的 IDC 资源保有存量状况、业务整体布局的特点及发展的方向、当前的主要矛盾、产业发展变化及政策变化等。一般来讲，这个策略与布局还需要一定的持续性，但可以依据主要矛盾的变化，对少部分策略按年刷新。

例如，2020～2025 年某大型企业 IDC 资源总体布局原则设定如下：

1）区域布局：全国四大区域（Region）分布。

2）业务布局：自研业务与云业务独立规划分布。自研以一线主力城市（Zone）为主，同城双园区（Campus）供应；云业务因地制宜，同城三园区供应。

3）区域内与城市内布局：

- 区域内，逐步实现深圳、汕尾、上海、天津、北京、重庆、广州等主力城市布局。
- 城市内，控制深圳、上海总体规模增长，逐步实现均衡。

4）园区布局：

- 集中化、扁平化，小园区向大园区汇聚，新园区规划容量在 5 万机位以上，未来原则上只保留单体机位容量 4 万以上的园区，低于 4 万且无法扩容的园区逐渐按计划裁撤。
- 深圳、上海具备至少有双园区同时提供资源的能力。

5）用户覆盖与容灾布局：中国香港、加拿大多伦多城市实现分区用户覆盖和业务容灾，中国香港按三园区建设。

6）产业发展及政策要求布局：兼顾"东数西算"以及"双碳、绿色"布局算力一张网及可持续发展。

该大型企业依据上述布局原则，可得到如图 3.6 所示的 IDC 资源布局示意图。

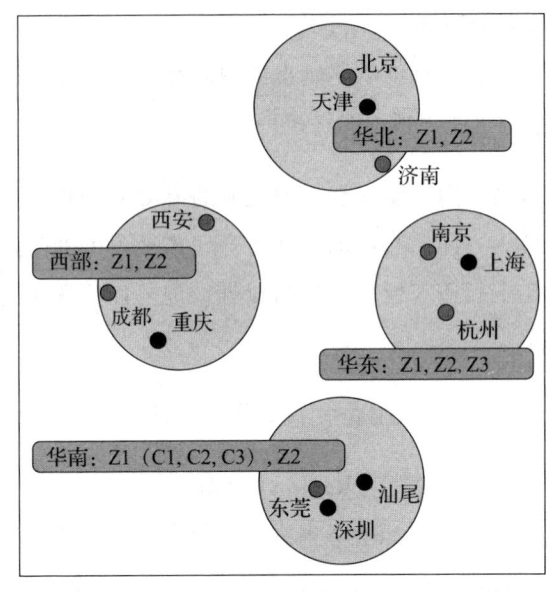

图 3.6　某大型企业 IDC 资源总体布局示意

更进一步，可针对具体业务或产品，将运营资源规划策略与布局原则进行细化，以 A 企业某业务为例，其 2021 ～ 2026 年 IDC 资源规划主要布局城市及策略包括以下方面：

Zone1、Zone2：

- 主要部署业务核心模块和在线服务。
- 具备双园区，可同时提供资源。

Zone3：

- 定位北部低成本数据中心，部署冷数据存储、备份数据等服务。
- 承接北部用户分布支持。
- 具备双园区，可同时提供资源。

Zone4：

- 定位西部低成本数据中心，承接 ZoneX 及 ZoneY㊀两城市园区裁撤后的业务规整。

㊀　ZoneX 与 ZoneY 代表该企业某两个老旧的区域数据中心。

- 建设大容量、高密度的 GPU 专区及离线计算集群（体现"东数西算"）。

Zone5：

- 承接能接受多于 5ms 延时的准实时业务或离线业务等。
- 提供给有三园区分布需求的业务。

此外，规划策略还要考虑当前阶段需要重点解决的矛盾与问题，比如 B 企业在进行 IDC 资源规划时需要重点面对的问题有：

- Zone 内分布及上架原则（例如单 Zone 双园区上架、为核心业务设置三园区、安全容量设定等）。
- ZoneA 与 ZoneB 的规模控制和增长速度。
- ZoneA 供给问题，比如其下园区，除 ZoneA-C3 外其他园区饱和，ZoneA-C1 和 ZoneA-C2 园区今后该如何定位。
- ZoneB 供给问题，比如其下园区，ZoneB-C1、ZoneB-C2 园区无法扩容，ZoneB-C3、ZoneB-C4 园区定位给云业务，只有 ZoneB-C5 园区可以提供供给。
- ZoneE 规划，规划上架上线运营的新业务，及考虑承接 ZoneD。
- ZoneF 规划，规划上架投后业务（即投资后的业务）的单立园区。
- Zone 裁撤刷新，需要规划裁撤所涉及的业务需要的设备替换类型、数量及上架 Zone。
- 万兆园区规划，明确使用业务需求规模以及使用节奏。
- 主力 IDC 产能量及其他产能量。
- 裁撤量（分主力与非主力）。

3.3 资源规划分析

要做到具有前瞻性、科学有效的业务资源容量规划，还需要对行业有一定的了解，对业务的运营数据与需求有一定的认识与把握。也就是说，在进行容量规划之前，还要做资源规划分析。

3.3.1 运营相关数据

资源规划分析离不开运营数据。运营数据是涉及多方面的，这需要负责运营规划的人员在业务的发展过程中逐步建立、完善系统，并注意及时地收集、整理信息。

在实际规划工作中，用于业务分析的运营数据类型有：基础数据、行业数据、竞品数据及产品数据（见表3.2）。

表3.2 业务分析的数据类型及描述

数据类型	常见示例	数据来源示例
基础数据	人口数据、网民数据、地域分布、智能手机出货量等	国家统计局或第三方报告（如 CNNIC）
行业数据	市场规模及增速、用户规模及增速、行业排名前三位的企业或产品	第三方报告，如来自艾瑞咨询、Gartner 的报告
竞品数据	市场排名前三位的竞品业务指标、资源数量、用户规模、收入规模、市场占比等	财报数据、企业披露报告或行业会议披露的数据
产品数据	产品指标（如用户、访问量）、资源指标（如请求数）、资源数量（如设备、带宽、专线）、收入规模、市场地位	自身的运营数据，需要逐步完善

举例来讲，网民数据就是基础数据之一，如来自 CNNIC（中国互联网络信息中心）的中国手机网民规模及其占比，见图 3.7。

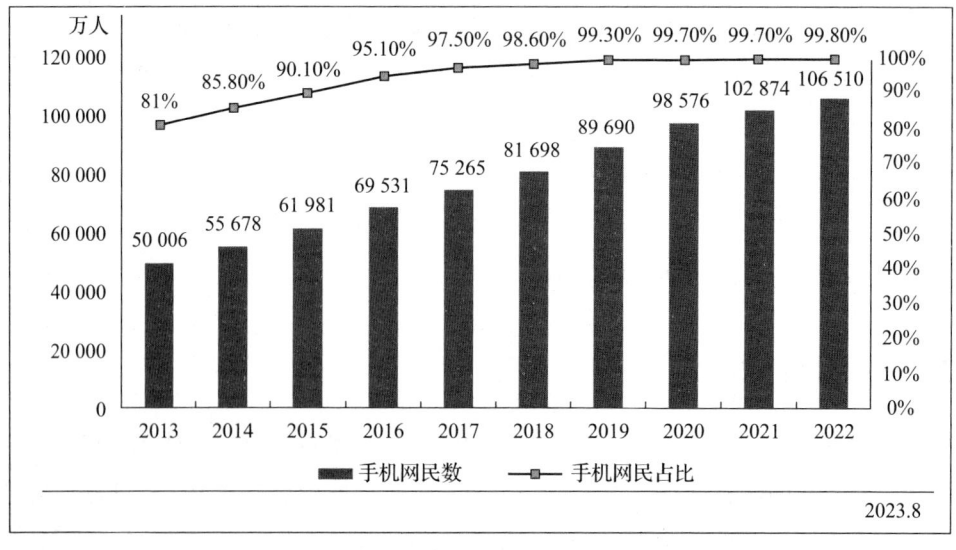

图 3.7 CNNIC 中国手机网民规模及其占整体网民数量的比例

（来源：CNNIC 中国互联网络发展状况统计调查）

网络广告市场规模数据就是行业数据之一,如艾瑞咨询给出的 2018～2025 年中国移动广告市场规模及渗透率预测,见图 3.8。

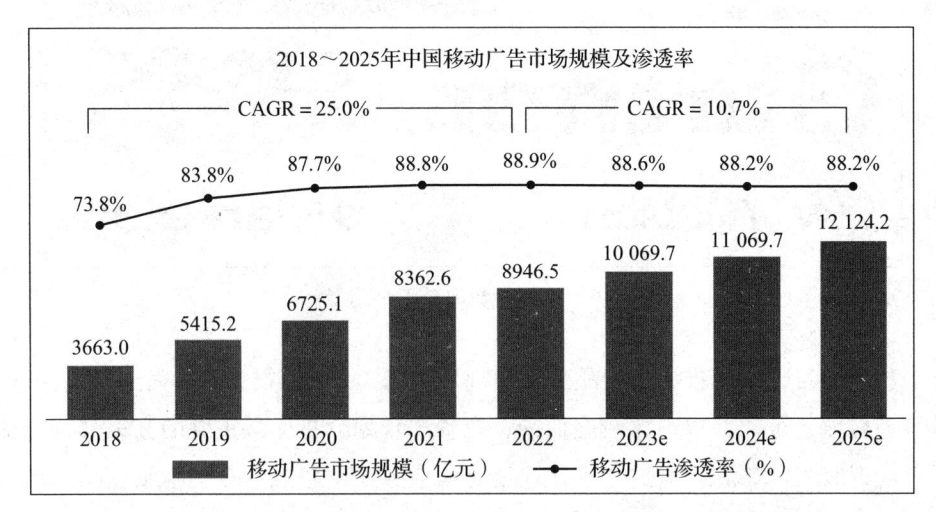

```
2018～2025年中国移动广告市场规模及渗透率
         CAGR = 25.0%              CAGR = 10.7%
  73.8%  83.8%  87.7%  88.8%  88.9%  88.6%  88.2%  88.2%
                                            11 069.7  12 124.2
                                    10 069.7
                            8946.5
                    8362.6
            6725.1
     5415.2
3663.0
 2018  2019  2020  2021  2022  2023e  2024e  2025e
        移动广告市场规模(亿元)    ● 移动广告渗透率(%)
```

图 3.8　艾瑞咨询给出的 2018～2025 年中国移动广告市场规模及渗透率预测

竞品很好理解,比如视频号的竞品为抖音、快手,电脑管家的竞品就有 360 安全,腾讯视频的竞品有爱奇艺、优酷等。竞品数据包括竞品的业务指标、用户规模、市场份额、资源数据、收入规模等,这些数据的获取相对困难,但可以通过行业交流或关键人物分享获取。

对于基础数据、行业数据及竞品数据,运营规划团队主要通过以下方式获取:

- 第三方公司调研报告(可正式引用)。
- 财报数据(可正式引用)。
- 行业交流及技术会议。
- 关键人物分享。

其中,第三方公司调研报告及财报数据比较权威、可信,更有说服力。规划团队较常引用数据的第三方数据公司有艾瑞、易观、Gartner、CNNIC、AC 尼尔森、IDC、eMarketer、腾讯智库、百度与阿里的数据分析等。部分第三方数据分析公司 LOGO 见图 3.9。

图 3.9　第三方数据分析公司举例

相对而言，四类数据中产品数据是规划团队（业务链群）可以完全自主控制、最容易获取且可以获取得比较全面的，是资源规划分析中最重要的数据部分，平时要注意收集和累积。但这一点往往还是被业务团队忽视，对于精细化技术运营而言，原则上要求在产品上线时就必须有关于产品运营数据的收集与分析，并逐步完善数据的维度与细化程度。

3.3.2　行业分析

规划团队平时会进行相关行业报告的收集、阅读并进行适当整理，这样做，一方面可了解行业趋势与市场变化，另一方面可作为资源容量规划的数据积累。在规划容量前，需要完成包括行业市场规模、份额、用户规模、各竞品收入规模等历史与预测数据的数据汇总与分析。

例如，在 2014 年对即时通信业务资源容量进行规划时，针对即时通信行业，规划经理收集、整理与汇总出的数据参见表 3.3。

表 3.3　收集第三方调研分析报告示例

链接	报告
发布方	艾瑞
发布原文	2014～2017 年中国互联网经济趋势洞察报告
发布时间	2014 年 4 月
发布方	易观
发布原文	微信本土化领先全球化尚处初级阶段
发布时间	2014 年 3 月

(续)

链接	报告
发布方 发布原文 发布时间	艾瑞 中国即时通信软件行业数据 2014年7月
发布方 发布原文 发布时间	CNNIC 第34次《中国互联网络发展状况统计报告》 2014年7月
发布方 发布原文 发布时间	GlobalWebIndex GWI Social Summary Q2 2014 2014年5月

这时，就可以对即时通信行业用户规模做出预测，参见表3.4。

表3.4 即时通信行业用户规模及预测

预测项	时间							
	2010	2011	2012	2013	2014e	2015e	2016e	2017e
即时通信用户规模（以亿计）	3.53	4.15	4.67	5.32	5.96	6.62	7.28	7.93
增长率	24.5%	17.6%	12.5%	13.9%	12.0%	11.1%	10.0%	8.9%
手机即时通信用户规模（以亿计）				4.31	4.97	5.62	6.23	6.86
增长率					15.3%	13.1%	10.9%	10.1%
移动占比				81.0%	83.4%	84.9%	85.6%	86.5%

注：表中阴影部分数据为进行分析时得出的预测数据。表中数据主要用于理解预测方法，暂无更新的数据，不考虑时效情况。

然而实际收集第三方数据时，由于口径或维度上的差别，多家第三方给出的数据很可能不统一，在分析过程中，可以取众数或者市场平均水平。例如，表3.4中阴影部分的数据就取了当时市场预测的平均值。

关于如何做好行业分析，属于另外一个专业领域与方向，超出本书论述范畴，在此不做赘述。

3.3.3 业务分析

业务资源规划需要抓住业务的核心需求进行，因此还需要结合中长期IDC资源的策略与布局原则，对业务的核心需求进行分析。

业务的核心需求分为四个方面，分别是业务发展需求、用户体验需求、架构特性需求及资源质量需求，如图 3.10 所示。

业务发展需求	· 产品战略（目标市场、用户、产品类型） · 业务增长（关键指标增长驱动）
用户体验需求	· 互联网网络质量（延时、丢包） · 用户分布 · 运营商（电信、联通、移动、教育网、CAP） · 终端（固网、移动终端）
架构特性需求	· 个性化架构（虚拟化、合作专区、大流量） · 容灾（IDC、同城、异地）
资源质量需求	· IDC容量（机架位）、质量（SLA[1]、基础设施能力） · 网络容量（公网、MAN[2]、DCI）（节点–节点–节点） · MAN、DC网络质量（延时、丢包）

图 3.10　业务的核心需求分析

注：1. SLA 是 Services Level Agreement 的缩写，即服务等级协议。
　　2. MAN 是 Metropolitan Area Network 的缩写，即城域网。

要做好业务的核心需求分析，需要平时与业务方多进行沟通，只有对所规划的业务核心需求非常了解，做出的资源容量规划才容易得到业务方的认可。与业务资源规划预测相关的业务分析主要有两类：

- 业务现状分析。
- 规划预测分析。

业务现状分析，主要通过横向对比竞品与企业内同类别产品的指标、资源、技术架构、算法实现等差异，或纵向对比产品自身（如相同产品的不同版本）的历史指标、资源数据、技术架构、单机性能指标的变化，了解或掌握业务产品所处的发展阶段、行业地位、运营资源成本等状况，并为未来的优化与演进提供对比数据基准。

规划预测分析，则主要通过一些预测模型［如巴斯（Bass）扩散模型、贝叶斯

（Bayes）多水平回归模型、正交试验、联合分析等］进行业务产品的用户发展预测，进而通过单位用户资源关系模型对未来发展所需的资源或成本进行预测分析，从而科学预测业务发展所需的资源，保障业务发展，也为商务谈判、预算支出等提供决策参考依据。

对于业务产品运营数据的获取与分析包括：

- 产品拆分：需要将规划产品拆分到运营产品，甚至产品模块级别。
- 对拆分后的产品：获取业务指标的现状数据、历史数据及增长变化趋势。
- 对拆分后的产品：获取资源数量的现状数据，历史数据及增长变化趋势。
- 试图建立起业务指标与资源的模型关系：常见的有线性关系、放大或指数关系，尽可能用函数公式表达出来。
- 产品技术架构与 Set 模型、分布。
- 分析业务的 KPI、未来增长点或需求、业务侧重点工作及主要矛盾或问题点。

以微信为例，在 2014 年进行其运营资源规划预测时，规划经理将微信拆分为基础 IM、朋友圈、VOIP（Voice Over Internet Protocol，即基于 IP 的语音。此处指微信通话）等运营产品，并且在当时对业务指标数据进行整理并做出了预测，参见表 3.5。

表 3.5 微信产品指标数据整理及预测

预测项	时间				
	2013	2014e	2015e	2016e	2017e
微信 DAU（万）	29 500	44 300	53 790	61 090	66 930
日收发消息量（亿）	162	418	2000	4000	5500
朋友圈发表（亿）	1.4	2.9	4.2	8.0	10.0
朋友圈浏览次数（亿）	17.5	33.9	72.0	93.0	105.0
朋友圈日图片上传量（亿）	2.0	3.6	5.3	6.8	7.8
朋友圈相册文件总数（亿）	27.50	104.51	300	530	750
相册平均存储图片大小	62KB	63KB	55KB	40KB	40KB
每秒相册峰值文件下载次数（万）	40	121	198	280	400
VOIP 同时通话人数（万）	N/A	19	230	500	900
总存储量	3.6PB	15.0PB	34.4PB	70.2PB	136.4PB

注：表中所列数据仅为模拟示例，用于说明预测方法，并不代表实际业务运行数据。阴影部分表示核心预测项。

其中，DAU 的预测一方面来自各第三方公司对即时通信行业做出的增长率预测。另一方面来自业务自身历史数据的建模预测分析。

这里举一个微信用户规模预测的实例，依据微信早期公开的运营数据（此处为模拟示例数据），收集并整理得到表 3.6。

表 3.6　微信用户数整理

序号	日期	天数	用户数（万）
1	2011 年 1 月 21 日	0	0
2	2011 年 8 月	207*	1500
3	2011 年 11 月	298*	5000
4	2012 年 3 月 29 日	433	10 000
5	2012 年 9 月 17 日	605	20 000
6	2012 年 12 月 7 日	686	27 000
7	2013 年 1 月 16 日	706	30 000

注：带 * 处的具体日期不详，暂按月中的日期（当月 15 日）计算。

利用 Bass 扩散模型：

$$N_t = N_{t-1} + p(m - N_{t-1}) + q \frac{N_{t-1}}{m} (m - N_{t-1})$$

假定其创新系数 p、模仿系数 q 在一段时间内保持为常数，m 为市场潜力，即潜在需求总数，通过最大似然估计法或非线性规划的直接数值法求解，获得模型的参数值：

$$p = 0.000\ 086，q = 0.005\ 010，m = 78\ 500$$

我们可以得到表 3.7。

表 3.7　用 Bass 扩散模型预测微信用户数

序号	日期	天数	用户数（万）	模型计算值（万）
1	2011 年 1 月 21 日	0	0	0
2	2011 年 8 月	207*	1500	2404
3	2011 年 11 月	298*	5000	4456

（续）

序号	日期	天数	用户数（万）	模型计算值（万）
4	2012年3月29日	433	10 000	9424
5	2012年9月17日	605	20 000	20 414
6	2012年12月7日	686	27 000	27 515
7	2013年1月16日	706	30 000	29 419

注：带*处的具体日期不详，暂按月中的日期（当月15日）计算。

这样，就预测出了微信用户规模的数据及走势，如图3.11所示。

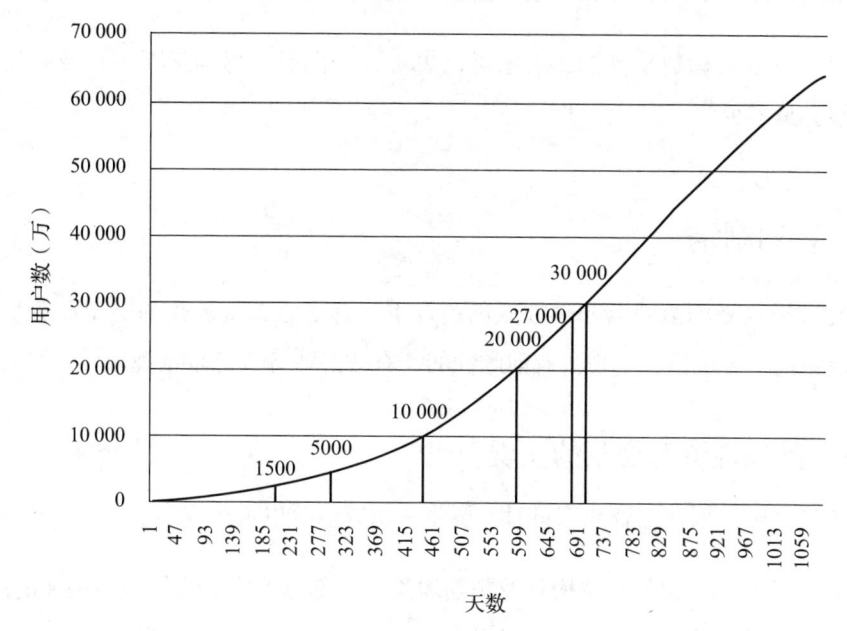

图3.11 微信用户规模及走势预测

图中柱子的高度表示历史上的用户数，曲线表示模型的计算值。可以看到，模型对历史数据的拟合还是比较好的。

若可收集到更多的历史数据，同时引入协变量（如市场竞争活动、营销组合的变化、产品本身的变化、用户期望的变化等），使模型参数成为时变参数，则有希望获取更为精确的拟合预测结果。

以上建模方法也可以推广到其他产品的用户数预测，如能结合多层次贝叶斯

（Hierarchical Bayes）模型、CBC（Choice-Based Conjoint，基于选择的联合）分析模型等方法，这样不但可以根据最新积累的数据逐段修正对未来的预测，还可以用于估计尚未发布产品的未来用户数。

另外，表3.5中其他指标的预测方法为：2014年按前3个月增长预测，2015～2017年除按DAU增长率预测外，还补充考虑随终端用户便利性增加及4G与5G的商用，带来用户带宽高速增长及微信的高速发展，朋友圈相册应保持较高增速；对于存储的预测同步考虑终端用户像素提高与优化控制，其增速应按上传图片增速，再加20%的增长冗余（考虑图片大小、套图数变化等）。

对于业务指标数据预测，大家可以思考一个问题：微信活跃用户及收发消息的上限会是多少？

3.4 规划制定

在遵循规划的策略与布局原则的前提下，有了运营资源规划的全面分析，就可以应用规划方法论，实现具有前瞻性的、有效的业务资源容量规划。

3.4.1 前瞻性资源规划的实现

首先，在规划业务资源容量时，要将资源容量分以下构成维度来看：

- 存量扩容：包括自然增长及预期增长。这部分是容量规划中最关注的部分，成熟业务中这一部分占比往往超过80%，它是与业务指标增长变化直接相关的扩容规划。
- 长尾及运营支撑类容量规划：指与业务指标不相关的长尾模块业务或运营支撑类业务的容量规划。
- 新功能及工程项目的容量规划：指可以预见的、需要开展的新功能、新业务、新工程项目等所需要的资源容量，例如计划中的IDC裁撤项目就属于新工程项目，需要规划新资源以支持替换裁撤的老旧资源。
- 优化项目的容量规划：指可以预见的或者新技术应用带来的优化减量。

> **注意**：由于是中长期的资源容量规划，因此我们忽略了季节性因素。实际上，在进行年度预算编制时，季节性因素是必须考虑的。比如娱乐类业务（视频与游戏）就受寒暑假期影响明显；社交支付业务则受春节、中秋等重大传统节日影响明显。

其次，容量规划的公式可以简单地归纳如下：

规划净增容量 = 理论容量 − 当前使用量 − 优化使用量 + 新功能及工程量

其中，理论容量为支撑未来业务指标，考虑理想利用率、架构分布的业务实际需求量。

最后，一般通过两种推导方法实现资源容量的规划，即**自顶而下的容量推导**，以及为建立产品资源模型进行的**自底而上的模型推导**。这两种推导方法也提供了相互交叉印证的可能，确保容量规划的科学性。

下面结合实例来介绍这两种容量推导的规划实现。

3.4.2 自顶而下的容量规划

自顶而下的容量规划指的是，从企业整体资源量出发，结合企业财报数据，推算总量，然后逐步细化分拆至业务部门及规划产品上。推算自顶而下资源总量的步骤说明如下：

1）**总收入预测**。统计企业收入历史数据，结合行业市场规模及发展预测，进行企业分部及分季度的收入预测，并得出企业总收入预测。

2）**总成本预测**。统计企业成本历史数据，依据总收入增速情况，结合市场竞争格局变化与成本投入情况，进行企业分布及分季度的成本预测，汇总得出企业总成本预测。这里需要结合成本收入占比进行验证。

上述第 1 步与第 2 步的历史数据可以从企业财报中获取。

3）**总运营成本预测**。统计企业运营成本的历史数据，分析运营成本占收入的百分比，同时依据运营管理策略与实际情况，设立总运营成本控制线，从而得到企业总运营成本预测。这里会用到第 2 步的总成本数据，按成本占比进行合理性验证。

4）分类资源总量预测。按资源类别进行拆分及资源单价进行资源总量预测。这里要结合企业未来设备、带宽、机架结算成本趋势与运营管理控制要求，将运营成本拆分为设备、带宽及专线的总量，从而得出按资源类别划分的总量预测数据。

5）细分行业资源规划。按细分行业分拆资源数量至业务部门或规划产品。根据设备与带宽数据的历史分布，结合行业分析并考虑未来的发展趋势变化，对总量进行细分行业的拆分，得出细分行业的设备与带宽数据。

6）细分行业汇总绘图。将规划预测的数据与历史数据整合汇总，并以多趋势线对比的形势进行审视与验证，进一步优化各分拆数据的合理性。

举例而言，在 2021 年某企业的资源容量规划项目中，按照自顶而下的方式进行资源总量规划推导，预测出 2022～2025 年各资源容量数据，如表 3.8 所示。

表 3.8 某企业 2022～2025 年资源容量预测数据

类别	2020	2021	2022e/ 实际	2023e/ 实际	2024e	2025e
年营业收入 / 亿元	506	742	993/1026	1244/1509	1668	2131
增长率	28%	47%	34%/38%	25%/47%	37%	28%
运营成本占比	9%	8%	8%/7%	8%/7%	7%	7%
年运营成本 / 亿元	47.46	60.52	80.49/72.79	100.61/98.22	124.76	153.45
设备数 / 万个	38.41	42.77	48.55/52.78	55.08/63.58	64.73	76.79
年净增 / 万个	9.03	4.36	5.78/10.00	6.54/10.80	9.64	12.06
带宽量 / (Gbit/s)	6031	10 214	15 896/19 590	20 625/32 808	26 199	32 992
带宽增长率	62%	69%	56%/80%	30%/52%	27%	26%

从表中可以看到，针对 2022 年与 2023 年的数据，与实际数据对比，有非常接近的（如 2023 年的年运营成本预测），也有偏差大的（如 2023 年的带宽量预测）。一方面是由于该企业公有云业务爆发式增长；另一方面是自顶而下的推导方式有不可避免的瑕疵，毕竟细分到业务上不够精细，且更多地依赖于历史数据。

因此这份资源容量的预测数据将更多地用作总量控制的参考与汇总验证。

另外，时间跨度越大，预测数据的偏差也会越大。因此，中长期 IDC 资源容量规划的编制需要按年滚动进行刷新。

3.4.3 自底而上的容量规划

自底而上的容量规划是指针对具体的某个规划产品，按照存量扩容的资源模型，根据新功能、新项目数量以及优化减量进行推导，最终汇总出所有的规划产品容量。自底而上的规划推导步骤说明如下：

1) **规划产品归属的行业分析**。针对规划产品所属的行业进行数据分析，得出行业未来趋势的变化，确保规划产品的业务指标变化具备合理性。

2) **规划产品的业务分析**。依据规划产品的业务历史指标数据、资源数据，结合行业趋势变化，得出业务指标预测数据。

3) **建立规划产品的资源模型**。依据对规划产品的理解与业务分析，将规划产品细分为运营产品或业务模块（拆细原则为：该运营产品或业务模块可以建立起业务指标相关的资源模型），直至建立与业务指标相匹配的资源模型，即业务指标与运营资源之间建立起某种函数关系式。

4) **资源科目分析及部署分布**。在规划编制上，除了资源的数量之外，资源的质量、分布也非常重要。这时需要依据历史分析以及对业务核心需求（业务发展、用户体验、架构特性、质量要求）的理解与把握，拆分科目并合理分布部署。

5) **资源类型分布**。依据业务架构特性、质量要求，对未来资源类型进行合理分布，包括使用合适的机型、合适的带宽类型等。

6) **多维度交叉验证**。

下面以 HRTC 视频的资源容量规划为例，介绍自底而上的资源容量规划方法与过程。

首先，收集人口、网民、智能手机等相关基础数据，参见表 3.9[○]。

[○] 本例中数据主要用于说明多维度交叉验证方法，暂无更新的数据，不考虑时效性。

表 3.9 资源规划——网媒/视频/广告行业发展分析

类别	2011	2012	2013	2014e	2015e	2016e	2017e
中国总人口规模/亿人	13.39	13.40	13.49	13.52	13.55	13.55	13.55
整体网民规模/亿人	5.13	5.64	6.18	6.75	7.37	7.98	8.60
PC网民规模/亿人	4.93	5.53	5.91	6.28	6.7	7.03	7.25
PC网民占比	96.10%	98.05%	95.63%	93.00%	90.97%	88.13%	84.31%
移动网民规模/亿人	3.56	4.2	5	5.78	6.37	6.89	7.45
移动网民占比	69.40%	74.47%	80.91%	85.59%	86.49%	86.38%	86.64%
智能手机市场出货量/亿台	0.72	1.94	3.18	3.75	4.26	4.72	5.14
中国智能手机保有量/亿台	2.00	3.60	5.80	7.80	9.20	10.30	11.30

注：表中阴影部分表示关键依据的预测数据。

通过表 3.9 可以得到网民及移动网民的增长率数据。然后，通过收集、整理行业分析调研报告，比如艾瑞的报告，并参考其增长预测，推导得出未来 4 年视频行业的用户增长数据，参见表 3.10。

表 3.10 视频行业用户数据及增长率

类别	2011	2012	2013	2014e	2015e	2016e	2017e
中国视频用户规模－月度覆盖/亿人	3.9	4.5	4.8	5.2	5.7	6.1	6.7
增长率	20.50%	12.90%	8.50%	8.3%	8.9%	8.3%	8.8%
中国网民规模/亿人	5.13	5.64	6.18	6.75	7.37	7.98	8.68
视频用户占比	76.02%	79.79%	77.67%	77.00%	76.86%	76.86%	76.86%
移动APP覆盖用户/亿人	N/A	N/A	1.81	3.12	4.37	5.24	5.77
PC覆盖用户/亿人	N/A	N/A	4.64	5.10	5.55	6.01	6.54

注：表中阴影部分表示关键依据的预测数据。

由于 HRTC 视频是视频行业领先的业务产品，但起步相对较晚，可以预测其用户规模及增长率等于或略高于整个行业的增长。由此，推导预测出未来 3 年 HRTC 视频的用户及视频观看量指标数据，参见表 3.11。

表 3.11 HRTC 视频 UV 及 VV 规划预测

类别	2011	2012	2013	2014e	2015e	2016e	2017e
视频全平台覆盖人数（日最高）/万人	2000	4401	5494	9800	15 680	23 520	32 928
增长率	N/A	120.05%	24.84%	78.38%	60%	50%	40%

（续）

类别	2011	2012	2013	2014e	2015e	2016e	2017e
视频 VV 数（日最高）/ 亿人	1.1	1.99	2.41	5.62	12.0	20.0	30.0
视频 VV 增长率	N/A	80.91%	21.11%	133.37%	113.5%	66.7%	50%

注：表中阴影部分表示关键依据的预测数据。

建立 HRTC 视频产品的设备资源模型。设备资源一般取决于接入层、逻辑层的请求数或调用访问和处理量，以及存储层需要存储的数据量和存储份数。HRTC 视频产品细分后有一个核心业务模块是视频转码，根据对视频转码模块的业务理解，我们可以建立如表 3.12 所示的资源模型。

表 3.12　视频转码设备资源模型

视频转码	A	编辑上传视频文件量 /（个 / 天）
	B	视频规格数 / 个
	C	视频文件平均大小 /MB
	D	单机峰值转码能力 /（MB/ 台）
	转码文件量 /（GB/ 天）	$=A \times B \times C$
	视频文件总存储量 /PB	= 转码文件量 × 存储份数
设备资源量	转码设备数 / 台	= 转码文件量 /D
	存储设备数 / 台	= 视频文件总存储量 / 每 Set 存储量 × 每 Set 设备数

同理，可以建立 HRTC 视频下 P2P（Peer-to-Peer，一种点对点传输技术服务）、视频直播、视频播放等业务模块的设备资源模型。这样，依据资源模型预测推导出 HRTC 视频产品的各业务功能模块的资源量（总量），参见表 3.13。

表 3.13　HRTC 视频设备资源容量规划数据

产品功能模块	平台科目	2013	2014H1e	2014H2e	2015e	2016e	2017e
视频转码	业务自身	1146	1194	1194	1400	1500	1600
P2P	业务自身	302	366	366	400	420	430
视频直播	业务自身	431	352	360	450	550	650
视频播放	业务自身	775	1153	1200	1400	1550	1650
视频存储	统一存储	1591	2339	3000	4000	5000	6000
合计	业务自身	2654	3065	3120	3650	4020	4330
	统一存储	1591	2339	3000	4000	5000	6000

上表中，"平台科目"的内容是为区分资源归属而设立的预算科目类别。

有一些长尾模块或运营支撑业务,与资源指标不是十分相关,这部分资源的预测也要有。一般可按行业增长线性推导得出,参见表 3.14。

表 3.14　HRTC 视频其他业务模块设备资源容量规划数据

产品功能模块	平台科目	2013	2014H1e	2014H2e	2015e	2016e	2017e
其他业务模块、长尾业务及运营支撑等	业务自身	200	515	500	500	500	500
	虚拟机	8	11	15	20	25	30

另外,针对新功能开发、运营项目等资源容量规划,也较难以资源模型来推导预估,而且这类业务涉及的资源量非常小,这种情况一般由规划经理根据对业务的了解,按历史经验数据,给予极少量的设备预测。

最后合并,就得出了 HRTC 视频这个规划产品的设备资源容量规划数据,参见表 3.15。

表 3.15　HRTC 视频 2013～2017 年设备资源规划预测

类别	平台科目	2013	2014H1e	2014H2e	2015e	2016e	2017e
设备总量	业务自身	2854	3580	3620	4200	4620	4980
	虚拟机	8	11	15	20	25	30
	统一存储	1591	2339	3000	4000	5000	6000
	合计	4453	5930	6635	8220	9645	11 010
设备增量	业务自身	—	726	40	580	420	360
	虚拟机	—	3	4	5	5	5
	统一存储	—	748	661	1000	1000	1000
	合计	—	1477	705	1585	1425	1365

带宽资源的容量规划与之类似,也是根据指标与资源建立起资源模型进行推导。带宽资源的业务指标往往与设备资源的不一样,很多时候会使用诸如"单次请求的流量"来推导,但也需要有函数关系。比如:HRTC 视频点播带宽量(Gbit/s)近似等同于

视频观看次数 × 码率 × 观看时长 – P2P 贡献带宽

仅有资源容量规划的数据与科目还是不够的,对于规划编制而言,还需要依据业务需求、用户体验、架构特性与质量等,进行资源的分布策略规划。例如,

HRTC 视频的设备资源，依据当年的 IDC 策略及布局原则分为不同的科目，分别做出如下 Zone 的分布数量规划，参见表 3.16、表 3.17。

表 3.16　HRTC 视频业务自身科目设备资源分布规划

业务自身	2014e	2015e	2016e	2017e
成都	8	81	59	50
上海	4	87	63	54
深汕	—	—	105	90
深圳	22	290	105	90
天津	5	116	84	72
香港	0	6	4	4
总计	**40**	**580**	**420**	**360**

表 3.17　HRTC 视频统一存储科目设备资源分布规划

统一存储	2014e	2015e	2016e	2017e
成都	258	220	220	220
广州	73	—	—	—
上海	106	200	200	200
深汕	—	150	150	150
深圳	86	150	150	150
天津	86	200	200	200
香港	53	80	80	80
总计	**661**	**1000**	**1000**	**1000**

最终输出的 HRTC 视频资源容量规划，还要满足以下几点：

- 业务迅速发展，15 年仍保持相对快速增长。
- 直播、点播采用新编码技术，播放平台、转码等业务有新的资源需求。
- 带宽优化：采用 P2P 效率提升、缓存控制、削峰填谷等方式进行带宽优化。

可见，依据建立业务资源模型而实现自底而上的资源容量推导更贴近业务，也更精细合理，是实现资源容量规划最主要的推导方法。

3.4.4　业务架构优化演进规划

在资源容量规划编制输出时，针对某些重点产品或业务的核心需求，还需要解决该需求分析中发现的主要矛盾及形成对应技术运营涉及的重点任务。

举例来讲，2021 年，某相册产品在做 2023～2025 年的资源容量规划时，就针对其架构演进及技术运营优化任务做出了规划。

首先，依据业务指标及资源模型，推导出 2023～2025 年该相册产品的设备资源需求量，参见图 3.12。

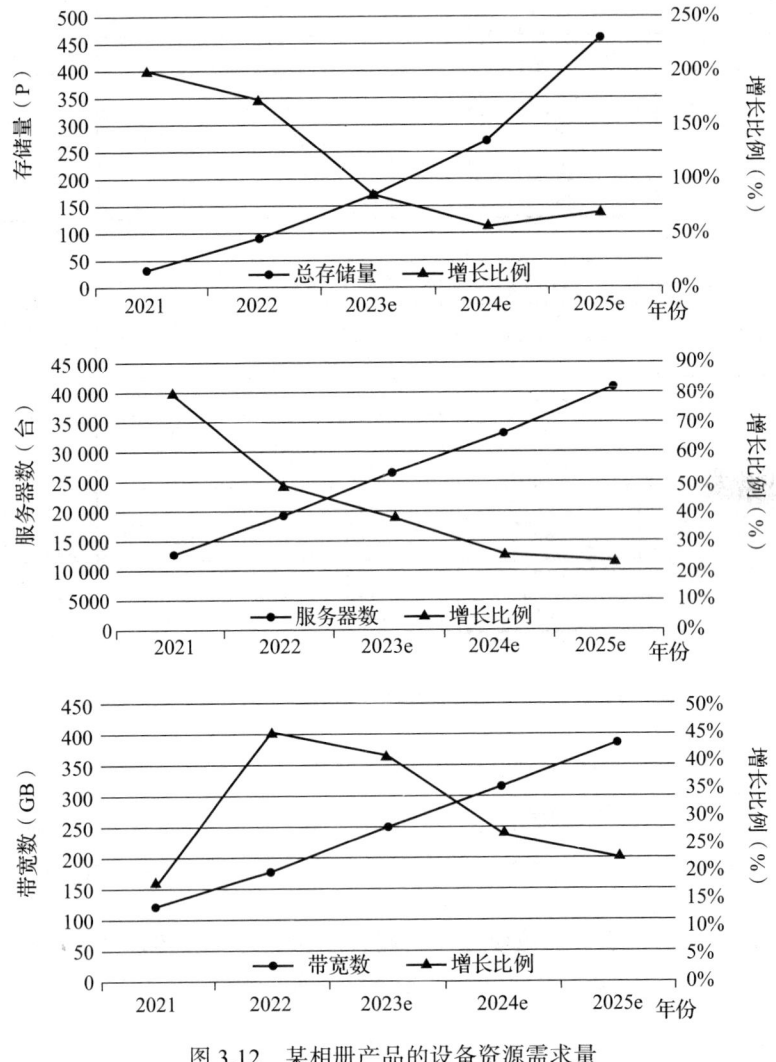

图 3.12 某相册产品的设备资源需求量

其次，针对该相册产品存在用户体验及就近访问的主要矛盾，做出的架构调整与接入优化的方案及策略参见图 3.13。

```
● 2023年延续现有三通点与一通点的部署架构
    √ 逐步提高三通点新图搬至一通点的比率（年底达30%），将场景热图
      推向OC节点（带宽占比提高到15%）
    √ 一通点DGA增加联通出口，就近覆盖南方联通用户
    √ 三通点资源不足时调度：①新增三通点SHD，HZA转SHD；②GZA
      转SZD；③XAA转SZD与SHD
    √ 一通点资源不足时调度：DGA转SZD，NJA转SHD
● 解决移动接入
    √ 三通点就近接入XAA/SHD等，一通点代理接入
● 解决中小运营商接入
    √ 三通点启用CAP平台接入，一通点代理接入
● 2024年建成并启用TJD、SHD、SZD三个多通点，其他点逐步弱化
    √ 辅以AC（存量）+OC（热图）进行流量输出
```

图 3.13 某相册规划方案（部署架构及接入优化）

对于相册业务架构及设备资源的分布，也制定了相应的规划，由 A 演进到 B 最终到 C，详情参见图 3.14。

最后，对于相册业务用户体验优化的关键任务，以及主要跟进的运营项目工作，做出规划排期，参见图 3.15。

3.4.5 资源规划小结

业务资源规划（即中长期 IDC 资源容量规划）是海量资源技术运营成功的前提，要设法追求质量与效率的平衡。

通过自顶而下的容量推导，给出中长期资源总量规模的预测，对于总的运营成本及资源总量控制有了大致的方向，是对资源的总体规划。依据指标资源模型，自底而上得出详细的业务发展资源规划与预测，并依据业务核心需求，进行有针对性的部署、关键运营任务等的规划，这是细分的业务资源规划。这两份容量规划，可以互相佐证规划预测数据的合理性与一致性。容量规划预测数据的编制输出，是年度成本预算控制的重要依据与参考。由此进一步可输出 IDC 建设规划、网络建设规划以及 CDN 建设规划，帮助我们进行运营总成本预估、各业务成本预估及运营工作重点跟进。通过中长期 IDC 资源容量规划，可以实现对企业战略的理解落地、业务需求的收集归纳、运营目标的确定。资源容量规划的内容参见图 3.16。

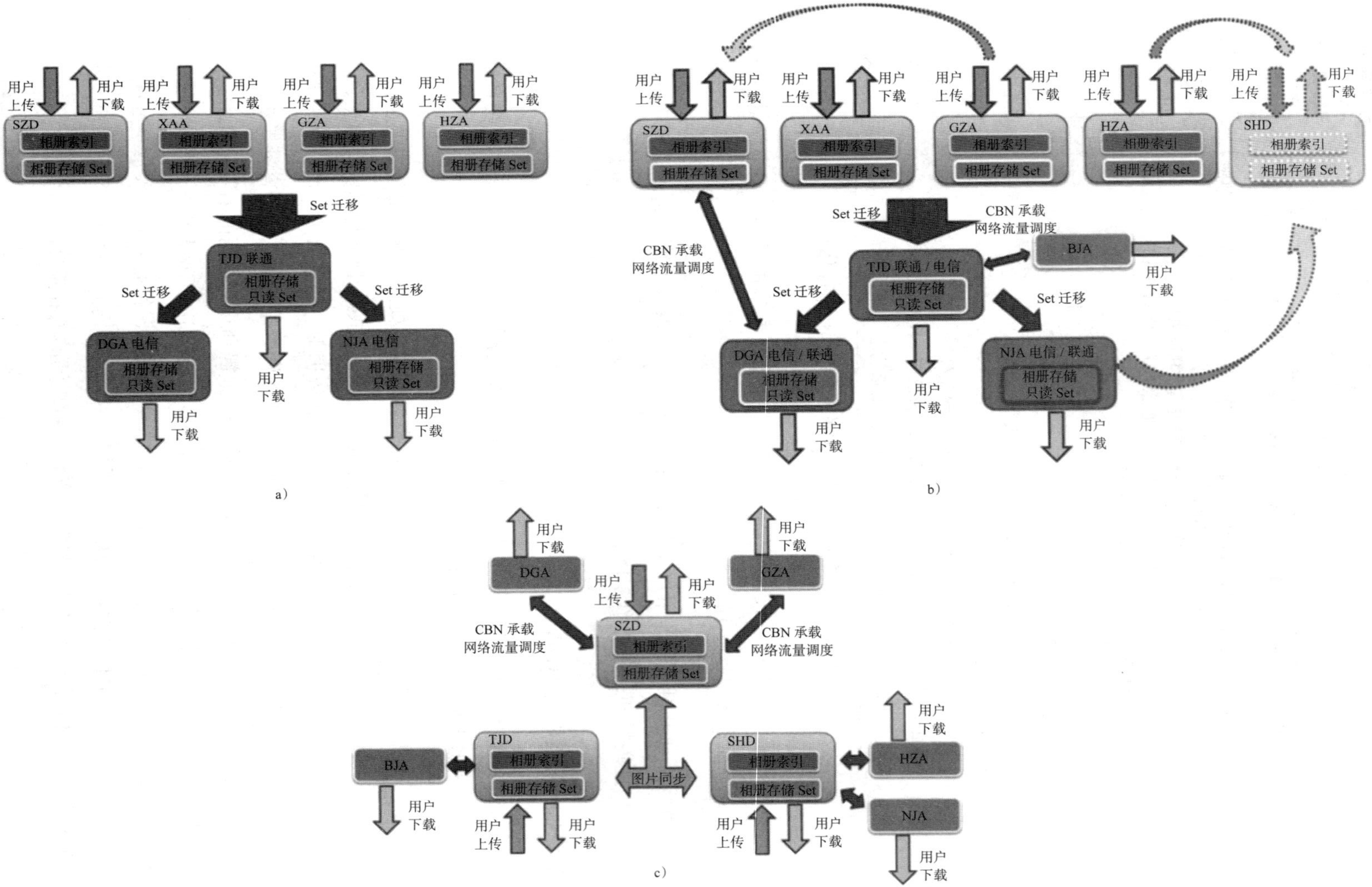

图 3.14 某相册业务分布演进示意图

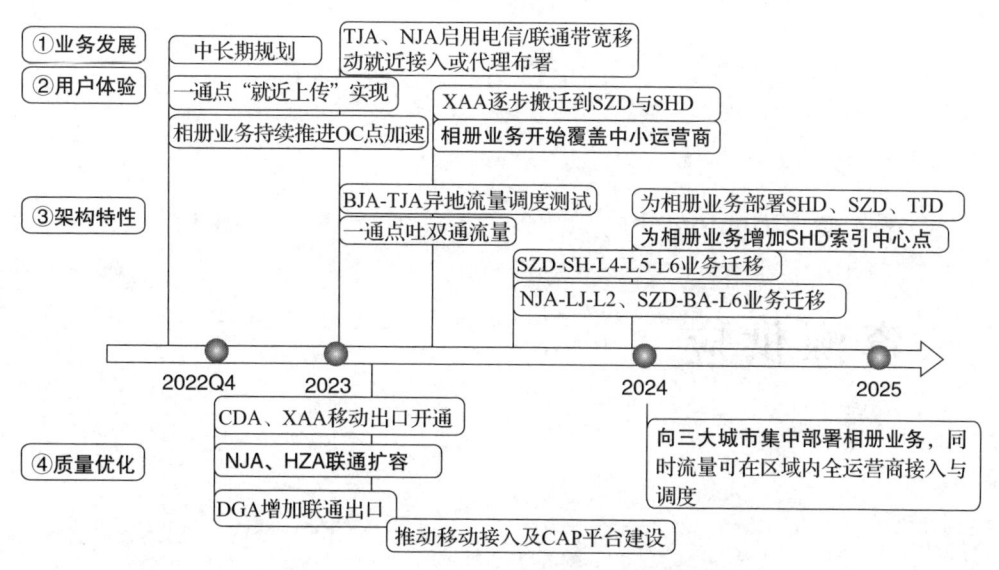

图 3.15　某相册业务优化关键任务路线图

图 3.16　资源容量规划的内容

3.5　本章小结

运营资源规划，是"预见未来"，更是"遇见未来"。随着对规划数据的积累与沉淀，关于业务分析和容量规划的未来演进，必定可以更加自动与智能。通过引入机器学习及大模型技术到业务分析和容量规划，探索实现更科学、更高效的规划预测，保障业务健康可持续发展。

第 4 章 Chapter 4

资源供应

> 兵马不动，粮草先行。
> ——《南皮县志·风土志下·歌谣》

作为技术运营的重要工作内容之一，资源供应管理是保障业务发展、保持领先地位及提升运营效率的基础。本章将为大家揭晓 IDC 资源供应管理与高效运作的过程。

例如，某大型企业 IDC 资源供应的工作由公司运营管理部资源管理团队负责。资源管理团队组建于 2008 年，彼时全公司服务器总量约为 5 万台，机位总量约为 6 万个，交付效率（业务提出资源需求至业务收到可用资源的时长）长达 46 个工作日，交付质量（资源满足业务特性要求的匹配度）为 80% 以下。到 2016 年，全公司服务器总量约 67 万台，机位总量约达 78 万个，但交付效率缩短到 17 个工作日，交付质量提升至 99.9%。

从这个案例中可以看到，在 8 年中，公司的服务器和机位数量增长 10 倍以上，但是在交付效率缩短 29 个工作日的情况下，交付质量却提升近 20%。在这个过程中，管理资源供应链的能力起到了重要的作用。

4.1 资源供应管理概述

本节我们概要了解一下资源供应管理的概念。

1. 资源供应管理的定义

资源供应管理是指在生产过程中，对人、技术、资源三要素的"规划、监控、管理、服务"，将业务运营过程的信息流、决策流进行有效控制和协调，集成企业内部资源供应链与企业外部资源供应链，持续进行资源流转管理与优化，从而促成业务在资源使用成本、效率和质量三方面的相对平衡。

2. 资源供应管理的特征

资源供应管理具有如下特征：

- 以业务或产品需求为驱动，以业务链群 100% 满意为目标。
- 资源供应部和业务运营部之间关系紧密，双方共担风险，共享利益。
- 将资源供应链中所有节点企业、部门或团队作为一个整体进行管理。
- 需要对工作流、信息流、现金流进行设计、执行、修正及持续改进。
- 利用 IT 系统不断优化和集成资源供应的运作。
- 按需、按时生产及供应。
- 严格控制采购、库存、空闲机位等的成本。
- 对业务分布提前规划，优化业务布局，减少流量穿越。

3. 资源供应管理的主要内容

在企业业务运营中，资源供应管理的主要内容包括四个模块：资源微观规划、服务器资源管理、IDC 机房资源管理、资源服务。各个模块将"规划、监控、管理、服务"贯穿始终，从而实现最低成本、最高效率、最好质量的资源供应。

四个工作模块的简介如下。

- **资源微观规划**：资源微观规划是将支撑业务或产品运营的资源进行落地的细化排布，细化到具体的 IDC 园区及供应的时间节点（月度）。它是资源供应的核心，目标是通过资源微观规划来引导业务的布局及保障业务发展所需要的 IDC 资源供应。
- **服务器资源管理**：根据资源微观规划，实现满足业务发展需求的服务器新技术、服务器采购、服务器库存、服务器退役等管理。
- **IDC 机房资源管理**：根据资源微观规划，实现满足业务发展需求的 IDC 机房中长期规划、IDC 机房建设、IDC 机房机位容量、IDC 机房裁撤、带宽、专线、IP 等的管理。
- **资源服务**：根据资源微观规划，实现满足业务发展需求的资源供应、资源调度等各项资源类的服务保障。

4.2 资源微观规划

作为资源供应管理的核心，资源微观规划是资源管理的源头和决策的理论基础，同时也是对外输出资源服务的策略依据。

以某大型企业为例，2014 年以前，该企业没有资源微观规划，业务的分布模式是依据 IDC 机房的建设而定，即在哪里建机房，业务就往哪里分布，同时机房规模都偏小，一个 IDC 园区总容量普遍在 1 万台服务器以下。这种资源供应模式的弊端很明显：容易造成业务分布不合理，流量穿越严重；业务部门全年业务资源需求的满足度无法评估；业务追加资源的需求能否满足无法预测；服务器采购和机房建设的节奏如何把控更多地依靠经验。2016 年以后，通过实施资源微观规划，以业务部门的需求为基础，将资源需求、业务分布、机房建设、服务器采购等有机结合并与资源供应对齐，实现了业务分布、业务部门全年需求的满足度与追加资源的需求评估、服务器采购和机房要求交付节奏的透明化。

接下来将探讨资源微观规划具体是什么，为什么要做资源微观规划以及微观规划应该怎么做。

1. 资源微观规划的定义及意义

资源微观规划实际上可以看作一套将方法论、流程、系统结合在一起的工具，帮助企业实现 IDC 资源供应的智能化、自动化管理，同时也帮助业务链群实现业务合理规划部署落地及可持续发展。资源微观规划包括以下工作要点：

- 从业务部门的核心需求出发，兼顾 IDC 基础设施能力，实现所需资源的高质量、高效率、低成本配置。
- 依据企业业务的 IDC 资源部署分布及运营现状、IDC 基础架构的服务能力、业务与数据中心的行业中长期展望，同时兼顾 IDC 运营资源"集约化、管控化、透明化、可视化"的管理要求。
- 将服务器、带宽、机位与专线等资源供应的相关流程进行工具化、服务化的整合与优化，如机位供应趋势评估、服务器供应周期评估、业务超预算评估、需求自动匹配等。

资源微观规划具有以下重要意义：

- 引导和规范业务部门的需求。
- 保障业务发展所需的 IDC 资源供应。
- 依据业务特性指导业务进行合理的分布。
- 为未来新业务的运营形态、成本、部署提供建议，指导各项资源服务的策略、SLA（服务等级协议）的落地及优化。
- 为业务申领资源提供凭据。

2. 资源运营体系框架

整体的 IDC 资源运营体系框架参见图 4.1。

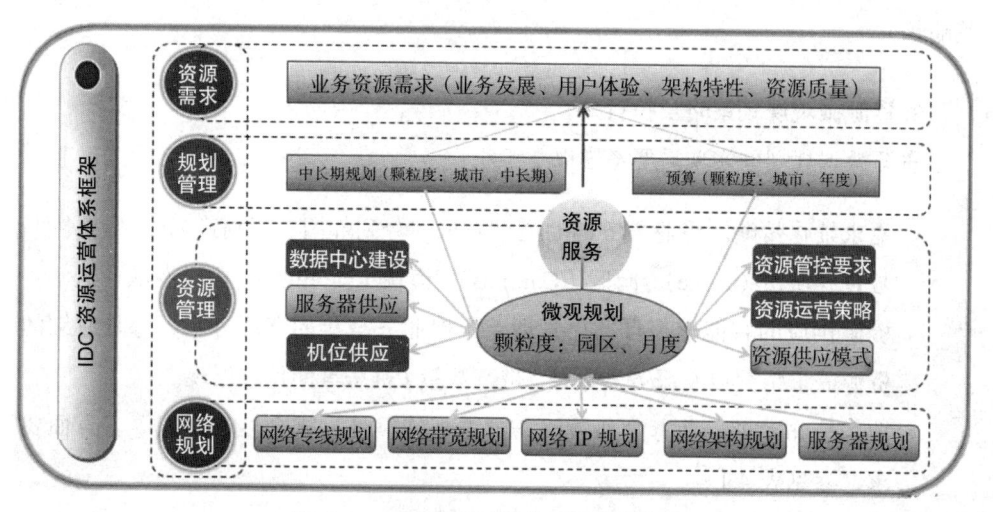

图 4.1　IDC 资源运营体系框架示意图

从图中可见，资源微观规划将业务资源需求、宏观的规划管理（包括中长期规划与预算，涉及资源数量、业务分布、架构要求及策略要求等，颗粒度到城市、年度）、宏观的网络规划（包括网络专线规划、网络带宽规划、网络 IP 规划、网络架构规划、服务器规划等）相结合，对齐现有存量资源（数据中心建设、服务器供应、机位供应等）与资源服务供应（资源管控要求、资源运营策略、资源供应模式等），形成颗粒度到园区、到月度的机房建设计划、服务器采购计划、资源供应计划等相对微观的合理分布规划，从而使网络架构、IP、专线、带宽等资源管理透明化成为可能。

其中，微观规划的输入数据有两部分：

- **需求数据**。来源于：规划管理的资源宏观规划、每年的预算数据、针对业务链群的需求预测及收集的业务链群需求。
- **资源数据**。来源于：机架储备、机位库存、服务器库存、大订单剩余、业务下架计划、迁移计划、资源运营策略（如三园区、双园区等）、资源供应策略（如万兆设备、GPU 设备等）。

经匹配业务需求与资源供应的**资源微观规划输出**包括：细化到园区与月份的数据中心建设计划、服务器（采购）供应计划、机位供应计划、资源管控要求、资源运营策略、资源供应模式（含业务分布、IP/专线/带宽、需求交付、资源管理策略等）。

3. 资源微观规划策略及执行

资源微观规划的实现需要考虑以下策略：

- **需求细化策略**。将业务链群的全年需求细分到部门、规划产品、月、类型、数量、城市（Zone）、园区（Campus）、模块（Module）、逻辑专区。这便于资源供应的智能化、自动化管理，实现业务全年的资源分布、每月详细的资源需求情况以及服务器数量 / 带宽数量 / 机房等的信息展现。
- **业务分布策略**。业务分布策略需要考虑连续性、耦合性、容灾等多方面要求，参见表 4.1。

表 4.1 业务分布策略

考虑项	分布策略
业务连续性	单个业务尽量考虑 2～3 年分布在同一个 IDC 园区，避免业务过于分散
业务及模块耦合性	对于交互性较强或有大流量（单机点到点的传输速率大于 100Mbit/s）的业务或模块，需要在同一个网络模块内部署，避免产生流量穿越
业务容灾要求	对于业务有多园区或双园区容灾要求的，需要分园区规划；对于同园区有交换机容灾要求的，需要对需求进行分组，进行交换机或机架容灾
业务网络要求	如果业务有虚拟化、IP 漂移、合作专区等要求，则需要建设特殊的网络架构来满足需求
专区专用性	对于为业务专项建立的逻辑专区，原则上只能由本业务使用，如金融专区，只能安排金融业务的设备上架

资源微观规划的输出结果（编制数据）是资源申领的唯一依据，即执行资源微观规划时，资源申领必须与微观规划数据一致。

当然，资源微观规划的编制数据并非一成不变，可以依据业务实际情况及变化作出相应的微观规划数据滚动刷新或变更。其中：

- **规划数据滚动**。每个月对资源微观规划执行当月之后的 3 个月到年底的需求滚动刷新。主要响应业务指标超预期 / 不达标，新功能、新项目等导致需求追加或减少时出现需求变化的情况，以指导后续服务器大订单及机位容量评估。

- **规划数据变更**。业务链群侧可随时依据业务变化发起资源微观规划数据变更；园区内机位需求总量不变时，可进行智能变更；园区内机位需求总量超出时，则可以触发资源追加评估。

4. 资源微观规划实施价值

我们以一组实际数据来看资源微观规划的实施价值。

例 1 **满足业务发展资源需求**。2023 年上半年，某企业资源管理团队累计为各业务链群的业务需求交付物理服务器 9.3 万台。

例 2 **指导业务合理分布**。2023 年上半年，某企业业务运营资源交付量大，且主要的资源 Zone（城市）存在单园区供应的情形，通过实施资源微观规划，业务部署离散度仅上升 0.6%（由 35.5% 上升到 36.1%）；各业务链群业务服务器需求超预算 32%，但 Campus（园区）间 MAN（城域网）流量穿越仅上涨 13%，低于控制目标。

例 3　优化提升服务能力。某企业通过流程数字化，将资源规划中的"业务部门资源规划需求滚动沟通会"和"资源规划评估供应协调会"IT 系统化，上线资源微观规划自助变更应用系统，实现用户自助化变更、预算满足度评估、服务器评估等，具备资源供应规划的快速决策能力。

4.3　服务器资源管理

服务器资源管理的水平直接影响到业务的发展与运营成本，其最重要的衡量指标就是服务器资源交付周期。以某企业为例，在 2008～2016 年的 8 年间，服务器资源管理水平得到了大幅提升，实现了服务器资源交付周期的四连跳（46 个工作日→30 个工作日→23 个工作日→17 个工作日），成为行业的标杆。

服务器资源管理水平的提升，源自采购订单模式的转变，也源自资源供应模式的优化，涉及很多方面，我们主要介绍以下四个方面的管理：服务器新技术应用、服务器采购、服务器库存、服务器退役。

4.3.1　服务器新技术应用

硬件技术不断发展进步，规模化应用后性价比更优，同时业务链群的业务发展对服务器性能要求也在不断提升。在综合考虑性能、稳定性及业务需求的情况下，切换或引入新技术标准的服务器类型或平台是十分必要的。这也是服务器新技术应用的目的。

服务器新技术应用包括**新增设备类型**与**新增设备版本**两种情形。

1. 新增设备类型

新增设备类型即引入的服务器新产品，这分为两种情况，分别是新厂商服务器型号引入和部件变更。两种情况的评审和实验室测试范围要求不同。

- 新厂商服务器型号的引入必须完成所有相关部门 / 团队的评估和测试认证。
- 部件变更是指在已经引入的厂商机型上进行配置变更，只需根据变更部件对基础架构适配性和软硬件技术规范的影响进行针对性测试认证。

2. 新增设备版本

企业对所有新引入的服务器关键部件（处理器、内存、硬盘、固态硬盘）、PCI-E 固态硬盘、阵列卡、HBA（Host Bus Adapter，主机总线适配）卡、网卡、FC（Fibre Channel，光纤通道）卡、光模块、电源模块等，均按版本进行标识管理。

要应用服务器新技术、新增设备类型与新增设备版本，就必然涉及新增/引入的流程。以某企业为例，其新增设备类型/版本管理流程如图 4.2 所示。

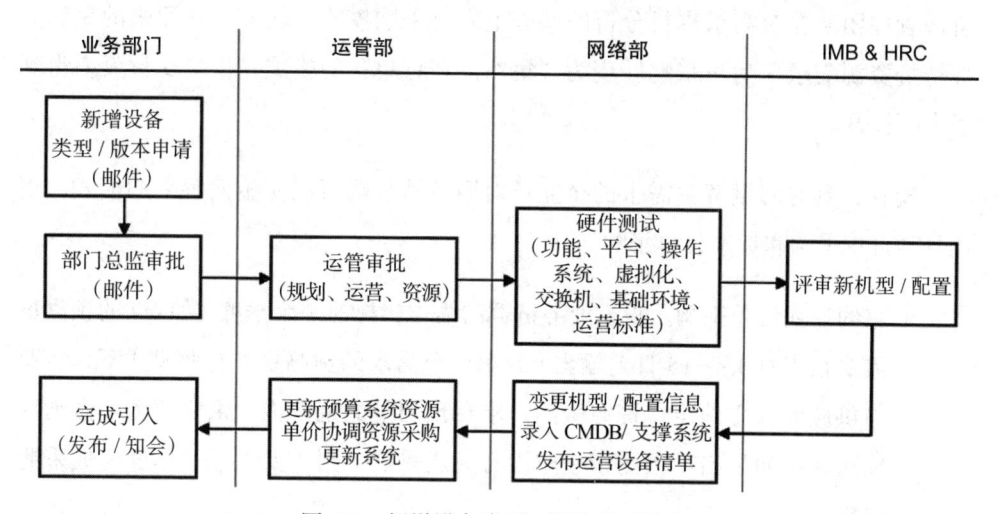

图 4.2 新增设备类型/版本管理流程

在流程图中，各角色及职责分别如下。

- **业务部门**：提交新增设备的类型/版本申请。
- **运管部**：负责规划、运营、资源等方面的审批。
- **网络部**：负责服务器硬件功能测试、IDC 基础环境适配性测试。
- **架构管理委员会（IMB）**：负责认证标准中必选项的评估与审核，以及从基础架构适配性维度审核测试结果，并做技术决策，发布审核结果。
- **硬件选型评审委员会（HRC）**：负责实验室测试结论和小批量试用的评审和发布结果。

4.3.2 服务器采购

承载业务运营的服务器资源最初均来自采购。采购需要满足各业务链群的业务需求数量、规格及时间要求，但由于大批量的服务器设备采购会对企业的现金流支出产生重大影响，因此资源管理团队需要权衡运营效率与现金流支出，合理考虑采购实施的时间。这涉及服务器采购模式的优化。

资源运营实践表明，服务器采购模式的探索与持续优化，在资源运营效率提升及运营成本支出控制上效果显著。以某企业为例，2012年以前，资源供应交付效率为46个工作日，其中80%以上的时间主要花费在设备的采购周期上。后来，资源管理团队在对需求进行分析的基础上实行采购模式的转变，从原来的见到业务链群资源需求单后再采购转变为"集约计划订单"的模式，供应交付效率得到了大幅提升。

现在，具有海量资源需求的企业针对服务器采购可以实施两种采购模式：集约计划订单采购和标准订单采购。

- **集约计划订单采购**。根据业务链群的需求，提前一个季度（如Q2的预测量需要在当月1～15日前输出）给出资源需求的预测量。在此模式下，企业与供应商双方约定：资源采购需求在预测量的范围内，供应商需要做到双周送货；如果当季预测量企业没有完成采购，则需要在下一季度完成采购取货。
- **标准订单采购**。针对海外或特殊服务器机型等不在计划性订单范围内的业务资源需求，通过业务链群的需求单来触发采购。

两种采购模式的特点及优劣势对比如表4.2所示。

表4.2 服务器采购模式对比

采购模式	特点	优势	不足
集约计划订单采购	订单内数量双周到货，约占采购量的95%	成本最优，到货有保证	在预测不准的情况下有清货压力
标准订单采购	按需求采购，约占采购量的5%	管理简单	采购周期可能长达1～2个月

显然，集约计划订单采购正变得越来越重要，但其中的预测量的准确性非常关键，有必要展开说明集约计划订单采购的实现。图 4.3 显示了集约计划订单的生成流程。

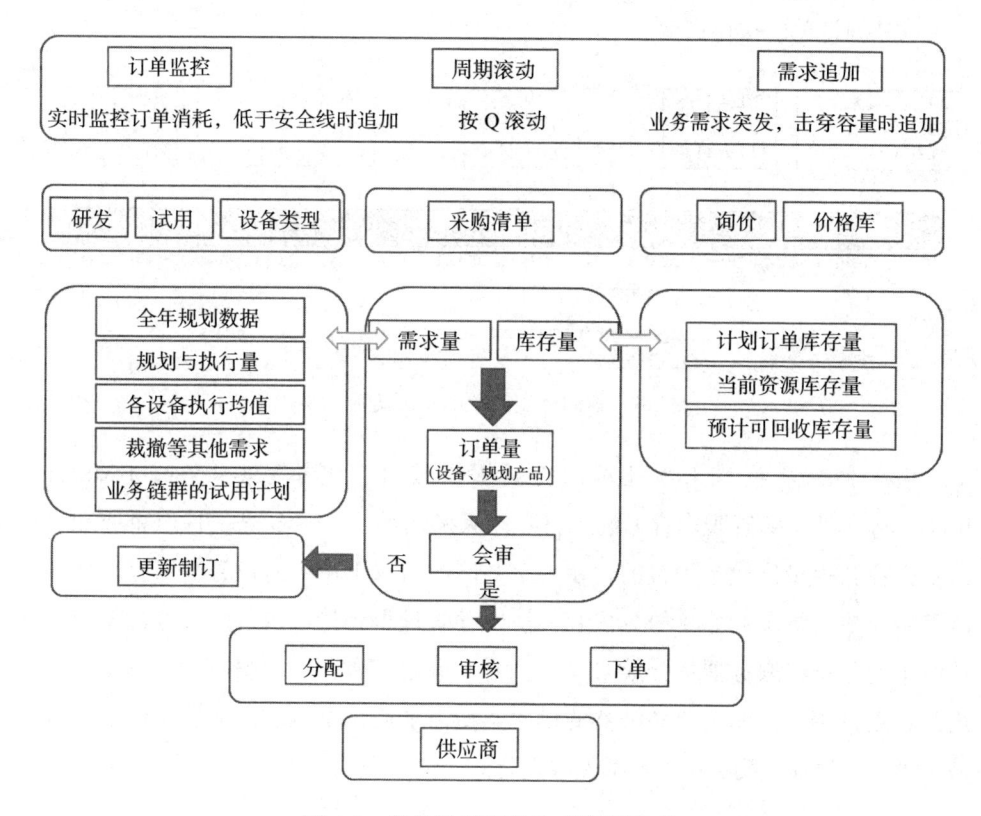

图 4.3 集约计划订单生成流程示意

注：图中"按 Q 滚动"是指集约计划订单需要以季度为周期单位进行滚动刷新。

从流程图可见，集约计划订单的输入端有两部分，即需求量与库存量，其中：

- 需求量包括全年规划数据、规划与执行量、各设备执行均值、裁撤等其他需求、业务链群的试用计划等。
- 库存量包括计划订单库存量（一般具体指前次集约计划订单执行余量）、当前资源库存量（可用资源）、预计可回收库存量（业务链群的退回/回收计划量）等。

集约计划订单强调计划性，并同供应商达成一致，形成制订周期。一般而言，集约计划订单需要提前 2.5 个月完成制订，如 Q2 的计划性订单，最迟需要在 1 月 1 日～1 月 15 日前输出给供应商。图 4.4 列出了某企业 2023 年 10 月之后一整年的集约计划订单的执行进度。

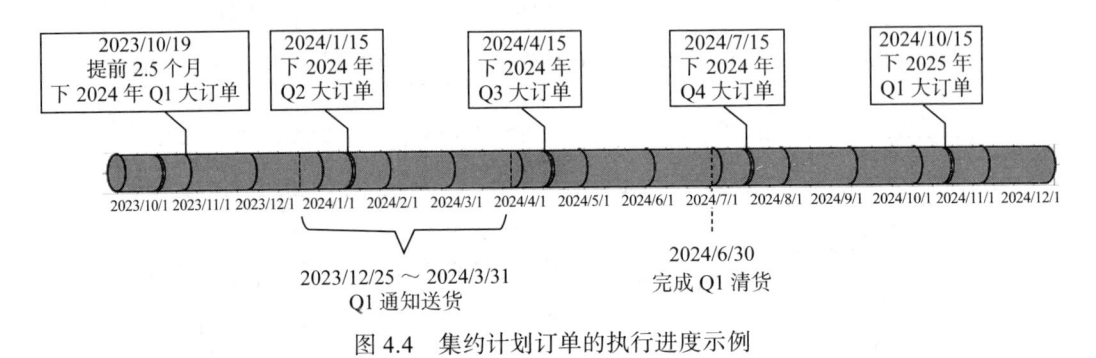

```
2023/10/19            2024/1/15             2024/4/15             2024/7/15             2024/10/15
提前 2.5 个月          下 2024 年            下 2024 年            下 2024 年            下 2025 年
下 2024 年 Q1 大订单   Q2 大订单             Q3 大订单             Q4 大订单             Q1 大订单

2023/10/1 2023/11/1 2023/12/1 2024/1/1 2024/2/1 2024/3/1 2024/4/1 2024/5/1 2024/6/1 2024/7/1 2024/8/1 2024/9/1 2024/10/1 2024/11/1 2024/12/1

       2023/12/25～2024/3/31                         2024/6/30
          Q1 通知送货                                完成 Q1 清货
```

图 4.4 集约计划订单的执行进度示例

服务器采购模式未来还可以持续探索提升，比如 VMI（Vendor Managed Inventory，供应商管理库存）模式、部件级采购模式。VMI 是一种以企业和供应商双方都获得最优成本为目的，在一个共同的协议下由供应商管理库存，并不断监督协议执行情况和修正协议内容，使库存管理得到持续改进的合作性策略。部件级采购是指将服务器拆分成 CPU、内存、硬盘三大件，根据三大件来下达采购集约计划订单，待明确业务链群的设备类型需求后再给供应商下发具体的采购类型，供应商根据采购类型生产部件并发货。

4.3.3 服务器库存

服务器库存也称为服务器资源池。有资源供应，就难免会产生资源库存，特别是互联网业务发展快、变化大、易受季节性因素影响，常要面对突发事件、重大节日 / 活动、故障等，产生服务器库存难以避免。如何管理好库存，减少浪费及提升资源周转利用效率，是精细化运营的内容之一。

我们期望通过精细化资源运营达成服务器资源池的增长低于全企业业务资源需求比例及服务器总量的增长，"精确"预测业务的季节性需求，管理外部供应商资源以应对突发事件等。服务器库存管理的终极理想目标是"云化"或"0"资源池。

为了有效地对服务器库存进行管理，参考传统行业的库存管理方法，可对服务器库存分物料属性和需求属性两个维度来管理。

- 服务器物料属性主要包括：好料、差料、不可用料。
- 服务器需求属性主要包括：生产过程料、项目预留料、空闲料、离线计算料。

服务器库存管理的进一步说明参见表4.3。

表4.3 服务器库存管理

库存管理维度	物料类别	物料描述
物料属性	好料	上架时间少于3年，并且为当前采购的可搬迁的通用机型服务器
	差料	上架时间在3年内，但为不可搬迁并且在专区或低网络版本机房的服务器设备或专用设备；上架时间在3～4年的可搬迁通用机型服务器
	不可用料	上架时间大于4年的服务器设备
需求属性	生产过程料	指预约需求，在生产部署中的服务器设备或已生产完成、业务部门暂未申领的服务器设备
	项目预留料	指为特殊项目预留的服务器设备
	空闲料	指未预约需求的服务器设备
	离线计算料	指用于业务部门离线计算的服务器设备

在实际的服务器库存管理中，需求属性管理要建立在物料属性管理的基础之上，因此，对服务器物料属性的管理要有明确的使用原则及降库存对策，参见表4.4。

表4.4 服务器物料使用原则及降库存对策

物料类别	使用原则	降库存对策
好料	运用于常规需求、短租、裁撤需求、故障替换及各项目	资源规划、升降配、缓冲池优化、可视化的拉动式物料管理、离线计算
差料	故障替换、特殊项目、短租	故障替换、设备规整、低负载推销、离线计算
不可用料	—	离线计算、退役、规整

对于服务器库存的管理，还需要建立管理能力与运营效率的评估指标，这包括：

- **资源池周转天数**：期间累计交付次数、期间周平均库存。
- **资源池周转次数**：期间天数、周转次数。
- **资源池单固资次数**：年交付总次数、年交付固资数。
- **资源池总库存量**：指统计时期资源池服务器的总量。

要达到服务器库存管理的终极理想目标（"云化"或"0"资源池），未来还有较大的优化空间与很长的路要走，比如"云化"资源池的定义与使用，再比如进一步提升资源池的周转率，等等。

4.3.4 服务器退役

从性能、功耗、故障率、维护成本等因素来看，服务器等设备资源都有使用寿命。服务器资源使用寿命管理的最后一环就是服务器退役。服务器退役是指运营的服务器设备资源从 IDC 机房中停机下架，退出运营，并不再使用。

服务器退役须满足以下几个条件之一：

- 运营满 5 年（以服务器资产的入库时间为准，下同）的服务器设备，可以退役。
- 运营满 3 年、不满 5 年的故障设备（即超出保修期限的故障设备），在运营维护人员确认无法维修的情况下，可以安排退役。
- 用于资产捐赠的设备，可以安排退役（按项目处理）。
- 除以上 3 种情况外其他特殊情形的退役，须提出书面退役申请，同时附上成本分析报告、硬件配置清单等信息，经评审通过后安排退役。

4.4 IDC 机房资源管理

IDC 机房资源管理包括四个方面：IDC 机房建设、机位容量、服务器网络带宽/专线流量、机房裁撤。

4.4.1 IDC 机房建设

IDC 机房作为一切互联网业务运营的基础设施，具有投入大、建设周期长、建成扩容后改造难的特点。其中建设周期直接影响上架服务器设备资源配置及供应，企业资源运营部门需要密切关注。

IDC 机房建设的模式不外乎租用、合建与自建。无论采用哪种模式，建设周期与该机房建设时所具备的条件都有很大不同。一般来讲，有以下三种情况：

- **有机架**：建设周期为 3 个月，多见于合建与租用模式。
- **有地无机架**：建设周期为 6～9 个月，多见于合建或自建模式。
- **无地**：建设周期为 12～15 个月，多见于自建模式。

发起 IDC 机房建设的依据主要来自 IDC 中长期资源规划数据（参考第 3 章内容），同时要结合现有空闲余量及服务器退役等情况。由于建设周期较长，IDC 机房建设要严格按计划进行。机房建设计划包括两类：中长期 IDC 建设储备计划与 IDC 机房年度建设计划。

- **中长期 IDC 建设储备计划**：根据 IDC 中长期资源规划，结合机位的空闲情况，计算出未来各城市 3～5 年需要的机位总容量，指导采购与建设部门进行机架资源储备。
- **IDC 机房年度建设计划**：根据 IDC 中长期资源规划、资源微观规划、机位的空闲情况，统计资源库存中可用的设备量，计算出当年内各城市需要建设的 IDC 机房机位容量、交付时间点、网络版本等。

确定 IDC 机房年度建设计划后，每个 IDC 机房按计划按流程启动建设。企业 IDC 机房建设流程及工期保证示意如图 4.5 所示。

从图中可见，IDC 机房建设耗时主要在设备的采购及网络调试这两个阶段，长达 3 个月。根据网络规模能力提升与资源管理效率要求，IDC 机房建设模式已走向集约化建设。以某大型互联网企业为例，IDC 机房的集约化建设模式要求一个园区机位容量支撑 10 万台服务器，支持分批建设提供机位（如通用 IDC 机房单次建设以 1 万～1.8 万个机位为单位进行交付）。另外，IDC 机房建设的时期不同，规格等级不同，单网络模块的管理设备规模与网络能力也有差别。在该企业，IDC 机房模块一般以网络架构版本来区分，2016 年前的网络架构主流版本是 v3.5，之后是万兆机位为主的 v5.0 版本。

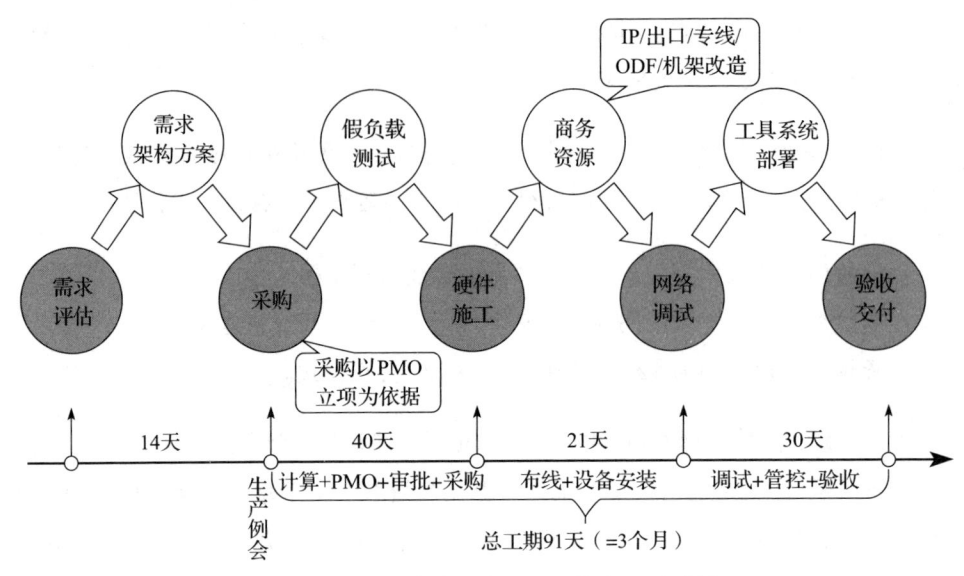

图 4.5　IDC 机房建设流程及工期保证示意图

4.4.2　机位容量

IDC 机房建设完成交付机位后，就进入了机位容量管理阶段。机位容量的管理不仅需要与业务资源需求匹配，还要考虑建成年份、网络版本等因素。与服务器库存管理类似，机位也有"好料""差料""呆料"的区别。

以某企业为例，三类机位的定义与使用原则如表 4.5 所示。

表 4.5　机位类别的定义及使用原则

机位类别	定义	使用原则
好料	Zone（城市）为 Z1、Z2、Z3、Z4 的通用存量机位（网络架构的版本为 v3.5 或以上）	用于自研常规需求
差料	Zone（城市）不在 Z1、Z2、Z3、Z4 的所有通用存量机位（网络架构的版本为 v3.5 以上）及所有 Zone 的云机位（网络架构的版本为 v3.5 以上）、所有 Zone 的专用特殊专区机位（网络架构的版本为 v3.5 以上）	用于在 AC（Access Center，指就近访问的数据中心节点）上有分布的、自研业务的常规需求、云需求、专用需求
呆料	所有 Zone（城市）的滞销机位（网络架构的版本为 v3.0 或 v2.0）	裁撤

对于除了呆料以外的机位容量管理，可以考虑使用"资源状态生命线管理法"，即根据空闲机位容量和未来需求对冲，对冲后按机位所能承载资源需求的总量占比划分出不同的机位资源状态，具体如下：

- 危险线（状态）
- 生存线（状态）
- 温饱线（状态）
- 小康线（状态）
- 富裕线（状态）

以资源供应单元 Campus（园区）的机位容量管理为例，假定该 Campus 空闲可用（好料或差料）的机位总量为 X，该 Campus 未来 15 个月的业务资源需求总量为 Y，那么该 IDC 园区机位资源状态就可以按两者的比例值（R）来划分，即 $R = X/Y \times 100\%$。

依据 R 值可量化出机位容量资源状态，参见表 4.6。

表 4.6　机位容量资源状态划分

机位容量资源状态	R 值	状态说明
富裕线	$R>80\%$	机位容量过多，存在一定的浪费
小康线	$40\%<R\leqslant 80\%$	机位容量充足，有足够的预留空间
温饱线	$20\%<R\leqslant 40\%$	机位容量合理、健康，运营安全
生存线	$5\%<R\leqslant 20\%$	机位容量偏紧，需要密切监测
危险线	$R\leqslant 5\%$	机位容量预警

相对而言，机位容量在温饱线以上的资源运营是安全与健康的，在生存线以下则面临机位断供的危险，需要加快 IDC 机房建设。

4.4.3　服务器网络带宽 / 专线流量

精细化海量资源的技术运营离不开对服务器网络服务能力与通信质量的精细量化。对于 IDC 资源运营而言，企业需要量化定义了单服务器的网络服务能力与网络通信质量。

1. 网络服务能力

网络服务能力给出了企业各 IDC 机房内，各运营服务器之间进行网络传输时最低可以达到的保证流量传输的能力，也称"东西"向传输服务能力，以 SLA（服务等级协议）来保证。可以依据不同的网络架构定义网络服务 SLA 版本，参见表 4.7，其中"服务能力"指保证流量传输的能力。

表 4.7　企业网络服务能力定义示例

区间	服务能力 1.0	服务能力 2.0	服务能力 3.0	服务能力 3.0（万兆架构）	现状平均	现状峰值
模块（Module）内	500Mbit/s	500Mbit/s	500Mbit/s	3500Mbit/s	40Mbit/s	>500Mbit/s，占 2%
园区（Campus）内	6.75Mbit/s	30Mbit/s	60Mbit/s	120Mbit/s	35Mbit/s	88Mbit/s
城市（Zone）内	2.25Mbit/s	15Mbit/s	36Mbit/s	80Mbit/s	25Mbit/s	39.21Mbit/s
区域（Region）内	90kbit/s	600kbit/s	4Mbit/s	10Mbit/s	1.44Mbit/s	4.38Mbit/s
区域（Region）间	90kbit/s	600kbit/s	4Mbit/s	10Mbit/s	2.4Mbit/s	4.82Mbit/s
互联网公网	—	15Mbit/s	20Mbit/s	40Mbit/s	10.6Mbit/s	>30Mbit/s，占 6%

从表 4.7 可见，同一园区不同模块间千兆网络在 SLA 3.0 之下，两台服务器之间最低可以达到的保证流量传输能力为 60Mbit/s。

2. 网络通信质量

除了网络服务能力之外，还要确保网络通信质量，遵循通信质量 SLA。其中 Zone（城市）内称为 MAN（城域网）传输，Zone 间及以上称为 DCI（数据中心互联）传输。网络通信质量 SLA 主要从时延、丢包率与可用率（其中 DCI 再细分为金、银、铜三种级别）三个指标上进行定义，参见表 4.8。

表 4.8　网络通信质量承诺

大类	通信类型		时延参考值 /ms	丢包率	可用率
MAN 传输	Zone 内通信	Module（模块）内通信	2	<1%	≥ 99.95%
		Campus（园区）内通信	3	<1%	≥ 99.95%
		Zone 内通信	10	<2%	≥ 99.95%

（续）

大类	通信类型		时延参考值/ms	丢包率	可用率
DCI 传输	Zone 间通信	Zone 间（不跨省）通信	30	<2%	≥ 99.5%（金） ≥ 99.0%（银）
		Zone 间（国内跨省）通信	100	<2%	≥ 99.5%（金） ≥ 99.0%（银）
		Zone 间国际通信	250	<2%	≥ 99.5%（金） ≥ 99.0%（银）
	大带宽 VPN		不提供参考值	<3%	≥ 99.0%（铜）
	互联网出口		不提供参考值	<3%	≥ 99.0%

4.4.4 机房裁撤

机房裁撤是指 IDC 机房整体退出资源运营环境。如前所述，IDC 机房建成后，有使用寿命、网络架构版本、网络传输能力及运营效率方面的考量，在 IDC 机房资源运营上，企业同样需要定义 IDC 机房裁撤启动或准入的评估标准。以某企业为例，IDC 机房裁撤准入评估标准参见表 4.9。

表 4.9 IDC 机房裁撤准入评估标准

评估项类别	评估项	评估标准
运营基础数据	IDC 基础设施运营时长	如果 IDC 基础设施运营时间为 8～10 年，那么系统整体的安全性会下降
	IDC 网络架构运营时长	超过 3 年并且与当前主流网络架构版本服务能力偏差较大，如 v3.5、v3.0、v2.0 版本的网络架构
	在线服务器运营时长	模块内服务器上架运营时间超过 60 个月的数量占比达到该模块总设备量的 80% 以上
业务发展及资源规划	IDC 规模及扩展性	园区规模较小（机位数小于 2 万），并且后续能提供的机位、机架电力、网络带宽或 IP 等不具备扩展性
	IDC 规划定位	裁撤目标范围对未来三年中长期规划是否会产生策略性或战略性的影响
	业务发展特性	裁撤目标范围是通用 IDC 资源还是特殊业务的专项资源，是否具备迁移置换性
商务谈判	商务合同及战略	裁撤目标范围是通用 IDC 资源还是特殊业务的专项资源，是否会对企业商务策略及采购战略产生影响

企业资源管理团队应基于上述评估标准，兼顾资源运营的主要矛盾进行

IDC 机房裁撤评估，并借此机会同步推进业务优化、改造或升级。图 4.6 显示了 2021～2024 年某企业 IDC 机房裁撤侧重考虑的评估因素。

年份	运营基础数据			业务发展及资源规划			
	IDC 基础设施运营时长	IDC 网络架构运营时长	在线服务器运营时长	IDC 规模及扩展性	IDC 规划定位	业务发展特性	商务合同及战略
2021 年		★					●
2022 年	●	●		★	●		
2023 年	●	●	●	★	●	●	
2024 年	●	●	★	●	●	●	●

图 4.6　某企业 2021～2024 年 IDC 机房裁撤评估因素

从图中可以看出，随着企业 IDC 机房的规模与数量逐年增加，多重因素下裁撤的 IDC 机房数量也会显著增加。

4.5　资源服务

资源管理团队对外提供的资源服务主要有以下几类：资源申领、服务器退回、服务器置换、故障替换、服务器搬迁、IDC 升级、服务器硬件升级，下面分别介绍。

4.5.1　资源申领

各业务链群的运营人员可以根据实际需求，在预算范围内向资源管理团队发起资源申领服务。资源管理团队提供的资源申领服务有四种供应模式：

- **预约申领**。指在资源微观规划的指导下，资源管理团队根据业务部门服务器申请需求，按照 SLA 标准，将服务器交付至业务需求部门的活动。
- **在线申领**。应因业务链群可能或潜在的紧急业务需求，依据业务部门与资源管理团队达成的共识，由资源团队提前适量备货。在紧急突发情况下，资源团队向业务需求部门提供具备标准操作系统及带内网 IP 的服务器资源供应服务。
- **短租**。某些业务场景下（如促销），业务链群侧有 30 个自然日内的临时需求，资源管理团队提供以天为核算单位的服务器交付服务。首次租期最长不得超过 30 个自然日，到期后允许再次续租 30 个自然日，续租到期后必须以原固资号退回服务器，否则运营管理部门将进行强制退回。
- **直供**。服务器直供指通过业务资源模型或信息流计算业务的后续需求，利用业务链群与资源管理团队的系统对接，在业务链群零库存的情况下即时生产，实现业务"要"就"给"的资源供应方式。这是一种创新的、更智能的资源供应模式。

以某企业为例，四类资源申领供应的模式，其各自的使用条件及 SLA、服务成本等列表说明如表 4.10 所示。

表 4.10 资源申领供应模式对比

对比项	预约申领	在线申领	短租	直供
使用前置条件	1）符合资源微观规划 2）有预算	1）符合资源微观规划 2）有当月预算	1）有预算 2）以资源池空闲服务器为基础，发生采购时仅采购通用机型	1）成熟的平台型业务 2）有业务资源模型 3）有预算
服务 SLA	国内常规：17 个工作日 海外、OC（Outer Center，边缘数据中心）节点：45 个工作日	1 个工作日	资源管理团队与业务链群需求双方协商的时间交付	1 个工作日
服务成本	每次 58 元/台	每次 58 元/台	每次 58 元/台	每次 58 元/台
其他	—	—	1）专用设备不提供短租 2）首次租期最长不得超过 30 个自然日，到期后允许再次续租 30 个自然日，续租到期后必须以原固资号退回服务器，否则资源管理团队将强制退回	—

注：OC 节点是该企业对边缘加速数据中心节点的命名，相当于业界的 CDN 节点。

在资源申领供应模式中，直供模式将是未来主要探索优化的供应模式。期待通过业务资源模型精准化、需求滚动智能化、大数据分析即时化等，帮助实现分钟级交付、零库存运营的理想资源运营目标。

4.5.2 服务器退回

为实现对各业务链群闲置或退役服务器的统一管理和企业级项目的服务器资源调度，资源管理团队面向各业务链群提供服务器退回服务。服务器退回服务指的是各业务链群将自己名下的服务器资源退回到由资源管理团队统一管理的企业级资源池的活动。服务器退回可以提升服务器资源的利用率，减少闲置及浪费。

服务器退回服务仅支持实体物理服务器资源的退回。按照资源退回意愿的不同，服务器退回服务分为两类：

- **主动退回**：指由业务链群主动发起的空闲服务器退回，细分为常规退回和项目退回两种。主动退回多数情况下可以给业务链群返还资源预算。
- **被动退回**：指由运营管理部门主导项目触发，需要业务链群配合的服务器退回。

两类服务器退回均会降低业务链群的核算成本。以某企业为例，服务器退回的服务策略及预算、核算处置原则对比如表 4.11 所示。

表 4.11 服务器退回处置原则

服务器退回类别	退回描述及操作	预算返还	核算处置
主动退回	业务链群主动退回其闲置的服务器资源	1）非直供退回设备：原则上不返回预算，特殊情况以项目启动前业务链群和运营管理部对齐数量为准。特殊情况主要指节假日保障类需求、游戏在线需求、营销需求等 2）直供退回设备：当年的直供退回设备，可通过预约和在线的方式，在当年再分配时返回预算，跨年再分配时不返回预算 3）其他类型不返回预算	一旦资源团队接受退回，则不再给业务链群核算成本
被动退回	• 机房裁撤退回 • 迁移置换退回 • 流量调整置换退回 • BOX（指2u4的四子星或1u2的双子星）服务器规整退回 • 过保故障退回	与项目进行前沟通的清单一致，接受退回原则上不返回预算，特殊情况以项目启动前业务链群和运营管理部对齐为准	一旦资源团队接受退回，则不再给业务链群核算成本

服务器退回服务操作需要谨慎进行，避免发生业务链群侧以退回服务"返还

预算",或者"以旧换新",从而导致采购现金流不可控。

4.5.3 服务器置换

服务器置换服务指的是企业或业务链群出于节省成本、盘活资源的目的,让资源管理团队提供企业运营资源库存(企业资源池)设备,将业务链群同等配置的服务器设备进行交换的服务。

置换服务基于企业资源池设备,原则上不应通过采购设备来满足。置换要求条件是同等配置,且服务器上架年限(即服务器使用年限)相差不超过一年。因此,置换服务不受预算限制。

置换服务因需求或目的不同可以分为以下几种情形:

- **搬迁置换**:指业务链群为节省搬迁成本及缩短交付时间所触发的置换需求。
- **网络流量优化置换**:指资源管理团队或网络管理团队出于减少网络拥堵的目的,提供设备与业务链群置换,以优化业务部署及疏导网络拥塞。
- **BOX(2u4 的四子星或 1u2 的双子星)服务器设备规整**:指业务因 BOX 服务器非整机占用而无法进行搬迁,或资源管理团队发起 BOX 服务器规整盘活项目而触发的置换。

资源管理团队需要为服务器置换服务规定 SLA(服务等级协议)。以某企业为例,紧急置换 SLA 是 1 个工作日,常规置换是 3 个工作日;服务器置换服务按照价格标准(如按每次 58 元 / 台)收取服务费用。

4.5.4 故障替换

故障替换服务是指资源管理团队对业务链群名下经专业服务器技术支持团队确认的、不可维修的过保故障服务器提供同等配置的设备替换服务。业务链群可通过"服务器退回"操作该过保故障服务器,获得可替换额度,然后凭额度申请所需的服务器。

故障替换服务遵循以下原则:

- 替换服务器的类型不必与故障服务器类型一一对应。
- 申领额度不允许超过可替换额度。
- 服务器类型、数量及区域分布受资源微观规划控制。

故障替换服务的 SLA 可设定为：对于业务链群的运营人员，每月 1～5 日为故障替换需求提单窗口期，用于替换的服务器将在当月月底前交付至业务链群，提单延迟则交付顺延。

4.5.5 服务器搬迁

服务器搬迁是指基于业务链群业务/产品运营或者资源管理调度的需要，将服务器从一个物理地点搬迁到另一物理地点的服务。

服务器搬迁过程中将完成一系列的资源审核、机位匹配、系统调整、资产调度、部署检查等动作。服务器搬迁服务有两种类型：

- **运营中服务器搬迁**：多为业务链群侧发起，涉及业务调度、服务关停与启用，往往有时间窗口或时限要求。
- **纯物理搬迁**：多为资源管理团队发起，不涉及业务关停与调度。

服务器搬迁服务，特别是运营中的服务器搬迁，过程复杂，需要遵循以下原则：

1）服务器搬迁必须符合资源微观规划，所有搬迁须经资源经理审核。

2）对于待裁撤及裁撤中的机房，原则上不允许迁入和迁出设备。

3）万兆服务器原则上不允许搬迁（如有特殊需求，先通过置换满足，若无法满足，则需要运营经理与资源经理共同审批）。

4）海外服务器原则上不允许进行跨园区搬迁（主要考虑基于海外搬迁成本较高）。

5）内部自用与外部服务（如云业务）之间的设备原则上不允许互相搬迁。

6）涉及架构、安全、网管等支撑类设备、定制化设备的搬迁需求，须由运营经理与资源经理共同审核。

7）非所属业务专区的其他业务设备不允许迁入特定专区（如"同城"业务的

机房只能迁入"同城"设备，如有特殊情况，需由业务链群相关人员、运营经理与资源经理共同审核）。

8）迁入设备的生命周期需要与同机房的生命周期相匹配，即过保设备原则上不允许迁入新机房，在保设备原则上不允许迁入旧机房（新机房指该机房模块启用时长未超过 36 个月）。

服务器搬迁服务的 SLA 主要涉及运营中服务器搬迁类别，其 SLA 依据搬迁区域的不同而不同。服务器搬迁的 SLA 示例详见表 4.12。

表 4.12　运营中服务器搬迁服务的 SLA 示例

搬迁需求类别	搬迁区域	搬迁及时率	搬迁数量（BOX/单）	服务标准（工作日）优先级（普通）	服务标准（工作日）优先级（紧急）	搬迁及时率计算方法
运营中服务器搬迁	同园区	99%	≤30	4	3	搬迁及时率＝在规定时间内搬迁的数量/需要搬迁的总数
			31～100	5	4	
			>100	6	—	
	同城区		≤30	6	4	
			31～100	7	6	
			>100	9	8	
	同大区		≤30	7	6	
			31～100	8	7	
			>100	10	9	
	跨大区		≤30	8	7	
			31～100	9	8	
			>100	11	10	

同样，对于服务器搬迁服务，需要进行成本核算，其服务费用由"作业服务费用"和"物流成本"两部分构成。服务器搬迁服务费用示例详见表 4.13。

表 4.13　服务器搬迁服务费用示例

搬迁类型	计算逻辑	单价	备注
同 IDC 普通搬迁	作业服务（基准）	每次 138 元/台	下架：58 元/（台·次）上架：80 元/（台·次）
同 IDC 紧急搬迁	3×作业服务	每次 414 元/台	
跨 IDC 普通搬迁	作业服务＋物流成本	每次 298 元/台	物流：160 元/（台·次）
跨 IDC 紧急搬迁	3×作业服务＋2×物流成本	每次 734 元/台	

4.5.6 IDC 升级

IDC 升级服务是指由于该 IDC 机房机位容量不足、机位利用率过低、网络架构版本过低、业务专区需要等触发的 IDC 改造升级服务，多见于自建 IDC 机房，一般按项目推进，此处不展开介绍。

4.5.7 服务器硬件升级

服务器硬件升级比较容易理解，业务链群的业务迭代升级后，承载该业务的服务器主要部件（如 CPU、内存或硬件等）性能不均衡、不匹配，某类主要部件的瓶颈限制特别明显，此时，经资源管理团队评估后，将提供硬件部件升级操作服务。

服务器硬件升级易导致服务器配置偏离服务器的标准化版本，大大降低资源通用性，增加管理成本及资源调度重用难度。除非经评估后，发现使用硬件升级服务带来的收益巨大，否则该服务一般是被严格限制的。

4.6 本章小结

本章阐述了资源供应管理的内容，涉及四个工作模块，即资源微观规划、服务器资源管理、IDC 机房资源管理、资源服务模块，以及如何实现海量资源的规划配置、采购供应、资源服务等高效运作，实现最低成本、最快效率、最好质量的资源供应，从而有效保障业务发展，提升资源运营效率。

Chapter5 第 5 章

成本预核算

> 凡事预则立，不预则废。
> ——《礼记·中庸》

互联网企业的重要生产资料，如设备、带宽与专线等资源，必须有成本预核算管控。成本预核算是精细化技术运营分析的重要数据源，与技术运营强关联，以确保在保障业务或产品高质量发展的同时，不仅资源效率最高，而且成本最优。

本章阐述海量资源的成本预核算管理，涉及科学有效的预算编制实现、成本核算管理，介绍如何优化预核算，以及相关应用案例。

5.1 运营成本概述

在阐述成本预核算管理之前，先来介绍运营成本的概念。

互联网企业的成本支出主要包括三部分：营销成本、人力成本及运营成本。其中，运营成本指的是互联网业务或产品直接消耗的资源成本。技术运营的水平与效率将直接影响运营成本。

本章阐述的成本预核算是指对运营成本的管理与把控。运营成本的预核算需要阐明运营资源的类别与定价、成本归属的产品规范、运营成本构成与科目划分。

5.1.1 资源类别与定价

成本预核算的对象主要是运营资源。纳入成本预算核管理的运营资源包括以下几大类：

- **设备**：包括服务器、网络设备、防火墙等。
- **带宽**：指服务用户的互联网公网出口线路（端口）容量。
- **专线**：用于数据传输或业务服务的企业"专用"电路。
- **其他**：包括外租服务、软件及 AI 物料（如图片数据集、语料库）等。

每一大类资源，都需要制定标准类别与规范定价。

1. 设备（主要是服务器资源）

设备的类型及版本标准，可依据设备所处的技术架构主要分层及该资源消耗特点定制，一般由企业硬件技术委员会定期按需审定发布。例如，某企业服务器资源类型主要按架构分层用途划分为 C 类、B 类、M 类、A 类、S 类、TS 类、Z 类、G 类（GPU）等机型类别，再按配置的不同设置版本号，如 B6，参见图 5.1。

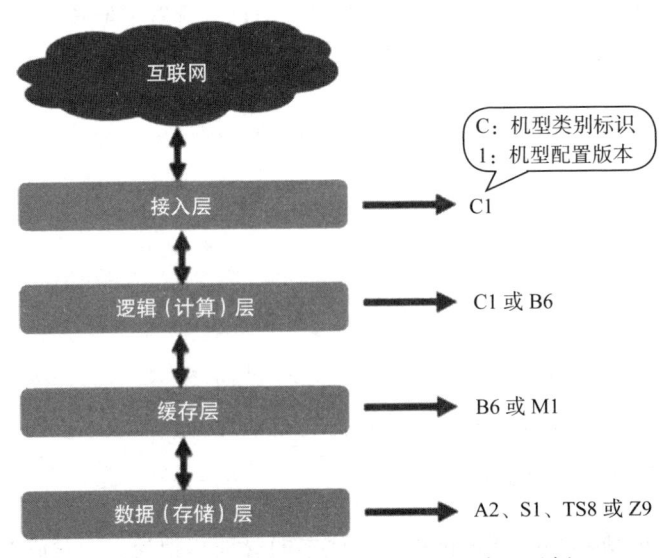

图 5.1 按架构分层用途划分服务器类型示例

作为运营资源的设备一般会记入固定资产，因此，设备运营成本可以依据采购现金流支出费用，按固定资产折旧规则，结合设备类型、版本、区域等进行定价。以某企业为例，服务器资源依据采购现金流支出额，按 48 个月进行资产折旧，其运营成本定价按类型、版本分区域进行定价，示例如表 5.1 所示。

表 5.1　设备运营成本定价示例

设备类型	国内版本号	海外版本号	定价/[元/(月·台)] 国内 Zone-1	定价/[元/(月·台)] 国内 Zone-2	定价/[元/(月·台)] 海外 ZoneA	详细配置
B6	0.0.0	0.0.0	500	550	750	2 个 6 核 CPU（E5-262Cv3），64GB 内存，RAID，2 个 300GB 的 SAS，2 个 1GB 网口
B70	5.2.0	0.0.0	1175	1200	1850	2 个 14 核 CPU（E5-2680v4），128GB 内存，RAID，2 个 300GB 的 SAS，2 个 10GB 网口
C1	0.0.0	0.0.0	120	150	320	1 个 4 核 CPU，16GB 内存，1 个 1TB 的 SATA
C1g	5.12.0	N/A	150	165	N/A	1 个 4 核 CPU（E3-1285v4），16GB 的内存，1 个 2TB 的 SATA，2 个 1GB 的网口

注：表中"定价"是指每台服务器每月的定价。

2. 带宽

带宽是指互联网公网出口线路（端口）容量，一般按带宽质量、离骨干网核心节点或用户网络的距离及运营商连通等进行区分。常见带宽有三类：IDC 带宽、CDN 带宽、BGP 带宽。

从互联网网络架构来看，出口越靠近骨干网核心节点（如北京、上海、广州等），网络带宽质量越好，可靠性与稳定性越高，这类互联网出口带宽我们称之为 IDC 带宽。IDC 带宽主要用于覆盖稳定性要求高的关键核心业务、用户数据交互提交多的动态应用等。

截止到 2023 年 6 月，我国共开通国家级互联网骨干直联点城市 22 个，其中具有国际出口的节点城市有 4 个，参见表 5.2。

表 5.2　中国国家级互联网骨干直联点开通城市

序号	国家级互联网骨干直联点	开通时点
1	北京	2013 年前，国际出口
2	上海	2013 年前，国际出口
3	广州	2013 年前，国际出口
4	成都	2014.7
5	武汉	2014.8
6	西安	2014.8
7	沈阳	2014.11
8	南京	2014.6
9	重庆	2014.8
10	郑州	2014.9
11	杭州	2017.6
12	贵阳·贵安	2017.6，国际出口
13	福州	2017.8
14	呼和浩特	2021.1
15	太原	2021.9
16	南宁	2021.12
17	南昌	2022.5
18	哈尔滨	2022.5
19	济南	2022.5
20	青岛	2022.5
21	长沙	2022.9
22	合肥	2023.5

反之，离骨干网核心节点越远，离终端用户越近（二线城市以下城市如佛山、无锡、赣州等），位于互联网网络边缘（外围）节点的出口带宽，我们称之为 CDN 带宽。

CDN 带宽主要用于带宽消耗大（如下载、视频）、用户交互少的静态应用或服务。CDN 带宽往往依据传输的流量类型不同，又分为流媒体、下载、图片、UGC 等类别，定价也各有不同。一般 IDC 带宽资费较 CDN 带宽资费贵 2～3 倍。

可以直达连通两个或以上规模网络之间的对等互连的出口带宽，属于 BGP（Border Gateway Protocol，边界路由协议）带宽。依据连通规模网络数量的多少，又细分为双线 BGP 带宽、三线 BGP 带宽或多线 BGP 带宽。由于该类出口带宽直接连通了多个运营商网络，减少了路由跳数及网络迂回、拥堵（相当于直通车），降低了网络用户覆盖涉及的应用复杂性,因此BGP带宽的价格往往又是IDC带宽价格的数倍。BGP带宽对于时延敏感及数据一致性要求高、部署维护难度大的应用很有吸引力。在腾讯公司,将BGP带宽称为"CAP带宽"。腾讯与大型运营商(如中国电信、中国移动、中国联通)互联的CAP带宽为高级CAP,价格较昂贵,与其他多个中小运营商对等互联的CAP带宽为普通CAP。由于网络用户对腾讯公司的应用服务内容需求大,中小运营商提供与腾讯公司的互联CAP带宽可以大大减少其本身的互联网公网带宽成本,腾讯公司也解决了中小运营商网内的用户访问体验问题,双方网络对等互联是互惠互利的,因此普通CAP带宽是合作带宽,一般是免费的。

综上,带宽运营成本的定价会依据带宽类别、使用区域及用途等进行,示例如表5.3所示。

表5.3 带宽运营成本定价示例

带宽类别	区域	用途(IDC按所在城市区分,CDN按加速内容区分)	定价/[元/(月·台)]
IDC带宽	Region-A(国内区域如华北)	A-Zone-1	65
		A-Zone-2	58
	Region-B(国内区域如华南)	B-Zone-1	58
		B-Zone-2	55
		B-Zone-3	50
CDN带宽	Region-Z(海外区域)	Z-Zone-1	100
		Z-Zone-2	120
	国内	UGC加速	35
		下载类	18
		互动直播	35
		动态加速	35
		图片类	20
		大游戏下载	15
		流媒体	30
	海外	泛内容加速	55

注:表中"定价"是指每月峰值时段每秒传送1Mbit数据的定价。

3. 专线

用于数据传输或业务服务的互连专线分为三类:DCI专线、MAN专线与ECN(Electronic Commerce Network,电子商务网络)专线。为保障数据传输的稳定性及业务服务的高可用性，专线建设往往要求采用双专线、双路由（即专线电路经过不同管道，最好是不同运营商）模式。

DCI专线是跨城专线，一般用于两个Zone（城市）之间的IDC机房连接与数据传输，也是我们常说的广域网专线。DCI专线可按适用场景划分为金牌、银牌、铜牌三个服务等级，参见表5.4。

表5.4 DCI专线服务等级定义

服务等级	特点及保障说明	适用场景
金牌	高优先保障。在专线中断或部分网络设备出现故障的情况下，以备份专线承载，保障通信高可用及时延要求。丢包率<1%，可用率>99.9%	承载关键的需要保持高通信可用性的核心业务，如支付、账号登录等
银牌	优先保障。在专线中断或部分网络设备出现故障、过载的情况下，以绕行专线承载，保障通信高可用及时延要求。丢包率<2%，可用率>99.5%	承载可接受短时间通信质量变差的重要业务，如安全检查、重要数据同步等
铜牌	尽力保障。在专线中断或部分网络设备出现故障的情况下尽力传输。在过载情况下，如果架构允许，可切换到公网专线，否则过载部分将被临时丢弃。丢包率<3%，可用率>99.0%	承载对成本敏感，但对通信质量要求相对较低的业务，如日志收集、备份同步等

MAN专线即传统意义上的城域网专线，一般是Zone内的IDC机房之间互连与数据传输线路，分为Campus（园区）内与Campus间两种类型专线。其中，Campus内专线是用于连接园区内不同网络Module（模块）之间的数据线路，Campus间专线是用于连接Zone内不同Campus之间的数据线路。

ECN专线是用于涉及电子商务交易或结算类，与相关第三方进行业务互连的线路，如银行数据接口互连专线。

专线资源运营成本会依据专线类型、使用区域及服务级别进行定价，示例参见表5.5。

表5.5 专线资源运营成本定价示例

专线类型	使用区域	服务级别	专线定价/[元/(月·M)]
DCI专线	国内	金牌	40
		银牌	20
		铜牌	10

（续）

专线类型	使用区域	服务级别	专线定价/[元/(月·M)]
DCI 专线	国际	金牌	100
		银牌	50
		铜牌	20
MAN 专线	园区（Campus）间	—	1
	模块（Module）间	—	0.5

注：表中"专线定价"是指每月峰值时段每秒传送 1Mbit 数据的定价。

在企业内，ECN 专线使用量相对有限，MAN 专线距离较近，扩容相对容易，价格较便宜。DCI 专线涉及跨城及数据中心之间互连，扩容难度大、时间长、价格高，与运营成本关联较大，因此，通常在非特指情况下，专线资源的运营主要指 DCI 专线运营。

4. 其他

其他类资源包括公共支撑的服务资源，如数据服务、外租服务、软件、AI 训练物料等。这部分资源运营成本定价依赖采购成本及消耗资源量等定期厘定，示例参见表 5.6（定价是虚拟的）。

表 5.6 其他资源运营成本定价示例

资源/服务提供方	资源/服务名称	资源/服务类型	资源/服务规格	资源/服务定价/（元/月）
数据平台部	数据服务	计算单元	个	500
		存储单元	个	600
	推荐分析服务	推荐接口请求	百万次	100
第三方公司	广告监测服务	监测接口请求	次	0.2
	应用性能拨测服务	拨测单元	个	0.05

5.1.2 成本归属的产品规范

脱离业务归属的运营成本没有意义。资源是用于承载业务的，技术运营效率的衡量也是基于业务的，对于以资源消耗为依据的运营成本，也需要将资源量按业务归类，以明确运营成本用途。因此运营成本预核算需要按业务设立产品规范。

成本归属的产品规范是从业务维度的视角，以运营产品为索引，规范定义该运营产品对应的业务部门、运维部门、归属的产品集与规划产品及运营产品负责人、运营资源关注人等。有了产品规范,不仅可以明确运营成本的用途,也可以更好地对齐成本预核算管理控制的颗粒度,如表 5.7 所示。

表 5.7 产品规范定义示例

运营产品 ID	运营产品名称	业务部门	运维部门	虚拟部门	产品集	规划产品	运营产品负责人	运营资源关注人
3	个人网盘	邮箱产品部	研发平台部	研发平台部	邮箱服务	邮箱服务	张三	张 AA
5	手机站	无线业务部	研发平台部	研发平台部	其他产品集合	浏览器	李四	李 BB
6	AppleJuice	游戏业务部	数字产品部	数字产品部	互动游戏	客户端游戏	王五	王 CC
9	Battery	游戏业务部	数字产品部	数字产品部	互动游戏	停运产品集	赵六	赵 DD

另外,从业务链群的角度,也涉及成本预核算基本业务单元(运营成本)与业务链群、业务部门、资源规划对象等归属问题。这实际涉及运营产品与组织架构的映射规范,如表 5.8 所示。

表 5.8 成本预核算归属映射示例

预算产品 ID	业务链群	业务部门	虚拟部门	规划产品
10	数字化创新	智能制造部	智能制造部	DSIM
135	数字化创新	工业软件部	工业软件部	MOM
136	数字化创新	工业软件部	工业软件部	WMS
139	数字化创新	工业软件部	工业软件部	QMS
25	数字化创新	在线支付部	在线支付部	交易宝

5.1.3 运营成本构成与科目划分

确定资源类别与定义、成本归属的产品规范之后,运营成本基本就可以明确定义了。但从会计管理的角度,针对每类资源的运营成本,往往会依据细分类别、归属或用途进行科目划分,这就是资源成本的科目构成。以某企业为例,其运营成本由四大资源部分组成(如图 5.2 所示)。其中,设备运营成本的科目有业务自身、虚拟化平台、存储平台等;带宽运营成本的科目有业务自身、存储平台、CDN 平台等。

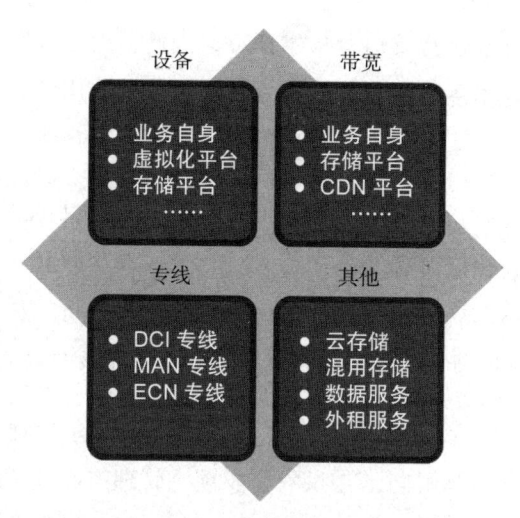

图 5.2 运营成本构成及科目划分示意

运营成本预核算管理全过程包括预算编制、预算执行控制、预算滚动、核算、预核算分析管理共五个部分。

企业运营成本预核算管理的实施由运营管理部的专职团队负责，可以对运营成本预核算实行统一计划、分级管理的预核算管理体制。统一计划是指对企业的年度预算目标实行集中统一的管理原则。分级管理是指各项预算指标由企业统一向各业务链群及平台部门分解、下达，已经下达的预算指标由各业务链群和职能部门团队负责落实。

5.2 预算管理

一般成本预算管理从预算编制开始，预算的编制必须严谨、严肃。一些企业的实践表明，以年为跨度、以业务链群为组织单元的预算编制，从启动到完成编制、汇报评审，耗时大约为 2 个月。

5.2.1 与预算相关的基本概念

预算是企业各项经营活动计划的数量化表示，是企业未来某一特定期间（一般为一年）的全部生产、经营活动的资金使用计划。

本书讨论的是技术运营及运营成本预算，因此，对于互联网企业而言，运营成本预算是企业预算体系的组成部分，是企业运营所使用的各类资源和成本的需求计划。

有预算就要进行预算管理。传统的预算管理是指企业在战略目标的指导下，对未来的经营活动和相应财务结果进行充分、全面的预测和筹划，并通过对执行过程的监控，将实际完成情况与预算目标不断对照和分析，从而及时指导经营活动的改善和调整，以帮助管理者更加有效地管理企业和最大限度地实现战略目标。

与传统企业基于生产和销售的作业预算，及基于客户对产品的需求、市场竞争状况的资源成本预算不同，互联网企业预算管理产品变化更加快速，资源配置灵活度更高，资源需求爆发或衰退得更加迅速，因此对资源需求的控制力要求更高。

预算管理一方面要做到计划、沟通与协调，另一方面要能够起到激励、约束与控制作用，从而不断提升企业对运营资源的管理水平，强化成本预算的管理职能，促进业务需求满足与运营资源投入的平衡发展。

以某大型互联网企业为例，运营成本预算管理是公司预算体系的重要组成部分，包含公司运营所使用的各类资源数量和资源成本的预算管理。其运营预算管理遵循以下三个原则：

- **统一计划与分级管理相结合**。统一计划是指公司的年度预算目标由专设的预算管理部门实行集中统一管理；分级管理是指各项预算指标向各事业群及部门分解、下达，已经下达的预算指标由各业务或产品系统和部门负责落实。
- **预算管理与资源管理相统一**。负责业务资源管理的运营责任人需要负责该业务或产品涉及资源预算的编制和执行。
- **权责明确，分级实施**。对预算编制和控制进行分级管理与实施，有效缩短预算执行的管理流程；对预算执行的过程实施严格管理，并对预算执行结果进行考核；按预算管理流程进行授权和行权，快速决策响应，减少管理成本。

运营预算在实际执行过程中，从管理与应用的不同角度分为不同的类别。按预算编制和调整的时间，可以将预算分为年度预算、年度修订预算、年度转移预算和滚动预算四种：

- **年度预算**：指在企业统一安排下，于特定期间（如每年 9～11 月），由各业务链群制定未来一年的发展计划，编制年度预算，申请相应运营预算资源数量和资源成本。年度预算的周期包括当年未执行的月份以及该预算年度的 12 个月。
- **年度修订预算**：指每年年初，根据上一年最终实际执行情况，对于按资源增量编制的预算类型，重新修订当年预算数据（对按总量预算编制的资源类型应不做调整，预算周期为本年度 12 个月。
- **年度转移预算**：在年度修订预算不变的基础上，加上各种预算变化调整，得到的预算称为年度转移预算。具体包括三种转移：设备存量转移、设备增量转移、其他总量转移。预算转移不会导致企业整体运营成本和现金流发生变动。转移预算周期限定在本年度 12 个月内。
- **滚动预算**：以年度转移预算为基准，业务或产品依据实际运营指标或技术变化，刷新预估本年度后续资源需求情况，进而追加或调减运营资源预算，该预算称为滚动预算。滚动预算会导致企业全年运营成本和现金流发生调整。滚动周期限定在本年度 12 个月内。

按业务的管理层级，可以将运营成本预算分为业务预算和企业预算两类：

- **业务预算**：各业务链群根据每月所需设备和带宽、专线和平台服务等资源数量，向企业提出相应资源所需的运营成本预算。主要包括四大部分：
    ◇ 设备：各业务链群自身业务或产品（不含平台服务）使用的服务器、网络交换机等设备资源。
    ◇ 带宽：各业务链群业务所需的互联网出口带宽资源。按带宽资源类别及业务特性，包括 IDC 带宽、CDN 带宽、BGP 带宽等。
    ◇ 专线：各业务链群业务所需的 IDC 机房互通及数据传输线路资源。按专线所跨区域区分，包括 DCI 专线、MAN 专线等。

◇ 平台服务：以其他资源形式提供的服务，包括业务自身以外的业务链群和平台部门（如研发平台、企业 IT 平台等）提供的服务，以及第三方公司提供的服务等。

- 企业预算：是指以业务预算为基础编制的企业总体运营成本和运营现金流的预算。

5.2.2　预算管理组织体系

互联网企业运营成本预算管理涉及企业各业务链群及全系列业务产品，需要构建预算管理组织体系来协调推进、落实执行。企业预算管理组织体系一般分三层，下面以某企业运营预算管理组织体系为例来说明，如表 5.9 所示。

表 5.9　运营预算管理组织体系示例

管理层级	组织/机构	预算管理职责
预算决策机构	总办	总办是公司进行预算管理的最高机构，负责确定预算原则，审核、批准公司预算和业务预算
预算管理部门	财经线预算管理团队、运营管理部	财经线预算管理团队是公司预算管理的总归口部门和责任单位，负责预算管理的日常事务；运营管理部是运营成本预算归口管理部门和责任单位
预算执行部门	公司各事业群和部门	各事业群和部门是运营预算管理的执行层，负责本部门的预算编制、使用与控制

具体来讲，其中运营管理部负责对运营成本预算的编制指导、编制汇总与审核、编制报批以及执行、控制和改进，定期向公司预算决策机构（总办）提交运营成本预算执行的情况分析报告，其在运营预算管理上的具体职能包括：

1）根据公司预算管理决策机构的要求，组织公司运营成本年度预算、滚动预算等预算策略与编制规则制定及预算编制汇总、修订等具体事务。

2）监督公司各事业群、部门及业务或产品的预算执行情况。

3）定期向公司预算决策机构提交企业运营成本预算总体执行的情况分析报告，反映各业务部门的业务或产品的发展情况、意见和建议。

4）负责审核预算指标调整或追加申请并提出处理意见。在年度预算前提条件发生重大变化时，提出公司年度预算调整方案。

5）根据公司业务流程和管理流程的变化提出运营成本预算流程调整及完善方案，包括预算支撑系统优化建议。

运营预算执行部门要将预算指标具体落实到实际业务运营和管理中，实现预算管理与业务基础运营管理的有机结合，负责本部门预算编制、转移、滚动、使用及控制并提供预算管理所需的各种实绩反馈，为预算管理部门进行预算编制规划、编制汇总、预算跟踪提供基础数据。

为落实本业务链群及业务产品运营成本预算的管理，根据实际情况，运营预算执行部门的相关职能分工如表 5.10 所示。

表 5.10 运营预算执行部门的角色与分工

预算执行岗	角色	职责
部门接口	预算申请流程的主要负责人	负责发起部门内预算工作；组织部门内部评审会；收集并整理部门内各产品提交的预算文档；协调各产品的预算提交工作；对预算流程顺利完成负责
产品负责人	预算需求发起与使用责任人	在运营计划管理系统中，填写并提交所负责产品的年度和月度滚动预算计划；在进行预算评审前提交预算评审相关文档；参与预算评审会
运维总监	部门预算初审人	对预算计划进行部门内部审核，确认预算计划填写无误，符合部门发展需要，并对所填写信息的完整性和准确性负责
部门经理	部门预算审核人	对预算成本进行部门内部审核，确认预算成本无误，符合部门发展需要，并对成本数据准确性负责
事业群领导	业务链群预算审核人	对预算成本进行业务链群层面的审核，确认预算成本无误，符合业务链群发展需要，并对成本数据准确性负责

注：表中各部门或岗位的职责仅指与预算管理流程有关的职责，不包括该部门或岗位的其他职责。

5.2.3　运营成本预算管理流程

运营成本预算管理流程包括预算编制、预算执行控制、预算滚动三个部分。下面分别介绍。

1. 预算编制

预算编制是指每年发起一次的、运营资源的年度预算计划制定工作，一般由预算管理部门在每年特定时期组织发起，各业务链群的预算执行部门编制，然后由预算管理部门汇总上报到预算决策机构进行审核、批准，最后固定在企业预算管理系统中。以某企业为例，每年 8 月由运营管理部发起下一年的年度预算编制工作，各业务部门对应负责人按月填写本年度剩余月份以及下一年 12 个月的预算明细，然后由运营管理部汇总并上报总办；总办审核、批准，并确定最终的预算后，在运营预算管理系统正式生效。

通过预算编制，期望达成以下企业资源运营与成本管理目标：

目标 1　计划沟通协调

- 业务链群的业务资源需求沟通。有助于科学开展 IDC 机房建设、设备采购等生产活动。
- 资源管理团队主导的资源布局调整宣贯及推进。例如，IDC 机房裁撤等活动会影响业务部门的业务部署，通过预算编制沟通达成共识。
- 落地资源微观规划。年度预算需要输出给资源团队，以实施资源微观规划。

目标 2　激励约束控制

- 成本预算是企业财经管理团队对各业务部门成本效益的考核依据。
- 成本预算是业务链群申领资源的控制依据。
- 年度预算是输出企业成本计划的基础。

预算编制的实现有自上而下式、自下而上式、上下结合式等组织形式。目前该企业采用的是上下结合式，即首先由各事业群及其业务部门提交各业务或产品的运营资源预算，然后由运营管理部汇总、编制出企业总预算，再结合运营管理部规划管理团队编制的资源总量与总成本预测，进行综合平衡，最终上报总办机构进行审批、定稿。

从操作流程看，预算编制要经过预算填报、预算评审、预算生效三个阶段。

- **预算填报**：即各业务部门按照预算管理部门制定的预算表格在预算管理系统中填写运营资源数量预算并提交。
- **预算评审**：即按既定的评审流程由相关部门和责任人进行审批，一般包括业务部门内评审、预算管理部门评审、各级审批责任人评审等环节。
- **预算生效**：即将评审通过的运营管理成本预算录入预算管理系统，作为初始预算，用于预算执行控制、预算分析等活动。

2. 预算执行控制

企业运营成本预算一经批准下达，即具有严肃性和刚性特征。因此，预算执行的原则是：各预算责任部门必须依据批准的预算执行，不得随意调整业务部门的运营预算。

前面提及运营预算管理按业务管理层级，分为企业预算与业务预算，因此，预算执行也分为企业预算执行和业务预算执行。

- **企业预算执行**

企业预算执行是指对企业整体设备采购以及机架、带宽、专线租用所需运营成本和现金流的执行控制。

- **业务预算执行**

业务预算执行是指各业务部门向企业租用服务器、带宽、专线等资源，以及使用平台部门的服务涉及的资源数量和资源成本的预算执行情况。

在预算执行过程中，可以通过以下方法进行成本预算控制：

- **事前控制**：对设备申领进行预算事前控制。

业务部门提出设备资源需求之后，预算系统会对申领提单进行资源预算检查，检查是否超出预算；如果超出预算，则可采取不分配资源或自动驳回等控制措施，此时需要待完成预算滚动后才能进行设备申领。

- **事后控制**：对带宽、专线、平台服务以及其他特殊资源需求采用事后控制方式。

业务部门先直接使用资源，不进行资源预算检查，待进行成本核算时，再检查是否超出预算；若超出预算，则按预先约定的策略与规则采取相应措施，例如通报、预警及发起业务架构评审或预算追加等。

在预算管理系统中可以设置以下逻辑进行设备申领控制：

1）按部门或规划产品控制：通用业务部门按部门控制，平台部门（如研发平台部、架构平台部、数据平台部）按规划产品控制。

2）按成本控制：即不限设备数量、不限现金流，按新增设备的单月成本来控制。

3）按月份控制：按当月可用预算控制，其中当月未使用预算可延后使用，但不能提前使用（若需提前使用，则要进行预算滚动操作）。

4）按项目控制：各项目的设备申领不能超出该项目可用预算，不能使用其他项目可用预算，同时不能超出部门总的可用预算。

3. 预算滚动

预算滚动是指在预算执行时，由于客观环境的急剧变化或者组织架构调整等因素，使得原有预算失去客观性，各业务链群或部门根据预算管理规定提出预算调整需求，经预算管理部门和预算决策部门审批后，对运营成本预算指标进行重新修订。预算管理十分严肃，任何部门未经企业预算管理与决策机构批准，不得随意调整运营成本预算数据。

预算滚动条件。当有下列情况之一并且严重影响企业预算执行时，可按规定程序申请成本预算调整：

- 组织架构发生调整。
- 业务产品或产品内的部分模块的运营负责人发生部门迁移调整。
- 企业发展战略发生调整或业务运营、资源规划等进行策略性调整。
- 业务或产品的客观环境发生重大变化，需要调整有关资源预算的业务指标。
- 预算决策机构认为必须调整的其他事项。

预算滚动方式。预算滚动调整既可以自下而上提出，也可以自上而下发起：

- 自下而上的预算调整。当外部环境与内部条件等客观因素导致业务或产品发生全局性的重大变化时，业务链群部门可提出预算调整申请。
- 自上而下的预算调整。当企业发展战略调整，业务运营发展、资源规划、资源价格等发生策略性调整时，预算管理部门将根据管理需要对企业整体运营成本预算（包含业务链群部门）进行调整。

预算滚动类型。发生预算滚动主要有两种原因：一是业务链群内部原因，即业务或产品发展与预期发生了较大变化，导致需要对成本预算做出调整；二是业务链群外部原因。

业务链群内部原因导致的成本预算滚动一般有三种类型：

- **预算追加**：指基于业务自身原因（如业务发展超预期、原预算编制不合理等）而增加设备、带宽、专线、平台服务的某一项或多项的资源预算数额。
- **预算转移**：指业务链群将设备、带宽、专线、平台服务等资源预算转移给其他业务链群部门或其他业务产品。
- **预算调整**：指业务链群在其总预算不增加的情况下，调整资源类型、数量，或者将设备资源的申领时间提前。预算调整也包括业务链群调减成本预算数额。

业务链群外部原因导致的业务链群成本预算滚动一般有以下两种类型：

- **年度修订预算**。预算编制工作往往是前一年 8 月或 9 月启动，11 月结束。而业务链群的资源预算是以前一年 7 月或 8 月的核算数据为基准编制而成的。到该年度应用 1 月预算时，实际执行情况可能已经产生了偏差，这时需要用前一年 12 月的核算数据作为基准重新统计业务链群资源成本预算。这个重新计算的成本预算称为年度修订预算。
- **资源价格调整**。业务链群成本预算是由业务部门填写产品运营或平台服务的资源需求量，借助运营预算管理系统（Operations Budget System，OBS），根据资源类型及定价、平台服务定价等自动计算及汇总统计得出。当资源价格与平台服务价格发生调整时，需要相应地调整业务链群成本预算，以确保业务链群成本预算数据与核算的口径一致。

预算滚动流程。对于基于业务链群内部原因发起的预算滚动需求，统一由预算管理部门（如运营管理部）的运营经理按项目进行统筹管理，通过 OBS 完成预算滚动流程，并以此作为预算滚动需求项目完成的结果与项目结束的输出。对于业务链群外部原因导致的预算滚动需求，统一由预算管理部门的预核算分析员发起，经 OBS 统计完成后，由预核算分析员统一发布全员公告邮件作为预算滚动需求项目完成的结果与项目结束的输出。

5.3 核算管理

运营成本核算管理是企业资源运营的重要工作，对运营成本控制和业务发展经营决策有重要影响。同时运营成本核算管理的精度与时效决定了资源运营的精细化程度。

5.3.1 核算定义及类别

核算是企业各项经营活动或预算执行过程与结果的数量化表示。运营成本核算是指在一定的周期内，由预算管理部门统计各核算单元的运营资源和运营服务已经发生或已经完成的使用情况，并按规定的方法，对发生的运营成本和现金流进行核算和管理。

换句话说，运营成本核算就是将企业对外结算的各种运营资源数量及费用，按照业务链群部门、业务或产品等维度对内进行分摊，如图 5.3 所示。

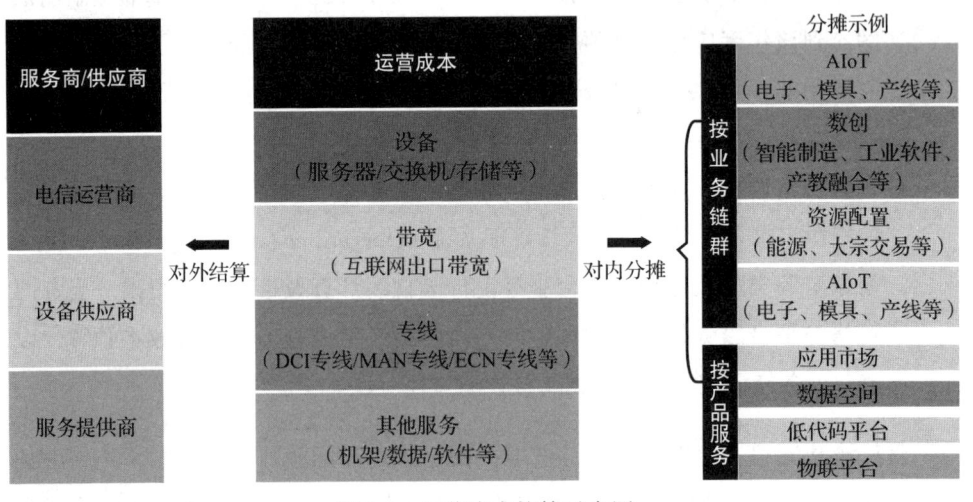

图 5.3 运营成本核算示意图

因此，核算管理包括企业层面对外结算的核算管理，也包括面向各业务链群和平台部门内部分摊的核算管理。

- 企业对外结算的核算管理，指对企业整体的运营资源数量及该运营资源对外部实体结算的成本数据（包括运营成本及现金流）的管理。
- 企业对内分摊的核算管理，是指对企业内部各业务链群及产品运营资源使用量以及基于内部资源定价测算的运营成本分摊数据的管理。

下面分别叙述。

1. 企业对外结算的核算管理

企业对外结算主要包括设备核算、带宽核算、运营成本核算、现金流核算。每项的结算方法与数据源说明如表 5.11 所示。

表 5.11 企业对外结算的核算说明

对外结算大类	结算项	结算依据	数据来源
设备核算	设备量	以实际采购量数据核算	主要是 CMDB 系统，以 CMDB 系统数据为基准统计
带宽核算	带宽量	以物理带宽为标准，即实际付款量数据核算	财经数据与网管平台监控的流量数据
运营成本核算	设备折旧	服务器折旧以企业实际采购价格按 4 年折旧核算；网络设备成本以网络设备采购价格按 4 年折旧核算	财经数据
	机架租金	租用机房以商务合同实际结算租金核算；自建机房机架以机房建设成本按 4 年折旧核算	
	带宽租金	以商务合同实际付款金额核算	
	专线租金	以商务合同实际付款金额核算	
现金流核算	现金支出	企业纯粹对外支出的现金	财经数据

2. 企业对内分摊的核算管理

企业对内分摊的核算对象包括四部分：设备、带宽、专线、其他资源。每部分均包含资源使用数量和资源运营成本。

（1）设备

对内分摊到业务部门的设备成本包括服务器折旧、机架租金及网络设备成本。对内设备分摊核算说明如表 5.12 所示。

表 5.12 对内设备分摊的核算说明

对内分摊大类	核算项	分摊核算规则	数据来源
设备使用量	设备量	以实际使用量数据核算	CMDB 数据统计
设备成本	服务器折旧	以机型对应时期的采购单价按 48 个月分摊核算	财经数据
	机架租金	以服务器功耗乘以对应城市机架租金单价核算	CMDB 及财经数据
	网络设备成本	以设备所在城市对应时期的 IDC 网络设备折旧价格核算	财经数据

（2）带宽

带宽主要分为两类：IDC 带宽与 CDN 带宽。每类带宽使用量的采集方法不尽相同，分摊核算的成本定价也不相同。对内带宽分摊的核算说明如表 5.13 所示。

表 5.13 对内带宽分摊的核算说明

对内分摊大类	核算项	分摊核算规则	数据来源
带宽使用量	IDC 带宽量	采集每周五、周六 20:00～22:00 的实际使用量数据，取峰值时段均值，最后取当月采集数据的平均值进行核算	主要来自网管平台监控的出口流量数据
	CDN 带宽量	采集实际使用量数据，取日峰值均值，最后取当月每天采集的数据的平均值进行核算	主要来自网管平台监控的出口流量数据
带宽成本	IDC 带宽	以带宽使用量乘以对应城市的带宽租金核算	网管平台监控的流量数据和财经数据
	CDN 带宽	以带宽使用量乘以对应带宽类型的带宽租金核算	网管平台监控的流量数据和财经数据

注：部分企业可能还有一类 BGP 带宽（如腾讯私有的、自建的 CAP 带宽），核算规则与 IDC 带宽类似，在此不展开介绍。

（3）专线

5.1.1 节介绍过，专线主要分为 DCI 专线与 MAN 专线两类。其中，DCI 专线又分为金牌流量、银牌流量、铜牌流量三种类型，MAN 专线可分为园区内与园区间两种类型。每类细分类型的专线资源定价不同。

专线成本包括专线租金、网络设备折旧两部分。企业对内专线分摊的核算说明如表 5.14 所示。

表 5.14　对内专线分摊的核算说明

对内分摊大类	核算项	分摊核算规则	数据来源
专线使用量	专线流量	以实际使用量数据核算，采用双向流量进行源部门/源产品的数据统计（基于 SNMP 与 Netflow 技术）	来自网管平台监控的双向流量数据
专线成本	专线租金	以专线使用量乘以对应专线类型的租金单价计算	网管平台监控的流量数据和财经数据
	网络设备折旧	根据专线类别、类型，取对应时期的专线网络设备折旧价格核算	财经数据

（4）其他资源

其他资源为设备、带宽、专线之外的资源，主要包括平台部门提供的服务资源，如云存储键值数据库–存储量、云存储关系型数据库–实例数、存储混用仓库–存储量、存储混用仓库–用户请求数、数据服务–存储单元、数据服务–计算单元、集中存储–存储量、外租服务–设备、外租服务–带宽等。服务资源单价定价来自平台部门的资源消耗水平及维护管理成本。

其他资源成本以资源使用量乘以对应资源服务的单价进行核算。

5.3.2　运营成本核算管理案例

本节通过一些实例来说明运营成本核算管理如何实现。

1. 设备运营成本核算

设备运营成本的核算实际是设备作为固定资产进行折旧的计算，但固定资产折旧有不同的方法，这里涉及两个概念：平均折旧法与加速折旧法。这两种资产折旧方法对运营成本的核算影响区别较大。举例而言，若设备采购支出为 2 万元，可采用 4 年平均折旧法，即每年 5000 元，或采用"541" 3 年加速折旧法。这两种方法的运营成本核算如图 5.4 所示。

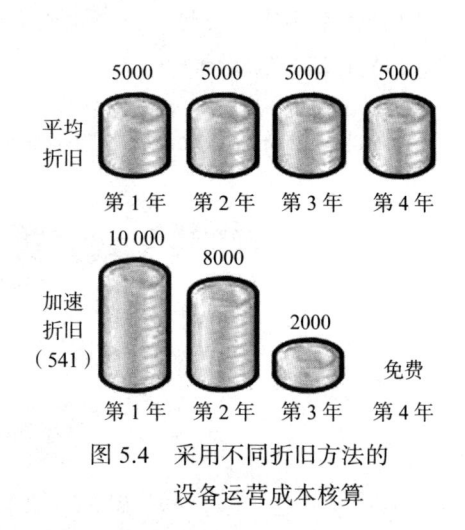

图 5.4　采用不同折旧方法的设备运营成本核算

从图中可见，以加速折旧法进行设备成本核算，一般会提高初始折旧率，缩短折旧年限，这其实更符合设备性能发展提升的规律。但加速折旧的成本核算方法会增大业务对新设备资源申领使用的压力。

另外，对于服务器、网络设备与机架机位而言，一般情况下都存在某种程度的空闲。为了提升设备资源的利用率，对空闲成本也要进行分摊，这就引出对设备运营成本核算有影响的另外两个概念：在用成本与空闲成本。

如图 5.5 所示，10 个机架机位已使用了 8 个。若 10 个机架的租金为 10 万元/月，则在用成本为 8 万元/月，空闲成本为 2 万元/月。

图 5.5　机架的在用成本与空闲成本

纳入空闲成本可进一步细化成本构成，促进资源利用水平的提升，是成本预核算精细化运营的方向。

因此，设备运营成本核算的构成最终归结为三大项，如图 5.6 所示。

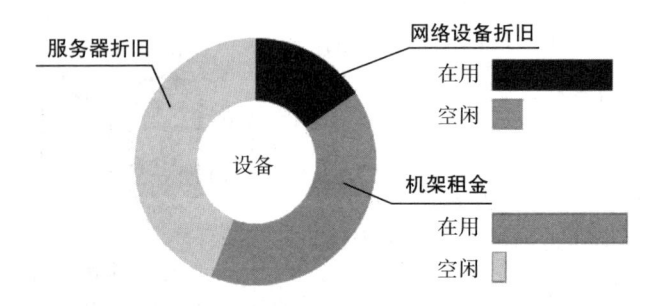

图 5.6　设备运营成本核算构成

各项设备运营成本核算的实现简述如下：

- 服务器折旧

以 CMDB（配置管理数据库）为例，将其实际的统计数据，按运营产品/业务部门，区分设备类型与版本，进行服务器折旧数量核定，其中过保服务器或已折旧完成的服务器不再纳入服务器折旧成本的计算。

单价厘定：按采购时间选择平均折旧或加速折旧的方式，根据机型类别和平均资产原值，确定当前核算周期的单价。

- 网络设备折旧

以服务器折旧中服务器数量（包括过保服务器或已折旧完成的服务器数量），按运营产品/业务部门，考虑在用与空闲（即网络设备利用率）情况来进行核算。网络设备利用率一般按照服务器总数除以网络端口总数计算得出。

单价厘定：按指定周期内网络设备采购总价除以可用网络端口总数，确定当前核算周期的单价。

显然，网络设备折旧是统一单价，既不区分端口接入服务器的新旧，也不区分接入服务器的类型。为了降低理解的复杂性及简化核算，网络设备折旧成本可以取消单列，将网络设备折旧单价直接并入服务器折旧单价中，计入服务器折旧中统一核算。

- 机架租金

按总可用机位数量，考虑在用和空闲（即机位利用率，机位利用率＝服务器总数/开电机位总数）情况，按运营产品/业务部门进行数量核定。

单价厘定：以 Zone（城市）为单位，根据机架总租金和区分机型的平均功耗，确定机位单价。

为了降低理解的复杂性及简化核算，机架租金成本可以取消单列，将机架租金的机位单价直接并入服务器折旧单价中，计入服务器折旧中统一核算。

综上，企业设备运营成本（包含网络设备及机架租金）的单价示例，可参考表 5.1。

2. 带宽运营成本核算

带宽运营成本主要由两部分构成，即 IDC 带宽租金与 CDN 带宽租金，如图 5.7 所示。

随着用户端带宽能力提升及资费下调，人们对高质量富媒体（图片、音频、长 / 短视频、文件等）内容的需求越来越大，导致服务器端带宽消耗飞速增长。海尔、腾讯、今日头条等企业近几年来的带宽核算数量与带宽成本的增长也证实了这个趋势。有数据表明，业务服务消耗的带宽数量近年来以 70% 的增速增长，带宽运营成本占运营成本总额比例也从早期的不足 30% 增长到现在超过 50%。

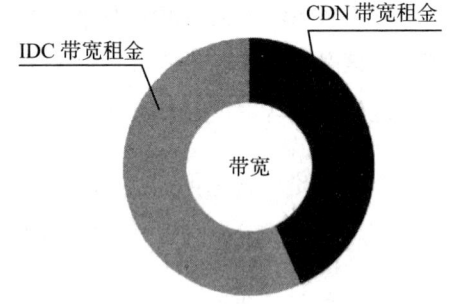

图 5.7 带宽运营成本主要构成

（1）IDC 带宽

IDC 带宽数量的核算，依据 SNMP（Simple Network Management Protocol，简单网络管理协议）监控采集到的 IDC 出口带宽流量为计算基础，按周统计出高峰期（晚 8:00 ～晚 10:00）的带宽值并计算均值作为核算值，示例如图 5.8 所示。

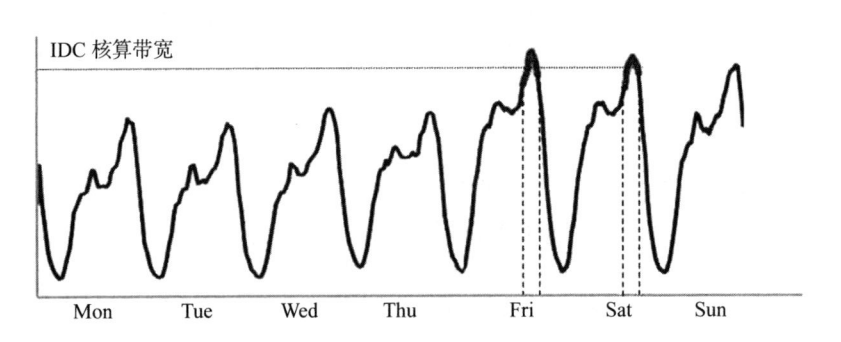

图 5.8 IDC 带宽数量的核算

单价厘定：由于个别地区或海外结算价格存在偏高或偏低的情况，因此在指定周期内，要按以 Zone（城市）区分的带宽采购合同价格确定当前核算周期该 Zone 的 IDC 带宽租金单价。

(2) CDN 带宽

CDN 带宽数量的核算，依据 SNMP 监控采集到的 CDN 出口带宽流量为计算基础，按日统计出带宽峰值并计算月均值作为核算值，示例如图 5.9 所示。

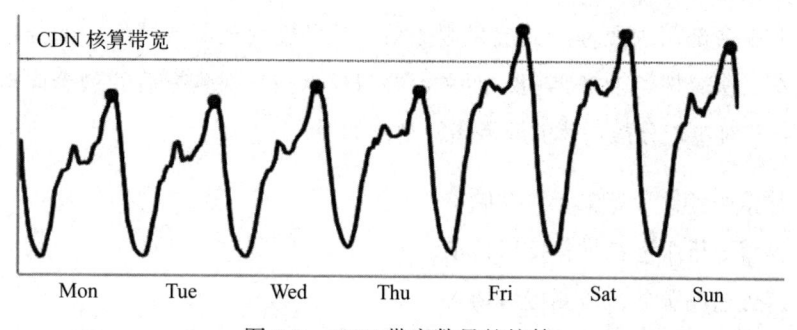

图 5.9 CDN 带宽数量的核算

单价厘定：由于不同 CDN 节点的采购合同价格及结算方式的费用不同，一般需要区分业务类型来厘定该业务类型的统一单价，如下载类、图片类、流媒体、动态加速等。

综上，带宽运营成本定价示例可参见表 5.3。

3. 专线运营成本核算

专线以网络 Netflow 技术采集业务产品双向使用的流量，按业务部门及产品进行数量统计。专线的定价与以下因素有关：连接的网络区域划分与范围。某企业 DCI 专线与 MAN 专线划分如图 5.10 所示。

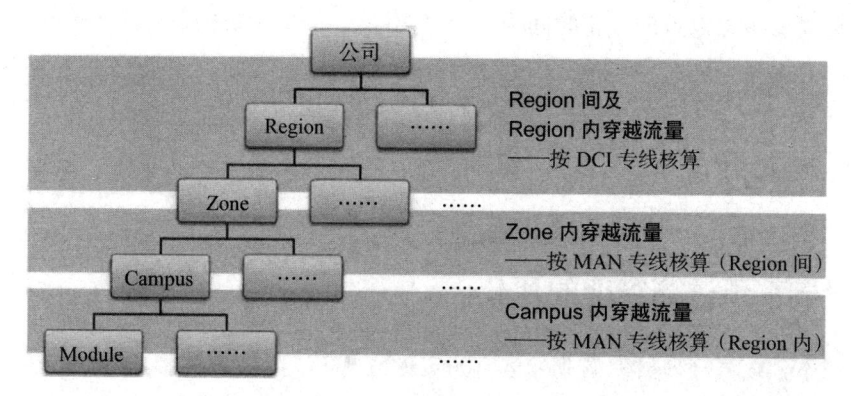

图 5.10 专线资源划分架构示意

单价厘定：专线资源依据采购价格，按专线类型、使用区域及服务级别进行定价。专线资源运营成本示例参见表 5.4 和表 5.5。

4. 其他运营成本核算

企业平台部门为业务产品提供服务后，按照能反映服务特性的业务指标，将运营成本二次分摊给业务部门，而平台部门只承担二次分摊后的剩余成本。相关平台服务及对应于分摊核算的业务指标举例如下：

- 数据服务：计算单元、存储单元。
- 推荐分析服务：推荐接口请求。
- 广告监测服务：监测接口请求。
- 云存储：实例数、存储量。
- 存储混用仓库：存储量、用户请求数。

其他资源运营成本示例参见表 5.6。

5.3.3 核算周期

核算周期往往视企业业务发展情况、财务需要以及核算体系发展的变化情况而定，常见核算周期有日、周、月、季、年等。实际上，当前预核算管理系统均可以做成支持任意时间的核算查询系统。

成本核算取数及定稿时间可以按照财经工作的要求来拟定，例如：

- 每月核算取数的截止时间为下个月第一天 0:10～0:30。
- 业务部门内部核算初稿于下个月第 5 个工作日发布，企业核算于下个月第 15 个工作日左右发布，业务部门内部核算终稿于企业核算发布 1～2 个工作日后定稿。

5.4 成本预核算管理的优化

成本预核算管理要依据业务运营的实际情况（包括业务需求、资源类型与价格等变化）进行调整与精细优化，这涉及成本预核算的分析。同时，由于成本预核算管理的复杂性及影响的广泛性，涉及很多规范、约束条件与计算规则，必须有运营成本预核算系统来支持，这些精细调整与优化要通过预核算系统来迭代、实现。

5.4.1 成本预核算分析

成本预核算分析的目的是为企业领导、预算管理部门、业务部门提供预算与核算的相关数据与信息，为运营管理决策提供依据。成本预核算分析工作主要包括以下 4 个方面：

- **预核算审计**。审查成本预核算管理系统中传递数据的真实性和完整性，防止弄虚作假的舞弊现象。
- **预核算差异分析**。对运营资源的使用进行合理性评估及资源的使用数量与成本确认，确定预算执行结果和预算计划的差异，找出导致差异的原因，将责任落实到部门和责任人，并推进解决。
- **预核算反馈**。也叫预核算报告，其主要功能是将预算执行情况准确、及时地反馈、报告给上级和有关部门，以保证上级对下级预算执行过程进行有效监控。成本预核算反馈主要以运营资源分析报告的形式，例行按月编制并发布，反映企业各业务产品的发展及资源使用情况，发布与解读核心运营数据，提出业务"关差"建议与行动计划，并根据企业战略汇报及其他需求完成季度报告、半年报告和年度报告。
- **预算执行考核和奖惩**。对业务部门或业务产品预算执行情况的考核，解决激励和约束问题。将预算执行考核结果与奖惩挂钩，可有效地激励各级团队达成业务运营发展目标，优化用户体验，有效控制运营成本。

以某产品的带宽预核算分析为例，若其带宽资源预核算数量对比及走势如图 5.11 所示，核算数量与预算数量差距较大，趋势偏离。此时需要查明出现预核算差异的原因：是产品业务指标发展不及预期，还是技术运营优化所致，抑或是预算的资源推导模型不正确？

同时，如果连续多个月都不及预期或超出预期，那么相关业务技术运营人员需要做出预判：是调整预算模型，还是实施业务架构优化，或是滚动预算，进行预算削减，或转移、追加预算？

图 5.11　某产品的预核算对比分析

5.4.2　运营预算管理系统

为了提高企业运营预核算管理，需要一整套信息化系统来支持，以确保预算的控制及预核算信息的准确、及时反馈。这套预核算管理的信息化系统就是 OBS（Operation Budget System，运营预算管理系统）。OBS 主要包括以下功能模块：预算编制模块、预算滚动模块、核算管理模块、预算执行分析模块、系统设置模块。

1. 预算编制模块

预算编制模块主要实现的功能是：

- **预算填报**。为用户提供一个友好的预算填报交互界面，引导用户一步一步完成预算填报。在用户完成预算填报后，系统自动生成该用户名下的业务运营成本预算报表。
- **智能检查**。系统能根据管理员设置的规则自动对业务部门填报的预算进行检查，列出可能的错误项，由用户自行决定是否修改。

系统需要提供检查规则的管理功能，包括规则的新增、修改、删除。

- **预算审批**。提供预算审批工作流支持，包括审批环节、审批人可由管理员设置，以及审批流程可视化配置。

2. 预算滚动模块

预算滚动模块主要实现的功能是：

- **预算滚动填写**。为用户提供一个友好的预算调整交互界面，引导用户完成预算滚动填写。例如，提供文档上传功能，方便用户提交附件，用户完成预算滚动填写后，系统自动生成新旧预算对比等报表。
- **预算滚动审批**。提供预算审批工作流。审批环节、审批人可由管理员设置，审批流程实现可视化配置。
- **预算滚动历史查询**。可以查询预算滚动历史数据，例如全年为维护业务链群、业务部门或业务产品等追加的设备数量，等等。

3. 核算管理模块

核算管理模块需要实现的功能是：

- **核算数据查询**。为业务链群提供运营成本核算账单的各类查询（分部门、分产品、分资源类别等）、业务成本核算明细查询、企业核算数据查询等查询功能。
- **业务成本核算数据智能检查**。完成业务链群的核算数据计算后，系统根据管理员设置的规则自动对数据进行检查，列出可能的错误项，由运营管理部预核算管理相关人员进行人工判断。系统提供检查规则的管理功能，包括规则的新增、修改、删除。
- **业务链群核算数据发布工作流**。系统提供业务链群成本核算数据发布审批工作流。审批环节、审批人可由管理员设置、审批流程可视化配置。

4. 预算执行分析模块

预算执行分析模块主要实现的功能是：

- **阈值管理**。供管理员调整设备申领阈值。
- **预算执行查询**。供用户查询设备申领、超支情况。
- **展示各类数据分析图表**。例如，展示业务链群成本预核算对比、企业成本预核算差异分析等。

5. 系统设置模块

系统设置模块实现的功能是：

- **参数设置**。部门、产品、预算科目等基础参数的设置。
- **规范设置**。设备、带宽、专线等各类资源基础规范的设置。
- **权限管理**。系统各种角色的权限设置。

5.4.3 运营成本优化思路

通过前面对成本预核算管理实现过程的解析，以及对运营成本的构成及计算方法的说明，从技术运营的角度，可以考虑用以下几个方法来精细优化运营成本：

- **减少新设备申领**。设法盘活业务自身已有的设备存量，提高设备资源利用率。另外，也可以避免或减少使用"加速折旧"方法，降低对运营成本考核的影响。
- **使用旧设备**。对于旧设备资源，不再核算折旧成本，终身享受折扣或免费服务，帮助盘活企业资源存量。
- **控制带宽总量增长**。通过技术架构调整或优化，包括产品或业务策略调整，减少带宽使用或者尽量少用 IDC 带宽、BGP 带宽，适当多用 CDN 带宽。
- **调整业务流量特性**。通过技术优化、产品或业务策略调整，使带宽流量削峰填谷，或者加大选择非周末、非忙时的带宽使用。
- **控制专线增长**。做好业务的技术架构，尽量提前规划、合理布局，减少流量穿越。

5.5 本章小结

本章讨论了运营成本预核算管理的实现，预核算管理的全过程包括预算编制、预算执行控制、预算滚动、成本核算、预核算分析管理，共五个部分。科学、严谨的预核算管理机制有助于把控运营成本，推动技术运营优化，有效衡量技术运营的水平与效果。

Chapter6 | 第 6 章

精细化技术运营

> 合抱之木，生于毫末；
> 九层之台，起于累土；
> 千里之行，始于足下。
> ——《老子》

精细化技术运营是一种思维，也是一个持之以恒的过程。本章先介绍如何获取代表运营效率的一些基础数据，然后介绍评估或衡量运营效率高低的手段与方法，以及精细化技术运营的方法论。

6.1 运营效率监控

运营效率监控是指进行常态化技术运营时，必须掌握想要获取的**资源运营基础数据**（包括服务器利用率、带宽用量、专线流量等）与**业务运营数据**（包括请求调用量、用户数等）。通过对这些数据的监控、使用与分析，帮助我们了解业务运营的健康状况、变化趋势，发现产品存在的技术、体验及成本问题，指明技术运营优化方向及验证技术运营优化的效果，等等。

6.1.1 服务器利用率监控与分析

服务器利用率的监控主要包括监控 CPU、内存、硬盘、网络状态等指标数据，由安装在每台服务器上的监控 Agent（代理）程序进行相应的指标数据采集，并上报到网管平台进行汇总、分析。

举例而言，通过 Agent 程序，按照采集算法可以采集到服务器 CPU 的利用率数据，如表 6.1 所示。

表 6.1 服务器 CPU 利用率数据采集

采集项	采集指标	说明	默认采集频率	采集算法
CPU	CPU 使用率（支持单核粒度）	CPU 处于非空闲状态的百分比	60s	通过 /proc/stat 文件采集并计算 CPU 总使用率及单个核使用率。以 CPU0 为例，算法如下： 1. cat/proc/stat | grep'CPU0' 得到 CPU0 的信息 2. cpuTotal1=user+nice+system+idle+iowait+irq+softirq 3. cpuUsed1=user+nice+system+irq+softirq 4. sleep 15s 5. 再次执行 cat/proc/stat | grep'CPU0' 得到 CPU 的信息 6. cpuTotal2=user+nice+system+idle+iowait+irq+softirq 7. cpuUsed2=user+nice+system+irq+softirq 8. 得到 CPU0 在 15s 内的单核利用率：(cpuUsed2-cpuUsed1)*100/cpuTotal2-cpuTotal1) 相当于使用 top-d 15 命令，把 user、nice、system、irq、softirq 这 5 项的使用率相加 9. 每分钟会采集 4 次（每次是 15s 内的 CPU 使用率），把使用率最大的一次上报
	CPU 负载	机器的 1/5/15min 平均负载值 ×100，表示 1/5/15min 内运行队列中的平均进程数。结果大于 500（因为 Agent 上报的值乘了 100），表示 CPU 负载过高	60s	Agent 读取 /proc/loadavg 得到机器的 1/5/15min 平均负载，再乘以 100

同理，可以采集到内存使用率、硬盘使用率、磁盘 IO 次数、内网流量/包量、外网流量/包量等服务器资源的基础运营数据，参见表 6.2。有了这些资源监控数据，结合技术运营经验，就可以判定服务器利用率是否达标。

第 6 章 精细化技术运营

表 6.2 服务器利用率指标采集算法说明

采集指标	得分说明	备注
CPU 利用率	参见表 6.1	千兆设备以总 CPU 与 CPU0 的较大值作为考核指标；万兆设备以总 CPU 作为考核指标
CPU 负载	参见表 6.1	通过 /proc/loadavg 取得
内存使用量 /GB	MemTotal – MemFree – (Cached + Buffers – Shmem)	通过 /proc/meminfo 取得
内存使用率	内存使用量 / 内存总容量 ×100%	
内网流量 / (Mbit/s)	内网网卡流量	
内网使用率	(内网流量 / (250∣3500)) ×100%	网络流量的满分量：千兆 250Mbit/s、万兆 3.5Gbit/s
外网流量 / (Mbit/s)	外网网卡流量	
外网使用率	(外网流量 / (250∣3500)) ×100%	网络流量的满分量：千兆 250Mbit/s、万兆 3.5Gbit/s
磁盘使用量 /GB	文件系统总使用量	
磁盘使用率	磁盘使用量 / 磁盘总容量 ×100%	
磁盘 BIO/ (KB/s)	BI（Block In，写磁盘）与 BO（Block Out，读磁盘）之和	
磁盘 IO 利用率	磁盘 BIO 值 / 满分值 ×100%	磁盘 IO 满分量：NVME SSD 为 1000MB/s；普通 SSD 盘为 100MB/s；非 SSD 为 10MB/s

现在资源云化技术普遍应用，服务器资源因此有物理实体机与虚拟机之分，虚拟机使用的好坏会影响实体机的利用率。在业务技术架构中，服务器资源因应用于不同的架构层（即用途有别），对利用率的要求也不尽相同，因此在资源利用率监控方面会有服务器技术分类，参见表 6.3。另外，由于人工智能时代的到来，GPT（Generative Pre-Training Transformer，生成式预训练转换器，即大模型）更是大放异彩，用于机器学习、模型训练的高性能并行计算 GPU 服务器需求越来越多，该机型因配置特殊 GPU 卡，不仅价格昂贵，而且功能能耗大，其利用率需要重点纳入监控。

表 6.3 服务器技术分类

技术分类	规则	涉及机型（参见 5.1.1 节）
接入	有外网 IP 且外网流量大于 1	无
缓存	服务器上运行的进程被分类为 "Cache+ 机型"	B、M 类设备
数据库	服务器上运行的进程被分类为 "DB"	无
检索	服务器上运行的进程被分类为 "检索"	无
离线计算	服务器上运行的进程被分类为 "离线计算"	无
存储	其他 A、S、TS、Z 类设备	A、S、TS、Z 类设备

（续）

技术分类	规则	涉及机型（参见5.1.1节）
逻辑	其他	非A、S、TS、Z类设备
GPU	服务器上运行的进程被分类为"CUDA"	G类设备

有了服务器资源的基础运营数据，就可以对服务器利用率进行考核分析。

对服务器利用率的考核，将依据承载业务的不同，制定CPU或内存、磁盘或磁盘IO的利用原则与判定标准算法，最终得出每一台服务器设备的利用率得分。依据利用率得分，可以定义服务器运营效率考核指标。例如，基于长期的技术运营经验，可以制定如下服务器利用率达标与否的考核指标：

- **达标**：依据承载业务的不同，基于CPU或内存、磁盘或磁盘IO的利用原则，达到判定标准得分的设备。
- **不达标**：依据承载业务的不同，基于CPU或内存、磁盘或磁盘IO的利用原则，达到不判定标准得分的设备。对不达标设备可进一步标注：
  - ◇ **低负载**：被判定为"不达标"的设备，即为低负载，又称"低利用率"。
  - ◇ **连续低负载**：指连续不达标一定天数（如60天或90天）的设备。
  - ◇ **空负载**：指非TS类设备CPU负载得分小于等于2或TS类设备CPU负载得分小于等于2，且磁盘使用量得分小于等于5。
  - ◇ **连续空负载**：指连续处于空负载状态达到一定天数（如60天或90天）的设备。

服务器利用率不达标的判定标准示例参见表6.4。

表6.4 服务器利用率不达标判定标准示例

技术分类	CPU利用率	内存使用率	内网使用率	外网使用率	磁盘使用率	磁盘IO利用率
接入	<20%	<60%	<16%	<12%	—	—
缓存	<20%	<60%	<16%	—	—	—
数据库	<20%	—	—	—	<40%	<40%
存储	<20%	—	<16%	—	<40%	<40%
检索	<20%	<60%	—	—	<40%	<40%
逻辑	<25%	—	<16%	—	—	—

（续）

技术分类	CPU 利用率	内存使用率	内网使用率	外网使用率	磁盘使用率	磁盘 IO 利用率
离线计算	<40%	—	—	—	<40%	<40%

注：1. 表中所列判定标准仅依据运营经验而设定，并不一定是最佳判定值。
　　2. GPU 服务器利用率考核更关注 GPU 的计算力，与普通服务器略有差别，但采集方法及判定标准与服务器类似，在此不展开介绍。

获取服务器利用率数据之后，可以展开各种维度的资源运营效率分析。比如，企业整体设备不达标率的走势，参见图 6.1。

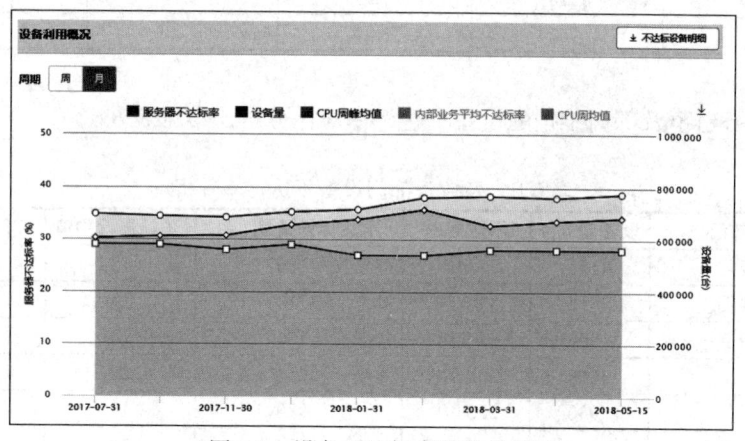

图 6.1　设备不达标率趋势分析

连续低负载、空负载设备的占比及走势，参见图 6.2。

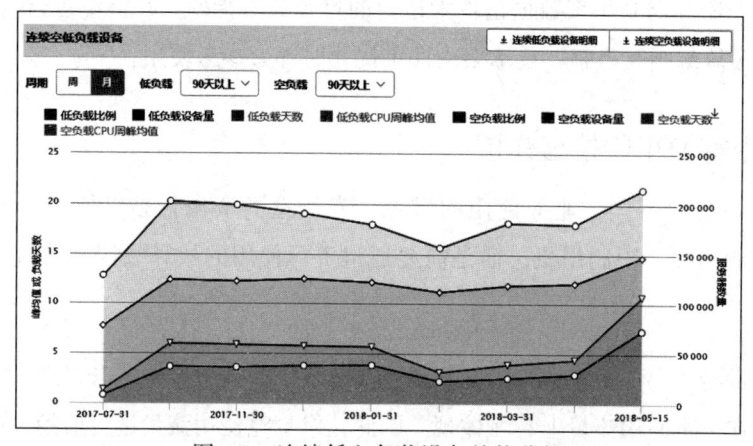

图 6.2　连续低空负载设备趋势分析

按技术架构分层的服务器设备低利用率状况,参见表6.5。

表6.5 设备分层不达标情况分析

技术分类	设备量/台	不达标率	不达标设备量/台	指标趋势图
汇总	22 733	38.7%	8798	↓
逻辑	6991	58.1%	4062	↓
存储	3605	25.6%	923	↑
接入	3287	24.9%	818	→
离线计算	4300	12.9%	555	→
缓存	2645	19.9%	526	↓
数据库	1282	29.6%	379	↑
检索	623	3.2%	20	→

按业务链群及部门维护的设备不达标率对比分析,参见表6.6。

表6.6 各业务部门设备不达标率分析

业务部门	设备量/台	不达标率	不达标设备量/台	CPU周峰均值	CPU周均值
数创业务线	4136	59.90%	4136	13	6
• 工业软件部	3712	59.80%	3712	13	6
• 智能制造部……	306	83.90%	306	13	2
AIoT业务线	3659	26.50%	3659	28	17
• 智能控制部	930	22.90%	930	18	11
• 智慧模具部	1434	42.50%	1434	22	19
• 智能产线部……	282	52.20%	282	33	13

综上,服务器利用率数据是技术运营的重要参考指标,在资源运营效率考核、设备资源预算编制及申领、技术架构评审优化时都会参考使用。

6.1.2 带宽使用监控与分析

与设备资源不同,业务使用的带宽、专线这类资源,难以依据资源利用率数据来控制申领、限制用量,而是需要通过资源使用的核算数据来推进技术运营优化。

用户的行为、业务运营策略的调整、产品代码与技术架构的升级迭代等,往往都会立即在带宽使用流量上有所体现。因此,对带宽使用流量进行监控,能够发现业务运营的调整、故障或问题以及业务发展状况、技术运营优化效果的变化,等等。

带宽流量数据既可以通过 SNMP 由网络设备的端口获取，也可以通过服务器的网卡传输数据量来获取。两种获取带宽流量的方法各自有适合的应用场景。通过网络设备端口以 SNMP 获取的流量数据效率较高，多用于总出口带宽使用分析、运营商或服务商带宽计费与对账、带宽建设扩容等，缺点是较难区分细分业务归属。通过服务器网卡传输数据量来获取的带宽流量数据则更为精细，易于分类汇总各业务的带宽流量消耗，多用于业务分析、故障排查、运营成本分摊核算等，缺点是需要较大上报数据的存储资源及分类汇总的计算资源。

1. 网络设备端口以 SNMP 获取带宽流量

在交换机或路由器上配置 SNMP，使用 Nagios 或 Cacti 等开源软件就可以获取网络设备各端口的带宽流量数据，并绘制带宽流量图，如图 6.3 所示。

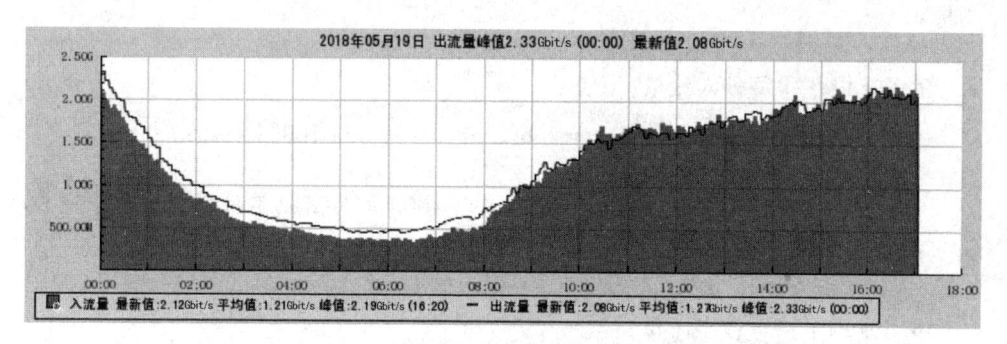

图 6.3　Cacti 软件绘制的公网出口带宽流量示意图

2. 服务器运行 Agent 监控程序上报网卡流量

可以通过在服务器上运行 Agent 监控程序来上报每块网卡的流量、包量。Linux 服务器通过 /proc/net/dev 文件，可以计算出服务器的网卡流量及包量，如图 6.4 所示。

图 6.4　网卡流量及包量获取

Agent 监控程序如何计算网卡流量呢？下面以网卡 eth1 为例，介绍每 60s 统计上报 1 次的网卡流量与包量数据的实现，步骤如下：

1）读取 /proc/net/dev 文件，获取 eth0 的接收字节量、接收包量、传送字节量、传送包量，分别记为 receive_bytes0、receive_packets0、transmit_bytes0、transmit_packets0。

2）休眠 60s（sleep 60）。

3）再次读取 /proc/net/dev 文件，获取 eth1 的接收字节量、接收包量、传送字节量、传送包量，分别记为 receive_bytes1、receive_packets1、transmit_bytes1、transmit_packets1。

4）根据 60s 前后的 /proc/net/dev 文件解析参数值的变化，便可计算出下面的指标：

- 60s 内平均每秒入流量：

$$(receive\_bytes1 - receive\_bytes0) \times 8 / 60 / 1000 (Kbit/s)$$

注：乘以 8 是为了把 byte 转成 bit，除以 1000 是为了把单位转成 K，除以 60 则是取 60s 内的平均值。

- 60s 内平均每秒出流量：

$$(transmit\_bytes1 - transmit\_bytes0) \times 8 / 60 / 1000 (Kbit/s)$$

- 60s 内平均每秒入包数：

$$(receive\_packets1 - receive\_packets0) / 60 (个)$$

- 60s 内平均每秒出包数：

$$(transmit\_packets1 - transmit\_packets0) / 60 (个)$$

通过上述方法，即可计算出服务器的 eth0 和 eth1 的流量与包量，并且每 60s 上报 1 次。除了 eth0 和 eth1 外，还可以通过监控 Agent 程序统计服务器所有 tunl 及 ip6tnl 的流量总和及包量总和，这样，有些做了多网卡绑定（bonding）的流量与包量也可以统计。

通过服务器网卡获取的带宽流量数据颗粒度非常细，可以很方便地实现按服务器、按业务模块、按业务集、按产品、按产品集、按部门等各类维度的分类汇总，从而更好地分析展现业务的变化发展情况。这有诸多好处，包括故障排查定位、自动告警分析、预核算分析、优化技术运营等。

例如，某业务的手机下载流量峰值按天分析的情况如图 6.5 所示。手机下载带宽流量持续走高，趋势向好；而在统计时段内，该业务有运营活动、策略调整与技术优化，说明该业务的移动端持续受欢迎。

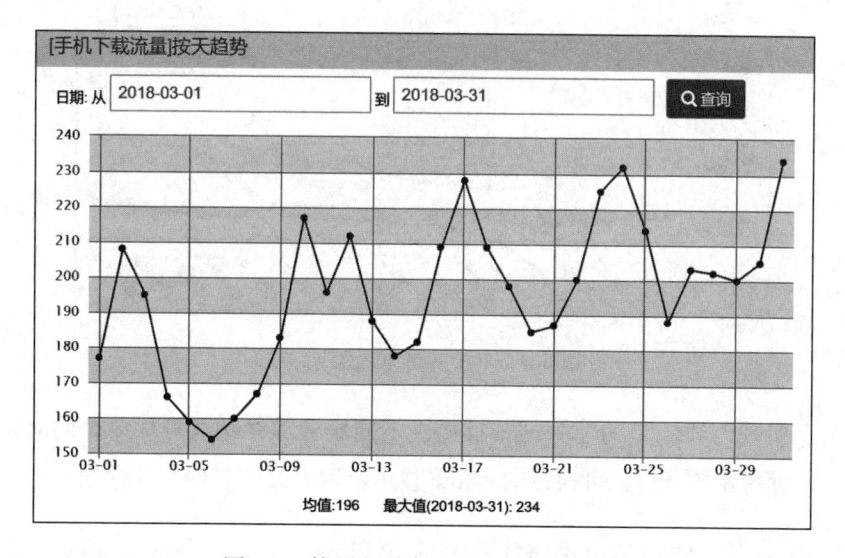

图 6.5　某业务手机下载流量峰值走势

6.1.3　专线使用监控与分析

专线资源的使用流量监控与带宽资源既有相似之外，也有不同之处。相似之处是均使用流量监控，都可以通过网络设备端口以 SNMP 获取总流量数据。不同之处是专线资源的使用需要有不同的服务级别保障，即需要对不同的业务专线使用流量进行打标。

一般情况下，通过 SNMP 获取专线使用总流量数据（也称为专线链路流量数据），如图 6.6 所示。显然，专线链路流量数据无法区分业务及服务等级，难以实现专线流量的精准计费。因此，专线链路流量数据更多地用于监控链路专线的使用率、容量水位等，作为专线扩容建设的依据。

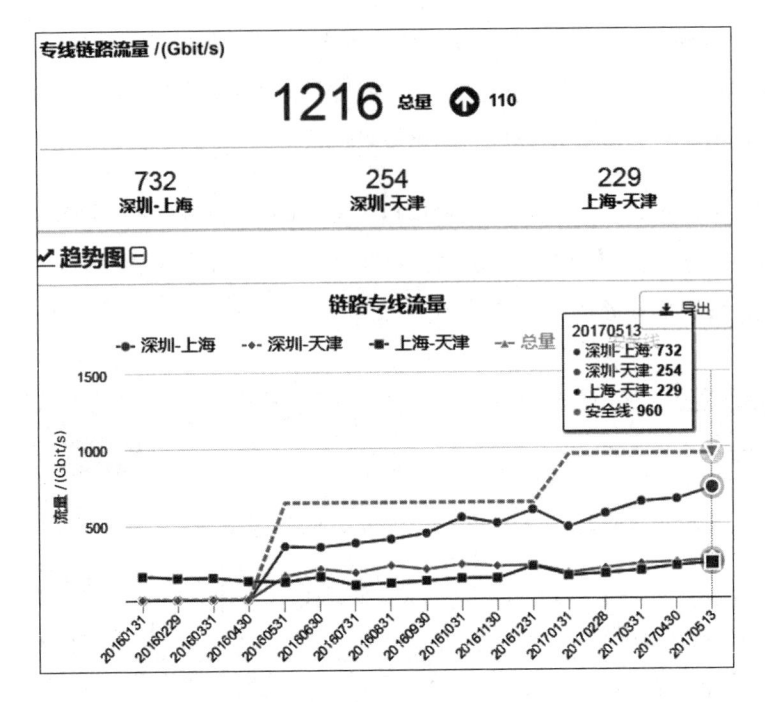

图 6.6 专线链路流量监控示例

为了实现专线流量的业务区分及提供不同服务等级的业务保障，同时实现更精准、实时的业务计费，可通过 Netflow 技术获取专线流量的细分数据。

Netflow 技术可以监测网络线路上的 IP Flow 信息，包括源 IP 地址、源端口号、目的 IP 地址、目的端口号、协议类型、服务种类（Type Of Service，TOS）和输入接口。

因此，IP Flow 信息可回答专线流量的业务区分、服务打标及用量计费的问题（5W1H），如下所示：

- Who：源 IP 地址。
- When：开始时间、结束时间。
- Where：从哪（From，指源 IP，源端口）、到哪（To，指目的 IP，目的端口）。
- What：协议类型、目标 IP、目标端口。
- How：流量大小、流量包数量。

- Why：基线、阈值、特征。

其中，服务等级的划分是通过 TOS（Type Of Service，服务种类）进行 QoS（Quality of Service，服务质量）的 DSCP（Differentiated Services Code Point，差分服务代码点）打标实现的。

DSCP 是一种 QoS 分类标准，在每个数据包 IP 头部信息的 TOS 标识段中（共 8 位），利用已使用的 6 位和未使用的 2 位，通过编码值来区分优先级，如图 6.7 所示。

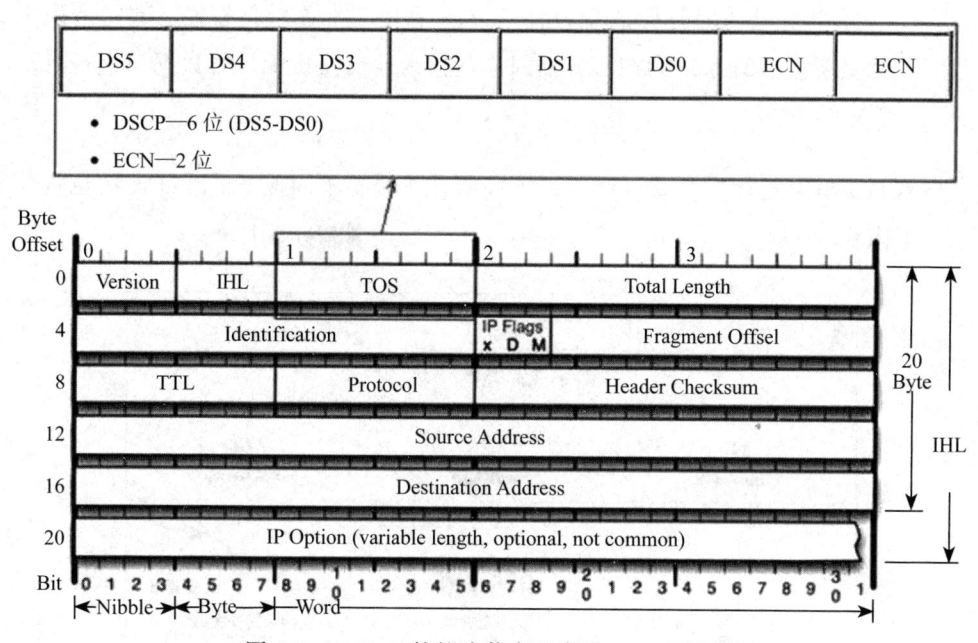

图 6.7　IP Flow 协议头信息示意及 TOS 标识段

因而在使用 DSCP 打标前，需要定义 DSCP 标识规范，如表 6.7 所示。

表 6.7　QoS 服务的 DSCP 标识规范示例

流量类型	DSCP 编码	备注
金牌	011-010	DSCP 十进制 26
银牌	011-001	DSCP 十进制 25
铜牌	011-000	DSCP 十进制 24

对专线流量进行 DSCP 打标的方法有如下三种：

- 通过 iptables 对网络流量进行 DSCP 打标操作。在服务器上设置 iptables，通过匹配流量的源 / 目的 IP、源 / 目的端口等策略，对不同的流量设置不同的 DSCP 编码标记。
- 通过业务层面设置 setsockopt 系统调用进行打标。在建立了 TCP 或 UDP 连接后，通过 setsockopt 系统调用，在 IPPROTO_IP 级别中，通过 IP_TOS 选项设置指定的值来实现流量的 DSCP 自动编码标记。
- 通过网管平台建设专线打标管理系统，负责给指定服务器打标。通常在管理系统登记需要打标的服务器，并基于 IP、业务、业务集、部门来识别服务器，管理系统会在服务器对应的接入层交换机端口对数据包进行自动打标。

经过 DSCP 打标后，就可以实现不同服务等级、不同业务的专线使用流量分析，如图 6.8 所示。

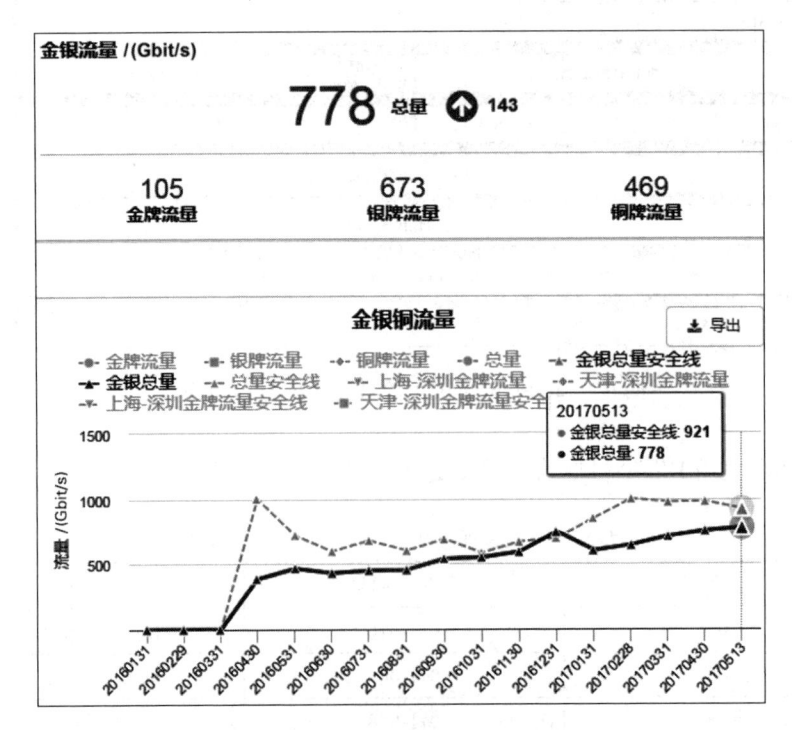

图 6.8　专线流量的服务等级监控

获取专线流量数据并进行业务专线流量的使用分析，为专线的精细化技术运营提供了全面的依据支撑。例如，分析专线流量使用 TOP5 的业务及其增长变化，参见表 6.8。

表 6.8 业务的专线流量 TOP5 增长变化分析

业务链群	部门	规划产品	本期流量/(Gbit/s)	较上期增长/(Gbit/s)	金牌流量/(Gbit/s)	银牌流量/(Gbit/s)	铜牌流量/(Gbit/s)
数创业务线	工业软件部	MOM	413	43 ↑	9	171	233
	智能制造部	DSIM	182	−13 ↓	3	68	111
AIoT业务线	智能控制部	PCBAS	115	−10 ↓	0	113	2
	智慧模具部	CMMP	69	2 ↑	1	24	43
	智能产线部	C-Line	58	−1 ↓	25	9	24

6.1.4 业务运营数据监控

除了业务资源使用状况的基础数据监控与分析，运营效率监控还需要对业务发展的运营数据（如业务指标、资源指标等）进行监控，帮助用户了解与洞察业务或产品的发展变化情况。

规划实现业务运营数据的监控这项工作本身就是精细化技术运营的重要内容。对于业务的运营数据监控来说，运营管理部门的要求是一方面，更多的是要依赖业务技术运营团队自己的规划及业务或产品的研发团队支持实现。

业务运营数据指标的设定，依据业务不同而有所差异。业务运营指标设定的关键是如何能全面、精确地度量业务的发展变化情况。常见的业务运营指标有三大类：业务指标（如用户日活 –DAU、视频观看数 –VV、最高同时在线人数 –PCU、独立访客数 –UV 等）、性能指标（如每秒调用次数 –rps、每秒 IO 调用次数 –IOPS 等）以及资源指标（如下载次数、码率、平均大小等）。运营数据指标值的获取及监控，一般由产品研发团队依据指标定义与采集频率要求，通过程序代码捕获或定时收集，并可依据技术运营团队配置的阈值触发监控告警。

下面以某大型应用的业务运营数据监控为例加以说明。其技术运营团队为确保各业务模块的运营达到监控要求与标准（尽可能全面、规范及精细化），在研发代码 RPC 框架中统一内置了运营数据指标的采集与监控，监控数据指标多达 512 项，如图 6.9 所示。

```
mmnewacct 综合情况              mmnewacct CLI 端接口调用总数      mmnewacct CLI 端CGI调用数
0 - 调用总数                    0 - 总次数[0]                    0 - auth
1 - 调用成功数                  1 - AddUser[1]                   1 - sendmsg
2 - 连接失败数                  2 - DelUser[2]                   2 - sync
3 - Client发流量                3 - GetUser[3]                   3 - uploadmsgimg
4 - Client收流量                4 - GetUserListByUinList[4]      4 - getmsgimg
......                          ......                           ......

mmnewacct CLI 端接口调用读超时   mmnewacct SVR 端接口调用总数      mmnewacct Svrkit各处理阶段耗时
0 - 总次数[0]                   0 - 总次数[0]                    0 - 总数
1 - AddUser[1]                  1 - AddUser[1]                   1 - 从Accept Queue接收fd
2 - DelUser[2]                  2 - DelUser[2]                   2 - 请求在InQueue中等待
3 - GetUser[3]                  3 - GetUser[3]                   3 - 请求在OutQueue中等待
4 - GetUserListByUinList[4]     4 - GetUserListByUinList[4]      4 - 一轮epoll和超时处理
......                          ......                           ......

mmnewacct SVR 端接口调用返回非 0   mmnewacct SVR 端接口调用超过 30ms
0 - 总次数[0]                     0 - 总次数[0]
1 - AddUser[1]                    1 - AddUser[1]
2 - DelUser[2]                    2 - DelUser[2]
3 - GetUser[3]                    3 - GetUser[3]
4 - GetUserListByUinList[4]       4 - GetUserListByUinList[4]
......                            ......
```

图 6.9　某大型应用 RPC 框架内置业务指标监控示例

这使得任何一个业务模块上线，均可以采集相应的业务指标、性能指标及资源指标，可以多维度、全方位、规范地获取运营数据，全面了解业务的运营状况，为深度洞察分析及优化技术运营打下基础。

业务的运营数据涉及多方面，需要随着业务的发展逐步建立、完善，并及时收集、整理、分析。

6.1.5　掌握互联网业务的运营状况

要掌握互联网业务或产品，特别是海量用户的业务或产品的运营状况，需要持续对业务发展变化进行跟踪，对运营数据进行分析。

一般来说，希望通过对业务运营状况的分析达到以下目的：

1）洞悉业务发展阶段与行业地位的情况。
2）科学地预备资源，满足业务发展需要。
3）为持续优化、提升运营效率提供基准依据。

业务运营数据分析，是指利用所获取的业务或产品所消耗的设备资源、带宽资源、专线资源与业务运营指标等数据，结合已知的同类别产品或竞品数据，了解、洞察与掌握业务发展的运营状况，主要包括以下几部分：

- 了解业务或产品特性，例如业务的日峰值情况，有无突发特征。

  以微信支付为例，图 6.10 显示了微信红包发送的业务特性，即节假日峰值明显，特别是春节这类传统大节日。明确微信支付的业务特性后，技术运营层面在节假日就需要做特别的资源扩容与业务保障策略。

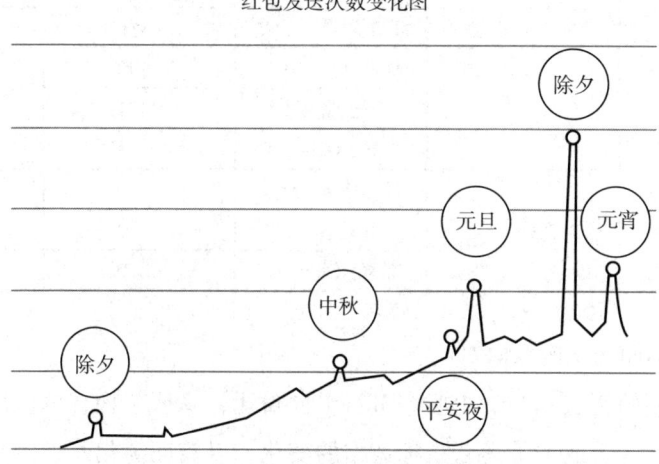

红包发送次数变化图

图 6.10　微信红包发送节日效应

- 明确业务或产品当前所处的生命周期或发展阶段。

  在产品不同的发展阶段，技术运营的精细度及资源供给保障度也是不一样的。精细化技术运营主要在成长期启动，在成熟期持续加大力度，以尽可能延展产品所在成熟期的生命期限。

- 对标同类产品或竞品，了解产品的行业地位及竞争优势。

  通过将产品与标杆产品或竞品进行类比、横比，可以发现产品当前存在的差距，建立运营数据基线，指导技术运营优化方向与验证优化效果。例如，QQ 与微信两大即时通信软件的同期业务运营数据与带宽资源的对比，如表 6.9 所示（列示数据为虚拟参考）。

表 6.9　QQ 与微信业务主要运营数据对比

大类项	小类项	指标	QQ	微信
整体	活跃度	MAU（以亿计）	8.53	6.80
文本消息	总收发消息	总量/亿条	3900	1371

（续）

大类项	小类项	指标	QQ	微信
文本消息	消息	单发量/亿条	120	132
		单收量/亿条	140	255
		群发量/亿条	40	30
		群收量/亿条	3700	953
富媒体	总C2C消息	日下载量/万条	N/A	27
	长视频	日上传量/万条	340	5562
		日下载量/万条	2371	15 630
		带宽/(Gbit/s)	31	217
	短视频	日上传量/万条	0	5927
		日下载量/万条	0	49 545
		带宽/(Gbit/s)	0	41

- 产品不同版本的纵向对比。

  将产品的新版本与历史版本进行纵向对比，确认架构、单机性能、单用户成本、运营成本等运营指标数据的变化，以验证优化效果，并不断提升指标数据基线，优化控制运营成本等。

- 以用户视角区分业务模块的资源消耗情况。

  从用户视角出发，通过精细拆分业务，了解、洞察业务模块的主要资源数量消耗、成本占比及资源分布，为建立产品资源模型做准备。

基本上，典型的业务运营分析方法与主要步骤如下：

1）确定分析模型。

2）收集数据。

3）汇总分析。

4）得出主要结论。

5）输出报告。

通过对互联网业务或产品的运营效率数据进行监控与分析，可以了解、洞察并掌握业务发展现状、业务未来可能的演进趋势及资源需求，具备对业务进行技术架构评审的基础条件。

6.2 技术架构评审

对业务的运营效率现状有了充分的了解后，要实现精细化技术运营，提高产品的用户体验与用户价值，降低业务运营成本，切实进一步提升运营效率，并使之成为企业或产品的核心竞争力，需要从技术架构入手，从框架逻辑、算法实现、产品策略等多个角度，不断审视优化。

6.2.1 技术架构与运营效率的关系

互联网业务或产品在市场上竞争，成功与否，取决于很多因素，但多多少少都与产品的技术架构有一定关系。条条大路通罗马，产品的功能可以相似，但实现的技术路径却有多种。技术架构往往决定了产品的性能与体验、升级与扩展、运营资源的需求与成本，最终体现为产品运营效率、产品竞争力。

假定实现同样的 IM（Instant Message，即时消息）通信，某应用 A 要用 20 000 台服务器实现承载 5 亿用户日收发 1000 亿条消息，而应用 B 由于使用了更优的技术架构（程序框架、业务逻辑、实现算法等），仅用 5000 台服务器就可以承载同量级用户的同样的消息量。可以简单得出，应用 B 的运营成本仅是应用 A 的 1/4，即运营效率更高，明显具备更好的产品竞争力。

因此，结合业务运营数据分析，通过技术架构评审，就可以找出业务功能模块对资源的瓶颈及限制所在，并提出切实可行的优化手段或方案，逐步建立起关键业务模块的资源模型，以持续对资源使用的合理性做出判断，进而不断推动业务持续优化。这样不仅可以提升业务资源的使用效率，也同步提升了业务研发人员的技术能力与水平，这些都代表了运营效率的改善。

技术架构评审就是通过业务拆解，明确业务模块的技术实现及其所涉及的资源消耗与业务发展指标间的关系。业务运营会涉及业务发展指标（以下简称"业务指标"，如 PV、UV、DAU、PCU 等），而技术架构则涉及算法实现与资源使用指标（以下简称"资源指标"，如请求量、包量、存储量、CPU 使用率等），资源指标往往与资源量（如设备、带宽等）直接相关（即存在直接的函数关系）。业务指标与资源量（或资源指标）这两者之间不一定存在直接的函数关系，但往往存在一对多或多对多（显性或隐性）的关系。

例如，衡量视频业务最关键的业务指标为 VV（视频播放量），而视频点播的带宽资源（带宽量）涉及的资源指标则包括 VV、平均播放时长、平均码率、P2P 效率。通过技术架构评审及运营实践，可以得出带宽资源模型函数关系的公式：

$$点播带宽 = (峰值时段 VV \times 平均播放时长 \times 平均码率) / 取数据时间段 / 1000 / 1000 - P2P 节约带宽$$

通过技术架构评审，进行业务模块拆分，得出资源与指标的关系模型，就可以判断业务现状是否合理（业务指标、产品策略、技术框架、程序算法、资源使用量等的合理性），新功能是否合理（产品策略），成本是否合理（成本变化较大或突变，单位指标的资源消耗变大），等等。

可见，技术架构决定了互联网业务的运营效率，进而影响产品体验与用户价值。

6.2.2 技术架构评审方法

技术架构评审一般采用两种方法进行：纵横类比法与架构资源模型法。

1. 使用纵横类比法进行技术架构评审

方法有如下几个：

- **纵向对比**：结合业务运营数据分析结果，将同一产品与其之前的技术架构进行对比，例如微信 6.0 与微信 5.0。
- **横向对比**：结合业务运营数据分析结果，将企业内同类型的不同产品进行技术架构对比，如 QQ 与微信。
- **类比**：结合业务运营数据分析结果，将同类型的竞品进行技术架构对比，例如电脑管家与安全 360。

使用纵横类比法进行技术架构评审的优点是简单直接，但缺点也是明显的，易被业务部门挑战。业务部门往往会宣称运营管理团队（负责架构评审）不了解业务，产品环境与要求等有很多不一样的地方，也可能会质疑拿到的竞品数据。相对而言，如果没有更多的数据，说服力将较弱。

本方法主要通过对标应用，触发业务部门去思考架构、能力的合理性，从而给出推导逻辑，须谨慎使用。

2. 使用架构资源模型法进行技术架构评审

架构资源模型的评审方法一般包括以下内容：

1）从用户的视角按业务模块的维度将业务或产品的资源用量进行拆分。一般先拆分成子业务（粒度最好分到模块），再将单个子业务按架构层次拆分为接入层、逻辑层、缓存层、存储层，或者按终端拆分为移动端、PC 端或其他终端（如电视端）。这里特别要注意，直接按业务架构层次拆分业务是不合理的，容易造成混乱，无法有效分析技术处理性能。另外，拆分业务有助于对重点（资源成本大）子业务进行评审，抓大放小。

2）梳理业务模块的资源瓶颈与业务指标、资源指标的关系。一般结合技术架构图与业务模块特性进行梳理说明。

3）建立资源模型，用于持续跟踪业务健康、资源用量合理性、优化改进评估、提高运营成熟度等。

与纵横类比法相比，架构资源模型法的评审方法更科学，更经得起挑战，并可以知道技术运营优化的方向。

下面结合某企业视频业务的设备资源案例，来介绍架构资源模型法的评审过程。

首先梳理该企业视频业务的设备资源，按用户视角拆分业务，明确各自的资源量及占比，以及监控到的利用率等数据，如表 6.10 所示。

表 6.10 视频业务资源梳理与拆分

业务模块	存量设备数（台）	主要设备类型	存量设备数占比	低负载设备占比
视频转码	1194	C1、Z9	37%	17%
直播	352	C1	11%	57%
P2P	366	C1	11%	58%
播放服务	223	C1	7%	24%

（续）

业务模块	存量设备数（台）	主要设备类型	存量设备数占比	低负载设备占比
后台服务（移动端、广告等）	930	C1	28%	32%
业务合计	3065	—	94%	33%
运维支撑（实时监控、BOSS系统、代理、开发测试机）	209	C1	6%	27%
总体合计	3274	—	100%	32%

注："占比"是指该业务模块的存量设备数占总体合计的存量设备数（3274台）的比例；"低负载设备占比"是指该业务模块中被判定为低负载的设备数量占该业务模块存量设备数的比例；"业务合计"的存量设备数（3065）为"转码""直播""P2P""播放服务""后台服务模块"5个业务模块的存量设备数合计。

从表中可以看出，视频业务里有一个关键业务模块：视频转码（占比37%）。该模块承担将各类视频源（经过编辑的，或者由用户生成或合作伙伴提供的各种编码文件）转成统一编码格式的多规格视频文件（即标清、高清、超高清、蓝光的MP4文件）的任务。

接下来，结合技术架构图，梳理并明确资源模块及对应资源处理能力等之间的关系。视频编转码服务技术架构图（含模块资源用量）示意如图6.11所示。

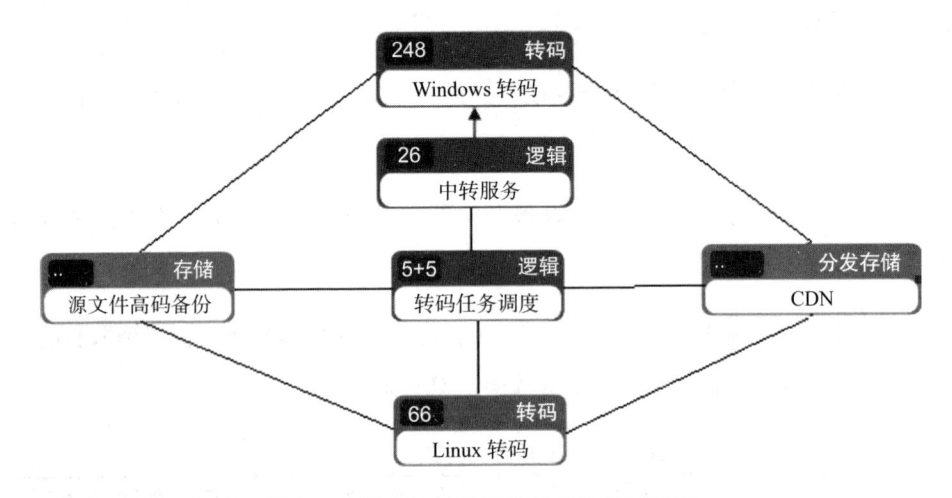

图6.11 视频编转码服务技术架构示意图

可见Windows转码服务模块的资源用量占大部分（248台设备），其次是Linux转码服务模块（66台设备），还有中转服务等模块。

按模块梳理业务资源的类型、处理能力及当时的使用情况（瓶颈），如表 6.11 所示。

表 6.11 视频转码业务的资源处理能力梳理

基本信息		理论容量（CPU 利用率：Linux 为 90%，Windows 为 60%~80%）		实际使用情况		
类型	机型	单机处理能力	设计容量	全天转码量	峰值转码	峰值吞吐量
Linux 转码	Z9	0.54MB/s	165MB/s	视频数：56 702 个 文件数：174 756 个 总存储：3205.7GB	258GB/h	72MB/s
	C1	0.15MB/s				
Windows 转码	Z9	0.36MB/s	80MB/s	视频数：2503 个 文件数：30 338 个 总存储：922.4GB	180GB/h	50MB/s
	S6	0.16MB/s				
转码合计	—	—	245MB/s	—	438GB/h	122MB/s
中转服务	C1	流量 900Mbit/s	—	—	—	900Mbit/s

从表中可见，转码业务对应的模块使用资源的机型及其处理能力、对应的设计容量与实际业务指标（转码量）、峰值转码能力及峰值吞吐量数据。因此，若要提升转码效率，可以考虑使用以下技术运营手段：

1）优化转码算法，提升单机处理能力。

2）使用 CPU 处理能力更强的机型，提升单机转码性能。

3）对于同种机型，Linux 转码效率更高，减少使用 Windows 转码服务。

若单个子业务模块还涉及架构层面的接入、逻辑与存储等分层，可以按下列原则进行技术评审：

- 接入层：主要考察用户发起的请求数是否合理及向后的调用次数是否合理。注意要分两类场景：无业务逻辑处理的透传接入及有业务逻辑处理的业务接入，其处理请求数的能力是不同的。
- 逻辑层：主要考察功能用途、算法模型（如一致性哈希、Bitmap）、实现方法（如 SPP、Protobuf、Bloom Filter）。注意包量或调用次数是否合理，处理瓶颈是多少，以及推导过程是否正确。举例来讲，在微博平台业务架构中，SNS Session 反向验证逻辑存在 N 倍放大的情形：假如某用户有 100 万个粉丝，在某些场景下，微博需要根据 UID（用户识别号）来反向查验，即通过该用户的 UID 反向验证每个粉丝是否关注了该用户。这种场景就适合使用缓存及 Bloom Filter 来优化逻辑，可以有效缓解调用放大[一]的情况，大大减少计算量，从而提升单机处理性能。

- 存储层：包括 KV 存储与落地存储。主要考察存储份数、每次请求大小、每次写入大小、数据存储格式与大小、可缓存场景、存储算法（如 LSM）等。

最后，可以建立资源指标与资源量的对应关系，即架构资源模型。同样以视频编转码为例，通过技术架构评审建立设备资源模型，如表 6.12 所示。

表 6.12　视频转码设备资源模型

业务 / 资源	资源指标 / 资源	指标代码或资源模型
视频转码	每天编辑上传视频文件量 / 个	A
	视频规格数 / 个	B
	视频文件平均大小 /MB	C
	每天转码文件量 /GB	= 编辑上传视频文件量 × 视频规格数 × 视频文件平均大小
	视频文件总存储量 /PB	= 转码文件量 × 存储份数
设备资源量	转码设备数 / 台	= 转码文件量 / 单机峰值转码能力
	存储设备数 / 台	= 总存储量 / 每 Set 存储量 × 每 Set 设备数

注：Set 是指独立管理单元的存储组。

以视频直播为例，通过技术架构评审，建立视频直播的带宽资源模型，如表 6.13 所示。

表 6.13　视频直播带宽资源模型

业务 / 资源	资源指标 / 资源	指标代码或资源模型
视频直播	同时直播节目路数 / 个 直播加速点数（回源路数）/ 个	M
	同时在线观看人数 / 万人	N
	直播平均码率 / (Kbit/s)	O
	P2P 贡献率 /%	P
带宽资源量	IDC 带宽 /GB	= 回源路数 × 同时直播节目路数 × 每节目平均回源带宽
	CDN 带宽 /GB	= 同时在线观看人数 × 直播平均码率 × (1–P2P 贡献率)

[一] 调用放大，指受理 1 次调用请求会触发 2 次或多次逻辑处理。

建立架构资源模型后，可以针对资源所涉及的每个影响因子进行合理性评审及提出技术优化点与优化空间。以视频直播带宽为例，可以考虑错峰运营，以减少同时回源的节目路数；在保障流畅体验的前提下，可以考虑适当自适应码率以降低峰值带宽；可以考虑使用 P2P 技术，由用户贡献部分带宽，减少服务器端带宽的使用，等等。

总结一下，架构资源模型法的评审路径如图 6.12 所示。

业务拆分 ▷ 资源现状 ▷ 业务架构/流量构成 ▷ 资源模型 ▷ 合理性及优化空间

图 6.12　架构资源模型法的评审路径

3. 海量业务技术架构应当支持服务有损

这里要特别针对互联网海量业务服务提出一个技术架构上的设计要求，即在**技术架构上一定要有容许服务有损的支撑设计**，这是海量业务技术架构评审中非常重要的一点。服务有损支撑指的是当某些异常情形（如资源受限、故障、意外）发生时，业务或产品支持使用预定的策略关闭非核心的功能模块或放弃某些附加的服务体验。有损支撑是互联网服务的核心技术价值观之一，即便在云时代也是如此。

典型互联网海量业务的访问请求形态有三种：高峰型、事件型及故障型，如图 6.13 所示。

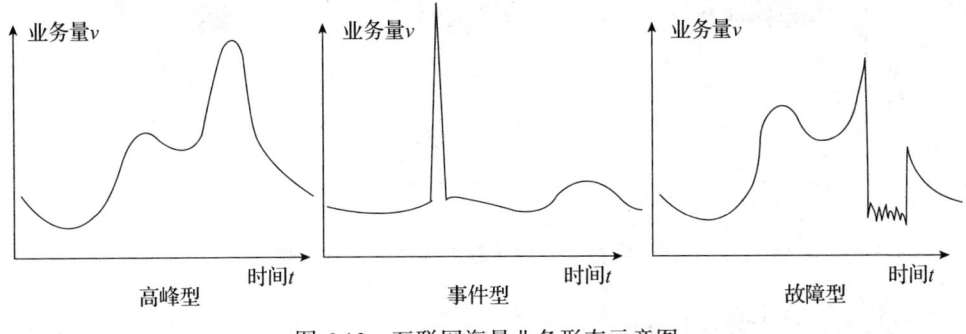

图 6.13　互联网海量业务形态示意图

高峰型是最常见的业务形态，由用户的使用时间与使用习惯决定，技术运营要考虑支撑好峰值时段的用户体验。对高峰型业务使用错峰调度及有损支撑，有助于提升资源利用率。

事件型主要是由突发事件、竞品业务竞争或者产品运营事件等造成的业务形态。如突发事件导致群消息猛增；爆款联名营销导致业务爆发性增长；"双11""秒杀""春节红包"等促销或节假日事件造成突发业务峰值。这类突发的业务峰值对技术运营挑战巨大，实施有损支撑来解决业务突出峰值问题显得尤其重要。

故障型的业务形态对于技术运营而言也很常见。故障往往无处不在（如图6.14所示），且难以全面预估或完全避免，但故障型业务形态可以通过架构冗余及有损设计的技术运营来有效缓解并提升保障度。

软件	硬件	网络	IDC	人
●软件缺陷	●服务器宕机 ●交换机故障	●专线中断 ●带宽跑满	●机架 ●IDC掉电	●不小心 ●策略错 ●手误

图6.14　造成互联网业务运营故障的可能原因

如果在技术架构上不考虑有损设计，业务运行将时刻面临成本飙升、过载雪崩、火情不断的困境。对于海量互联网业务，无损架构（即缺乏有损架构设计）面对的状况如图6.15所示。

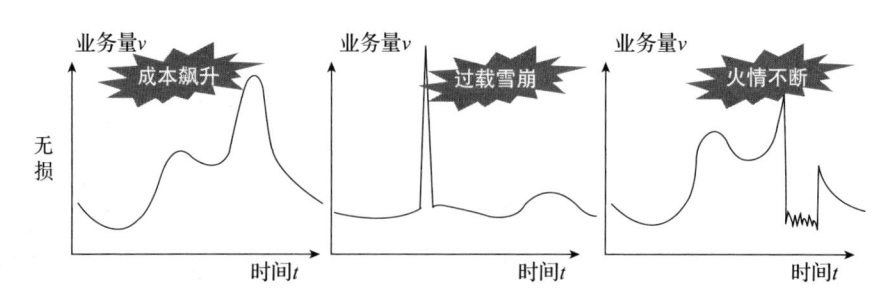

图6.15　海量互联网业务无损架构面临的挑战

反过来，对于海量互联网业务，在技术架构上做好有损支撑，则技术运营将做到收放自如，成本与体验俱佳，运营质量更有保障。在有损架构设计支撑下，前面3种情况的业务形态示意见图6.16中虚线部分。

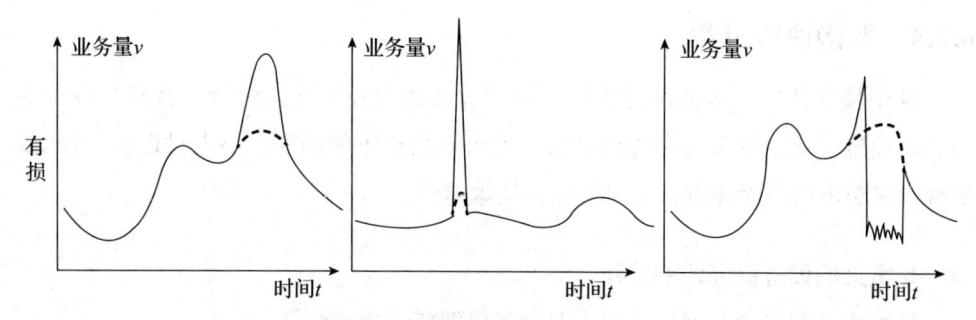

图 6.16　海量互联网业务有损架构支撑下的业务形态示意

因此，技术架构上可支撑有损服务，充分保障了海量业务的可用性与体验，并大大降低了运营成本。下面我们来看几个案例。

例如"秒杀"活动，这种突发峰值的事件型业务活动适合有损方案设计，包括如下两个方面。

1）柔性有损：
- 分布式排队计数，放弃严格抢购时序。
- 简化事务处理，中间错误异步修复。
- 在业务流程上体现柔性：如抢购预约码。

2）请求量超预期；进一步有损：
- 放弃按序排队，对 90% 的请求随机返回售罄信息。
- 高峰时处理降级，跳过非关键业务逻辑。

通过层层有损设计保护，保证了促销活动业务的高可用性和快速响应。否则，如果大量请求瞬间涌入，系统将被压垮，进而导致用户页面响应持续超时，用户则是怨声一片。

再例如出行软件发放大量补贴时期，业务的高速增长带来巨大挑战，对此，通过业务系统升级改造，使用有损技术手段与策略较好地解决了业务量爆发式增长导致的不稳定性问题，包括：柔性处理当前位置，显示当前附近可接单的车辆，通过高峰期算法实现降级分单，取消实时定位车辆的当前位置，等等。实施这样的有损设计，可以在不添加设备的情况下，满足 70% 以上的高峰请求。

6.2.3 架构评审过程

利用技术架构评审的两种方法，可对业务进行技术架构解析，特别是资源模型法，确定了业务的架构资源模型后，就可以按以下架构评审要点对设备、带宽、专线等资源进行全面评审，实现精细化技术运营。

1. 常见的设备资源评审过程

第1步　明确业务运行时的主要设备资源瓶颈所在。

在这一步中，技术运营团队需要从用户使用产品的角度划分产品功能块，梳理各业务功能模块当前使用的主要机型类别、单机性能模型、设备资源数量与占比、资源利用率等运营数据，确认业务运行时主要设备资源消耗的瓶颈所在，通过压力测试观察CPU、内存、磁盘IO、网络IO等哪个先到瓶颈。对于每个细分出来的业务功能模块，均需要给出技术架构图。

第2步　使用性价比最合适的服务器硬件机型来适配。

由于硬件发展非常快，每一年服务器的硬件类型几乎都会有迭代升级，因此，可以根据第一步的资源使用瓶颈，对照企业已发布的主流服务器设备标准与版本，看看是否有更合适的机型来适配。

第3步　从以下精细化技术运营评估点上逐个检查评估，具体如下：

- 是否可以减少不合理/不必要的调用请求量。

  这里是指要确认到达业务服务器的每个调用请求是否都是必需与合理的。我们要持怀疑的态度去看待当前到达服务器的调用量请求数，比如是否有一些盗链请求，是否是因为低俗、违规的内容带来的请求，某些产品的自动请求策略是否合理等。

- 是否可优化减少调用层级或减少调用放大。

  由用户视角出发划分的业务，无论大小都应列出技术架构图，并应梳理每一层的调用数。审视调用层级是否过多或者是否存在调用放大，探讨是否可能通过优化架构来减少调用层级，通过合并请求或者调整业务逻辑来减少调用放大。

- 分配到服务器上的调用请求是否均匀。

海量用户的业务，往往需要服务器集群来分担调用请求。此时，假定承载业务的服务器的能力是相同的，如果请求分配不均，则服务器的负载是不一样的：有些服务器已经满载或超负荷，而另外一些服务器则比较空闲。而多数时候，业务资源的扩容是按峰值负载的服务器来进行的，若调用请求分配不均，就很容易造成资源浪费。

为实现这种多机的负载均衡，网络层有很多算法：按用户 IP 地址进行哈希计算、按服务器最少连接数计算、按服务器最快响应计算，等等。为了确保灵活性与可控性，业务研发团队经常会自己在研发框架中实现负载均衡，比如使用 QQ 号段来分配请求，但这其实很可能是存在缺陷的（因为号段的活跃度是不一样的，有些号段用户请求很活跃，有些号段则不活跃），正确的做法是依据 QQ 号来做哈希均衡分布，让到达集群中每台服务器的请求更均匀。

- 是否可以使用缓存减少后端数据层的存储访问。

  对于业务架构，需要考虑多级缓存（如客户端缓存、服务器文件级缓存、Memcache/Redis 数据读写访问缓存等），以减少到达服务器上的请求或后端数据层的存储访问。对用动态数据生成的页面一样可以设置缓存过期（expires）时间，即使是 1s，对服务器处理性能也会有几何级数的提升。有效使用缓存还可以避免服务器响应慢时，用户不断尝试刷新、重试带来的恶性循环效应。

- 事务处理是否使用了异步调用或协程访问。

  在业务的事务处理逻辑上，确保尽可能避免同步调用处理，而应改用异步调用或协程访问，以防止事务处理性能低下导致的请求堆积、拥塞。研发产品时最好使用统一的异步处理调用框架，或考虑使用协程库。

  使用串行同步处理与并行异步处理不同框架的效率，可以通过日常生活中的例子来说明，比如 50 个人同时去体检，要做 N 项（$N \geq 3$）检查，若按先后顺序逐项去做，就是串行同步处理，那么可能每项检查都要排队。实际上，可以调整为在 N 项检查中挑选任一项，这就是异步并行处理，50 个人可以分为 N 个检查并行进行，显然，这种异步处理框架会高效很多。

- 网络连接是否恰当。

HTTP 的网络请求连接，可以有短连接与长连接之分。若使用短连接，高频交互应用的网络开销是非常大的，因为每次连接的建立要经历三次握手。对于需要频繁建立连接的情况，就应该考虑尽可能使用长连接。例如某大型应用为确保消息快速送达与收取，使用心跳信令保持长连接，避免了建立连接带来的网络开销。

- 网络收发包量是否合理。

  建立网络连接后，进行数据传输，对每次传送的包的大小及包量也需要仔细研究。使用过小的包尺寸进行数据传送，会导致包量过多，对网络 IO 及 CPU 消耗都会有影响；包尺寸过大，则网络时延会加大，网络传输的稳定性可能会受影响。

- 操作系统及其内核参数是否已做优化。

  默认的操作系统开启的服务、内核参数等为最大化适配各种应用场景，考虑了很多兼容性及通用性，针对我们真正的业务场景往往存在较大的优化空间。在技术运营时，要充分考虑默认操作系统服务模块的必要性，比如声卡、蓝牙的支持，NFS 服务等，关闭不必要的服务，很多带有默认值的内核参数（如 net.core.somaxconn、net.ipv4.tcp_syncookies 等）需要依据业务特性进行适当优化。

- 数据访问是否存在"冷""热"之分。

  多数情况下，存储的数据是有"冷""热"之分的，即被大量用户高频次访问的数据为热数据，而被较少用户低频次访问的数据为冷数据。热数据多为新数据，随着时间的推移，热数据往往会转变为冷数据。对于热度不同的数据，性能要求是不同的，应考虑使用不同 IO 能力的存储硬件来支撑，以精细优化成本。

- 数据存储的内容、格式/编码、份数是否合理。

  在存储方面，精细化的运营要点也很多。要仔细研究具体存储什么，能否减少存储的内容，包括冗余字段是否有存储的必要、能否通过 Bitmap 格式来精简存储等。其中 Bitmap 精简化存储内容很关键，比如在数据库中存储用户的性别，可以有几种方式，一种是存储"男"或者"女"，另一种是存储字母"F"或者"M"，还有一种是存储"0"或者"1"。哪个节省存储空间？是不是 0 和 1 最简单？因为存储它只要一个很短的整型数就可以，而使用 F 和 M 的话，就需要字符型存储。

有时候，对于数据存储可以做一些格式转换。格式是数据存储编码的方式，比如存储一张图片，编码格式有很多种（如 jpeg、GIF、PNG、WebP 等）。实际上，由于编码算法不一样，同一张图片在质量相同的情况下，格式不同，大小也不同，比如在同质量的情况下，WebP 格式的图片比 jpeg 格式的图片要小 30% 以上。由此可见，使用合适的存储格式能够大大减少存储量。

存储份数一方面要考虑容灾的需要，另一方面是为了满足用户的快速访问体验，即将同样的数据存储很多份，放在离用户最近的地方，供用户访问。对用户体验与数据存储成本需要做适当的权衡，特别是对于热度不同的数据，存储份数及压缩比可以考虑区别对待。

第 4 步 从管理策略与措施上进行提升，具体包括：

- 是否可以使用**新服务区**或**长尾服务区**进行业务上线或下线管理。

  新业务上线后能产出多少业务量很难预测，甚至有可能这个新业务根本就没发展起来，或者使用这个业务的人并没有预想的那么多。如果为这样的新业务申请了太多设备资源的话，就会产生浪费。实践经验表明，新功能服务或者新产品成功率还是非常低的。所以针对新功能、新业务，可以设立一个服务专区（新服务区），专门用来上线新业务服务。也就是说，正常情况下新业务服务不会单独部署，除非它的请求量或者调用量达到了一定程度，才单独拿出来部署。新业务服务默认统一部署到新服务区，真正发展比较好后再单独部署，这就是新服务区的管理。另外，对于长尾业务则相反，当业务进入衰退期，请求量降到某个级别时，就把它收归到长尾服务区去提供服务。

- 容灾备份系统或区域可否用于运行离线业务。

  生产系统中往往还有容灾区域，这个容灾区域平时可能不提供服务，可以用来运行一些离线业务或者运营支撑服务。

- 资源供给能力是否可以进一步提升，降低容量的水位线。

  资源供给能力也是精细化运营要考虑的方面。承载业务的资源往往是按峰值准备并考虑了一定的弹性容量空间（即资源容量有一个水位线，超越该水位线即需要进行扩容）。对于业务资源扩容，上云是一种很好的方式，按需获取；还有一种方式，通过采购服务器进行扩容，是1天就可以供给到，还是1个月可以供给到？如果有很好的供给能力，就可以提高容量水位线，平时就不需要准备多余的资源。

2. 常见的带宽资源评审过程

第1步　从业务视角梳理清楚带宽构成，确定带宽消耗量大的业务。

在这一步中，技术运营团队同样需要从用户使用产品的角度划分产品功能模块，梳理清楚各业务功能模块当前使用的带宽构成，包括带宽类型、带宽用量、来源场景区分（如文章正文还是对话、图片还是视频、原图还是缩略图、jpeg格式还是GIF格式等），确认带宽消耗的主要业务及场景形态。

第2步　按业务建立带宽资源模型，明确带宽消耗因子。

通过第1步中找出来的带宽消耗主力业务，分析影响带宽的因子，建立带宽资源模型，最好描述成带宽计算公式。

比如某大型应用的视频，它的带宽消耗影响因子主要就是峰值时段的视频下载次数和视频平均大小，精细化优化就要考虑怎么减少视频峰值时段的下载次数或者减少平均大小。所以明确了带宽因子、计算公式之后，就很清楚怎么优化带宽了。

第3步　从以下精细化技术运营评估点上逐个检查评估，具体如下：

1）减调用量类

- 是否可以减少不合理、不必要的调用请求量（如盗链、低俗、重复的请求等）。

  确认到达服务器的调用量请求数的合理性，比如是否有一些盗链请求，是否因为低俗的内容带来请求，一些产品的自动请求策略是否合理，等等。减少不合理的调用请求，不仅可以降低服务器处理请求的压力，还会节省带宽资源的消耗。这种盗链、低俗、重复等不合理的请求，是产品安全团队努力打击的目标。

- 是否可以使用客户端缓存数据。

使用客户端缓存，同样不仅可以减轻服务器资源的压力，也可以减少带宽资源的消耗。比如为页面设置缓存过期后，请求时服务器只需要响应内容过期时间是否达到，在缓存有效期内，并不需要重新处理及拉取内容。

- 避免多次中转调用或多次代理访问。

  在某些业务场景中，比如 VOIP 业务或 CDN 回源中转，为了解决用户访问的连通性、稳定性与速度问题，会用到服务器中转技术，即通过服务器的网络（公网或专线）来转接请求或代理请求。在使用服务器进行这类中转请求时，每一次中转都会增加一次带宽消耗。因此要设法避免多次中转的情况，比如 VOIP 业务在同一运营商网络下可以考虑使用直连来避免中转造成的带宽消耗；通过 CDN 访问冷数据时可以通过 302 跳转避免代理造成回源带宽消耗。

- 是否可以启用 P2P（Peer-to-Peer，点对点网络）技术来访问服务。

  P2P 技术会使用客户端的带宽，可以大幅节省服务端的计费带宽。什么情况下适合启用 P2P？其实 P2P 技术已经非常成熟，应用场景非常多，现在一般的大带宽消耗的业务（如视频点播、视频直播、软件更新、游戏包下载、广告素材预下发等）都可以考虑使用 P2P 技术。比如，一个热门游戏发布或游戏包更新，大家都需要同时更新下载的时候，就可以使用 P2P 技术，这对于降低带宽消耗及削减带宽峰值非常有效。因为 P2P 是由用户来提供带宽，降带宽及削峰效果明显，但在移动互联网时代面临巨大的挑战，因为手机用户往往比较反感业务在后台通过终端上传消耗流量，所以在移动互联网时代，要慎重考虑 P2P 的使用条件。

2）减数据传输大小类

- 是否可以减少每次请求的数据量。

  考虑精简用户请求的数据字段或者协议包头，设法减少每次请求的数据量，从而提升用户访问速度体验，减少带宽的使用。例如游戏 LOL（League Of Legends，英雄联盟）在精细化技术运营中曾经发现历史版本的协议中，有一些弃用了的、不必要的协议包头，精简后竟然可以降低多达 10% 的带宽占用。

- 是否可以减少传输大小（如编码格式、压缩算法）。

编码格式与压缩算法非常影响传输效率，如果方法得当，不仅可以大幅降低数据存储的大小，还可以大幅度降低网络带宽的占用，特别是对于图片与视频这些富媒体数据，使用不同的编码格式与压缩算法，效果有明显的差别。比如，视频的H265压缩编码，相对于H264，压缩体积后大小可以减小30%。

- 是否可以按需请求合适的内容（控制缓存/缓冲）。

  控制对缓存/缓冲的空间使用量，按需请求合适大小的内容，而不是一次性拉取所有内容，包括用户不需要的内容。举个例子，大家可能用过QQ音乐，我们经常用它来试听一些新歌。早期版本的QQ音乐在点击歌曲试听后，会把整首歌下载下来。然而更多的实际情况会是，我们只听了几秒钟之后，可能会因为不喜欢或者听过了就不再听了，那么下载整首歌是不必要的，浪费了带宽资源与服务器能力。如果使用缓冲控制技术，实现按需请求，即下载的内容量比用户的播放量"快"一点就足够了，这就可以大幅节省带宽资源，甚至服务器资源。当然，技术的实现上要复杂得多。

3）削峰类

基本上，所有运营商给企业的带宽计费都是按最高的峰值点来计算的，所以技术运营的优化可以考虑削峰，尽可能把高峰值降低。

- 业务是否可以适当削峰（如高峰期降码率）。

  晚上8:00～晚上10:00一般是业务的带宽高峰，因为是休息时段，所以大家有时间使用各种互联网业务服务，这个时段带宽压力往往非常大。如何在降低峰值带宽消耗的同时又不影响业务？实际上这是可以做到的。比如在带宽峰值时段，用户观看高清视频，业务系统此时可以默认转换为标清视频规格，用户对此一般是可以接受的，因为用户理解这时是高峰期。

  另外一个是下载情形，用户看的视频有时候是先缓存下来，方便在地铁、公共汽车上看。有很多用户在流量高峰期也会点击缓存下载，此时业务系统可以实施高峰期下载速度限制（限速），这种情形用户也可以接受与理解。

- 是否可以错峰使用（如预下载、灰度推送更新包）。

  错峰使用是让预期的业务带宽使用发生在带宽低谷期，避免高峰期带宽叠加。特别适合活动类的带宽使用，通过闲时预推或者预下载来实现错峰使用带宽。例如，微信在春节期间会推出一些活动（如摇红包），涉及很多活动素材内容。如果等活动开始时再下发这些素材内容的话，带宽占用量就会很高。一般在活动开始之前（一周），业务部门会把素材内容在带宽闲时推送到用户的手机终端缓存起来，这样用户参与活动的时候，本地端已经有那些素材了，活动时只需要发送与接收信令就可以了，不仅用户体验好，同时带宽消耗不会有太高的峰值。

还有灰度发布也是错峰或平抑带宽峰值的一种有效措施。热门应用或产品推出新版本时，大多数用户都会更新。如果用户在同一时间更新，带宽的峰值就会很高。采用灰度控制以及避开高峰时候更新，带宽使用的高峰期就会得到控制。按计划控制灰度更新，先推一部分用户，再推另一部分用户，相对来说带宽消耗是平缓可控的。

需要注意的是，不管是错峰使用还是灰度发布，总体带宽使用的统筹调度很关键，要精细地做好业务带宽预估、灰度发布或预推计划。

第 4 步 从管理策略与措施上进行提升，具体如下：

- 是否可以使用更便宜的带宽类型（如 CDN 或合作免费带宽）。

北京、上海、广州这些一线城市由于离骨干节点近，带宽优质，价格都比较贵，但是到二、三、四线城市，带宽就相对便宜得多，适合部署就近服务用户的 CDN 加速节点。因此可以考虑尽量将带宽挪到二、三、四线城市去，这样带宽成本会节省很多，甚至可能不到一线城市的 1/3。

像今日头条这样具有丰富内容的互联网服务公司，很多中小运营商（如长城宽带、中信、铁通、鹏博士等）愿意提供免费的 BGP 对等网络带宽，一方面为自己网内的用户解决访问体验问题，另一方面也大幅降低该中小运营商自身的互联网出口带宽费用。使用好这部分免费合作带宽，不仅提高了中小运营商用户的体验，也降低了企业的带宽资源成本。

- 是否可以调整产品策略。

产品策略可能会严重影响业务的带宽使用，比如是否可以调整视频的清晰度（码率），是否自动播放视频等。以朋友圈小视频为例：关闭小视频自动播放功能，其带宽使用影响接近 50%；考虑满足用户小视频全屏高清观看体验，提供全屏高清小视频上传与播放服务，则带宽使用影响超过100%。

3. 常见的专线（DCI/MAN）资源评审过程

专线资源评审与带宽资源的评审非常类似，主要从减量（减传输调用次数）、减大小（减每次传输的大小）、柔性削峰出发，但也有不同：专线对外是按建设容量付费，而非使用量付费；专线有QoS（服务质量）等级的区分等。一般可以按照以下步骤及评审点进行专线架构评审。

第1步　厘清业务的专线流量构成。

技术运营团队需要从用户使用产品的角度划分产品功能模块，梳理清楚各业务功能模块当前使用的专线流量构成，包括专线架构、专线用量、来源场景、流量方向、服务等级等，确认专线消耗的主要业务、场景形态、流量等级等。

与带宽资源不同，梳理专线流量除了需要细分到业务外，还需要明确专线流量的方向与服务等级。

第2步　建立专线流量模型，明确专线流量的影响因子。

将第1步中找出来的专线流量主要业务进行架构分析，确定传输数据的内容字段、影响因子等，建立业务专线流量模型。

例如，峰值时段下运维日志业务专线流量的影响因子为同步条数与日志平均大小；峰值时段下数据库业务专线流量的影响因子为同步写入次数及平均写入大小等。

第3步　明确专线流量的服务等级（金牌、银牌、铜牌）。

这是专线与带宽资源最为不同的地方。由于专线属于稀缺性资源，建设与扩容的难度大、时间长，因此需要依据流量的保障级别不同区别对待。

业务专线流量的服务等级确定需要基于若干维度综合考虑，如表6.14所示。

表6.14　服务等级判定与案例

分类	金牌	银牌	铜牌（默认）	备注
通信内容/场景	支付、信令、登录鉴权、验证码、账号信息、关系链、DB写入、文本、索引等	富消息（语音、图片、视频）、反外挂、索引	文件类（日志、语音、图片、视频、其他文件），非生产系统线下数据、其他未注明	优先考虑

（续）

分类	金牌	银牌	铜牌（默认）	备注
通信实时性要求	实时	准实时	非实时	—
流量来源	在线/业务产生	离线/业务产生	离线服务/运维	是否与用户直接相关
通信方式	直接读写	同步镜像	公网代理/回源请求	—
架构能力（是否支持有损）	不支持	不支持	支持	—

专线流量的服务等级需要技术运营团队与业务需求方共同商定。

第4步 从以下精细化技术运营评估点上逐个检查评估。

1）技术架构冗余类

- 是否可以使用更低服务级别的专线流量。

  如果业务技术架构可以调整，支持有损服务，那么可以考虑使用更低服务级别的专线流量来支撑。

- 是否可以使用公网传输。

  如果业务技术架构允许数据流量通过公网而非专线来进行传输，例如某些加速回源的流量，当公网流量成本较专线流量成本更有优势时，则可以考虑使用公网传输来满足。

2）减传输调用量类

- 是否可以减少不合理或不必要的传输调用请求量（如重复）。

  例如，多个业务团队对同一份数据的重复请求或者拉取。这里需要加强业务团队之间的沟通及拉取接口的调用权限控制。

- 是否可以减少流量穿越。

  同一业务服务的接入层、逻辑层与存储层分布的不合理，比如业务架构的各层分布不在同一个Campus（园区）或Zone（城市），就会产生专线流量穿越，这时就需要调整分布来减少穿越。通过梳理技术架构很容易发现这类分布不合理的情形。

  例如：在安全风控业务服务中，收集数据的模块分布在多个城市，上报数据集中的存储模块分布在其中一个 A 城市，然而数据分析处理模块又分布在另一个 B 城市，这样的分布架构就导致了多次的流量穿越，需要通过调整服务架构分布来尽可能避免。

3）减数据传输大小类

- 是否可以减少每次请求的数据量。

  与带宽类似，通过精简业务拉取请求的数据字段，设法减少每次请求的数据量，从而减少专线流量的使用。

- 是否可以减少传输大小（如压缩、编码格式）。

  与带宽类似，通过对需要传输的数据进行压缩，尽可能减少数据存储与传输的大小，从而减少专线流量的使用。

4）削峰类

- 是否可以错峰使用。

  与带宽类似，对一些离线计算的业务或非实时需要的业务数据进行传输与拉取，可以避开专线流量的高峰期使用。

  一般而言，专线流量高峰期与带宽类似，出现在晚上 8:00 ～ 晚上 11:00 之间。

业务技术架构评审一方面有助于业务侧定期审视互联网业务或产品快速发展与成长过程中资源的合理使用情况，使之"跑得快，还要跑得稳，同时成本效益是最大化的"，另一方面，也有助于业务侧对所负责业务技术架构的全局把握，了解与同行竞品、企业同类型或不同类型业务之间的优劣、差异，不断优化，从而提升业务运营水平，提高资源运营效率。

另外，评审过程有助于管理者加深对业务的了解，可以更好地平衡业务发展、运营效率与运营成本之间的关系，评审过程中建立的架构资源模型可用作申领审批及预算编制管理的重要依据，架构资源模型与评审结果更可以帮助持续跟踪业务发展变化的情况。

技术架构评审可以实现持续的正向循环反馈，大大助力互联网业务运营，解决企业管理者的困扰并帮助决策，值得持续探索。

6.3 技术运营优化

技术架构评审是精细化技术运营的手段，而产品体验优化、用户价值提升及成本优化控制则是精细化技术运营的目的。

6.3.1 优化必要性

技术运营优化的必要性体现在两大方面：给用户带来价值，提高产品竞争力。

1. 持续改进提升产品体验，给用户带来价值

好的产品会自己说话，用户会有舒适的使用体验，愿意口口相传。下面以微信产品为例，来说明优秀的产品体验表现。

- 有效解决用户的某个或某些问题、烦恼、痛点。

  微信极大地改进了用户之间的沟通（消息收发）体验，帮助用户展示想法与了解朋友状况（朋友圈），方便用户快捷地支付或转账（微信支付/红包）等。产品的技术运营首要考虑的是能否帮到用户。

- 极简设计。

  用户体验设计大师、认知科学家唐·诺曼提到，在设计与人之间，人是不会错的，错的是设计。产品设计模型与用户使用模型两者的汇通是通过设计来呈现的，只有上手就可用的设计才是成功的，若要通过看说明与手册才会用，这样的产品设计本身已经失败了。用过 iPhone 的读者知道，iPhone 并没有"使用手册"。同样，在微信产品的设计中，处处遵循"极简设计"的原则：比如摇一摇就能找到附近的陌生人聊天，按下"按住说话"按钮就能发语音，不需要输入文字。在进行技术运营时，少即是多，可以推进简化的产品架构，优化业务中复杂的逻辑。

- 服务快速响应。

  用户无法忍受糟糕的响应及漫长的等待，2009 年的 PC 互联网时代，Akamai 就有研究表明，网页响应时间可容忍的阈值是 2s，一旦网页响应时间超过 3s，就会有 40% 的用户放弃浏览页面，一年之后，超过 3s 放弃浏览页面的用户比例上升到了 57%。显然，用户的期望仍在不断提升，在移动互联网时代，对于智能手机上的服务响应，60% 的用户希望在 3s 或者更少的时间内加载显示，74% 的用户表示，当单个服务加载时间花费 5s 或者更多时，会选择离开或弃用服务。例如，微信的消息收发，就是通过一切可行的技术运营手段（分布式就近接入、专线同步、高性能架构、领先算法与存储模型等）实现消息尽可能实时送达。

- 服务稳定、可靠及安全。
  服务的稳定、可靠及安全指的是所提供的服务让用户随时可用，同时尊重用户隐私，保护用户数据，不骚扰用户，减少用户的困扰。微信产品采用一切可行的技术运营措施（如分布式容灾架构、加密冗余存储、打击谣言/低俗/诱导/违法等），确保用户服务的稳定性、可用性、可靠性与安全性。

- 用心为用户着想，帮助用户节省时间与成本。
  例如，微信不断使用技术手段优化图片、视频的大小，控制请求重试次数或拉取大小，减少流量开销，避免"浪费流量"；控制微信客户端的 CPU 占用/内存运行、控制耗电；控制客户端安装包的大小、控制客户端使用存储空间的大小，等等，倾尽所能为用户带来良好体验。

2. 优化企业运营成本，提高产品竞争力

优化运营成本的重要性不言而喻。先来看一组公司财报中的收入与成本数据示例，如图 6.17 所示。

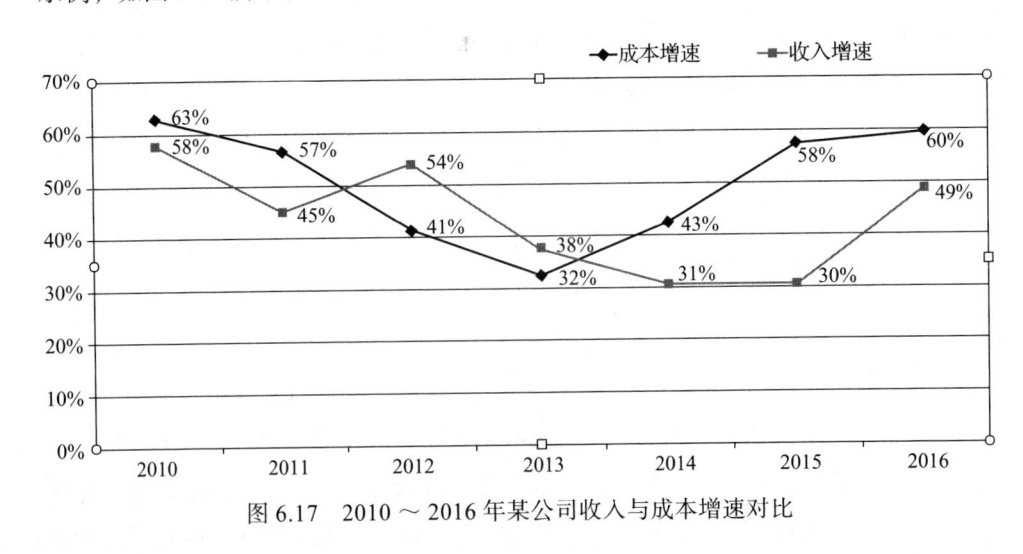

图 6.17　2010～2016 年某公司收入与成本增速对比

从图中可见，该公司面临成本快速增长的压力。一般地，一家企业的成本增速要尽可能低于收入的增速，否则企业利润将受压。企业运营的利润好，不仅员工会有良好的收入及福利，股东的回报也会非常可观，同时，企业也有能力承担更多的社会责任，企业运营肯定会进入很好的正向反馈之中。相反，一家没有利润的企业，长期而言，对员工、股东、社会都会有负面影响。

控制企业运营成本不只是管理层的责任，实际上，每位员工都要有成本意识。以前，后端的研发与技术运营团队等对成本的关注度不够，在精细化技术运营中，成本优化与控制则是要强调的工作方向与重要内容。

6.3.2 精细化技术运营的方法论

至此，我们阐述了运营效率监控、技术架构与运营效率的关系以及通过实施技术架构评审来达成技术运营优化。下面总结一下精细化技术运营的方法论，如图 6.18 所示。

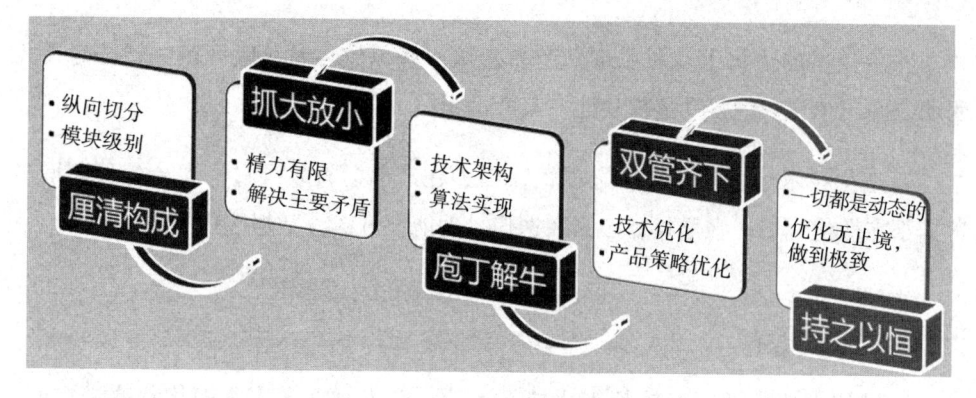

图 6.18 精细化技术运营方法论

不管是设备还是带宽或专线资源，都需要明确它的数量与成本构成，从用户的视角将它们划分清晰。

之后，要抓住最重要的部分（主要矛盾）优先进行优化。因为技术运营的人力投入是有限的，要考虑投入产出比。以微信公众号文章中的 GIF 内容为例，7% 的 GIF 请求却占用了公众号服务 60% 以上的带宽，只要把 GIF 格式调整成其他格式就可以显著降低带宽。但不能由此而放弃其他的矛盾部分，技术精细化运营要循序渐进、精益求精。

在实施技术运营的过程中，要深挖每一个算法实现。这里也举一个例子：微信中的微信运动功能，有一次其业务部门提出需求，称使用微信运动的人越来越多，其服务请求已经顶不住压力，需要扩容、加机器。通过技术架构评审，了解到该服务用到的技术实现是给每个微信运动用户排一次序。以前是对 100 万用户排序，现在是对 800 万用户排序，这么大的排序计算量，肯定要进行资源扩容，否则无法支撑功能运行。后来技术运营团队要求深入研究它的算法：优化为不按用户做单个排序，而是做一次全局的排序，通过算法从这个全局排序中将单个用户的好友抽取出来（每个用户的排序只是这个全局排行榜的子集），这样就能实现同样的功能。当然，参与这次全局排序的人数会非常多，消耗的资源也会多一些，但在全局排序完成之后，每个用户的排行榜也出来了。结果就是使用这种全局排行榜算法，微信运动根本就不需要扩容，而且不管未来有多少用户，也不需要过多扩容，这就是通过算法实现的精细化技术运营优化。

除了技术的优化上，还要推动产品去做一些极致运营策略调整。就像是否关闭朋友圈、小视频的自动播放功能，是产品策略的优化问题。

精细化技术运营优化要持之以恒，因为在产品运营发展过程中，各种环境与数据都在变化：用户在增长，产品在迭代，功能在升级，数据在积累……

6.4 项目推动

通过技术架构评审实施精细化技术运营，会发现业务有很多优化改进空间。这些优化改进空间往往是共性的。技术运营的管理部门有责任牵头，建立基线、树立标杆，将这些共性优化点在全企业范围推广开来。

这些需要在全企业范围推广的技术运营点，一般是以联合项目的形式，多部门跨团队来推进。例如可以建立如下联合项目：

- DCI 专线流量优化项目。
- DC 带宽跨城调度优化项目。

- IDC 裁撤置换项目。
- 运营成本优化项目。

6.5 本章小结

本章详细阐述了精细化技术运营实现的方法论。我们可以通过获取运营效率数据，结合技术架构评审，进行分析与建立架构资源模型，深入研究每一个技术细节，实现技术运营优化。

第 7 章 Chapter 7

实 战 案 例

> 知彼知己者，百战不殆；
> 不知彼而知己，一胜一负；
> 不知彼，不知己，每战必殆。
> ——《孙子兵法·谋攻篇》

本章将从构成运营成本的主要运营资源（设备资源、带宽资源、专线资源）出发，以实际案例介绍精细化技术运营实施的内容。

需要注意的是，精细化技术运营的目标是创造价值，而不是摧毁价值。进行精细化提升时要注意度的把握，切忌为了精细化而过度精细化，导致得不偿失。对于价值增加没有帮助的精细化工作要大刀阔斧地砍掉。

7.1 设备资源精细化技术运营案例

2015 年 7 月 22 日，微信朋友圈图片显示出现"清账"故障，即朋友圈的图片不能正常显示，取而代之的是显示一张张列有"清账"两字的粉色图片。虽然故障持续的时间只有短短几分钟，但影响面却十分之广，引发各种猜想。针对该故障，知名自媒体作者 Fenng 在公众号"小道消息"（现改名为"小众消息"）中发布文章《微信居然也会缺少服务器资源，你信么？》展开过讨论。

后来确认，问题产生的原因是少数服务器升级，但也反映出设备资源容量保障对业务的支撑十分重要，对业务的技术运营精细化还没有做到足够好。如何保障业务发展需要的资源，在确保用户体验的同时充分利用好资源、控制好运营成本，是设备资源精细技术运营需要持续探索的关键。

7.1.1 设备资源精细化技术运营要点

我们在第 6 章提过设备资源精细化技术运营的方法论与评审步骤。这里列出要点如下：

第 1 步　明确业务运行时的主要设备资源瓶颈所在。

第 2 步　使用性价比最合适的服务器硬件机型来适配。

第 3 步　从以下精细化技术运营评估点上逐个检查评估：

- 是否可以减少不合理 / 不必要的调用请求量。
- 是否可以减少调用层级或调用放大。
- 分配到服务器上的调用请求是否均匀。
- 是否可以使用缓存减少后端数据层的存储访问。
- 事务处理是否使用了异步调用或协程访问。
- 网络连接是否恰当。
- 网络收发包量是否合理。
- 操作系统及其内核参数是否已做优化。
- 数据访问是否存在冷热。
- 数据存储的内容、格式 / 编码、份数是否合理。

第 4 步　从管理策略与措施上进行提升，包括：

- 是否可以使用新服务区或长尾服务区进行业务新上线或下线管理。
- 容灾备份系统或区域可否用于运行离线业务。
- 资源供给能力是否可以进一步提升，降低容量的水位线。

根据以上思路与要点，下面将通过某大型即时通信系统的多个业务实际案例来阐述如何进行设备资源精细化技术运营。

7.1.2 管理消息

某大型即时通信系统的消息收发业务是该产品的核心业务,也是设备资源使用量的头部业务,因此对该业务功能的技术运营有着重要价值。通过架构评审,技术运营团队发现了该产品消息收发存在的三个问题:调用关系复杂、请求分布不均、资源使用瓶颈不一。团队对这三个问题进行深入分析,并找出了技术运营优化方案。

1. 调用关系复杂

为什么说调用关系复杂呢?该产品的消息收发分为两种情形:单聊与群聊。单聊指的是用户 A 和用户 B 之间发消息,群聊是单用户在群里面对 N 个用户发消息。我们来看相对简单的单聊消息发送过程,涉及的业务微模块如图 7.1 所示。

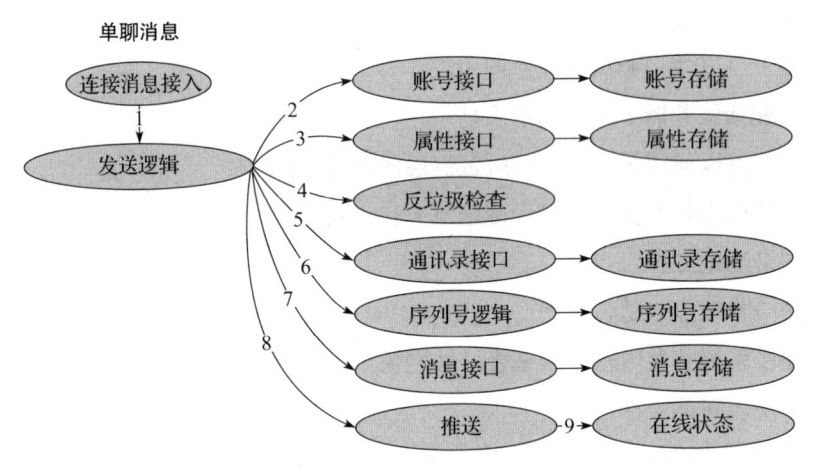

图 7.1 某大型即时通信系统单聊消息发送微模块

单聊消息发送实际上至少有 9 个步骤:发一条消息,系统在后台要处理 9 次以上。连接消息接入,发送消息的逻辑模块,在逻辑模块之后进行鉴权(账号存在与否、账号属性是否正常)、安全检查(是否存在垃圾、是否有害等)、收消息人检查(通信地址)、生成消息序列号(确认不丢消息及消息有序拉取)、存储消息体、发送新消息通知及标识在线状态等,可见调用关系是非常复杂的。

因此,针对复杂调用关系的业务逻辑进行优化,涉及:调整 RPC 接口与后台数据存储访问，合并 RPC 调用；缩减模块，减少调用层次；在逻辑层引入强一致性缓存，减少账号存储（mmnewaccountkv）/属性存储（mmnewattrkv）等模块持久数据的 RPC 访问；分离冷热数据，使用低 IO 大容量存储支持冷数据的 RPC 访问等。这些精细技术优化在 2014 年实施时，该产品业务节省的服务器设备资源量超过 400 台。

2. 请求分布不均

该产品消息的收发是多机集群处理的，原来消息处理请求是按号段进行分布，集群端进行处理（逻辑与存储）的每台服务器负载很不均匀，在有些服务器资源的利用达到瓶颈时，另一些服务器资源却还很空闲，需要将请求均衡地分布到机器上面。针对该产品消息收发的请求分布不均的情况，实施了以下技术优化：消息的键值存储由按分号段存储改为一致性哈希存储，使得每台机器的负载更均匀；有些服务（如三园区容灾）原是串行处理的，通过优化容灾架构，改用异步队列进行 IO 改善。这些精细技术优化在 2014 年为该产品节省设备资源量近 500 台。

3. 资源使用瓶颈不一

该产品消息的收发实时性要求高，为了极速响应，将消息服务模块（如在线状态、账号信息等）对应的每个键值对都放入内存，海量键值对需要多台服务器来存放，显然提供消息收发服务的服务器资源瓶颈在内存上；有些服务模块（如消息接入、序列号生成、消息存储等）的资源瓶颈则在 CPU 或磁盘存储上，而且在不同时间消耗的资源量不同。针对资源使用瓶颈不一，采取的技术运营优化措施包括：适当将冷数据的键值对落地到磁盘上，可以缩小内存容量；考虑将零散的小模块合并到一起，使资源充分利用；使用技术方法解决多个业务合并存储时其中某个业务突变引起扩容的问题；针对不同时间消耗的资源量差异，实施业务混部（资源混合共用）与错峰调度。关于错峰调度，我们 7.1.6 节还会用详细的案例来阐述。通过解决资源使用瓶颈不一及业务错峰调度的精细技术优化问题，2014 年该产品节省服务器资源量超过 250 台。

4. 其他的优化措施

还有一些其他的技术运营优化措施，包括：

- 操作系统优化及 RPC 框架性能改进。例如，原来该产品业务在服务器基础操作系统层面的单机性能比较差，每台服务器只能处理不到 100 万次 /s 的消息调用量，通过使用 Tlinux（公司服务器系统团队推出的精简优化版操作系统），单机性能提升到近 200 万次 /s。2014 年对该产品业务的单机性能进行改进优化后，节省的设备资源量超过 3000 台。
- 服务器的容量管理优化。通过增强业务资源的快速扩缩容能力，进一步提升了资源容量水位。
- 新业务服务区及长尾服务区的管理优化。制定并强化执行业务进入（或迁出）新服务区（或长尾服务区）的请求调用量阈值标准，减少了不必要的资源浪费。

7.1.3 管理收藏

某大型即时通信系统中，收藏指的是当用户看到有价值、有意义或需要备忘的信息（无论是消息、视频、文档还是公众号文章）想保留时，系统为用户提供的指定信息存储及后续查阅服务（如图 7.2 所示）。这里主要介绍如何对收藏视频进行精细化的技术运营优化。

图 7.2　某大型即时通信系统的收藏功能使用示意

视频收藏服务及其后端存储设计遵循"一切以用户的价值为依归"的原则，需要考虑用户收藏视频后可以便捷地播放观看。最初的视频收藏服务设计形态是用户可以在收藏列表里直接播放。

这个服务设计看上去没有问题，但从精细化运营的角度来看却有非常大的优化空间。由于该系统收发的消息（视频也是一种消息）都是加密的，在收藏列表里直接播放视频，系统要进行消息解密并另外存储一份解密后的视频。也就是说，实现视频收藏功能不仅要进行解密，还要为提升体验多设计一份存储空间，并且要确保收藏数据的高可靠性，系统还要使用分布式存储多留存几份副本。另外，收藏服务与消息收发不同，消息最多只在服务器上存储三天，而收藏的内容是需要永久保存的，不会删除。视频收藏这个"便利性"服务能力设计造成的结果就是仅 2016 年额外带来 7PB 以上的存储量。1PB 是 1024TB，当时的服务器硬盘容量一般是 2TB 或者是 4TB，其中 2TB 硬盘还是主流。该业务当时单存储集群规模是 20 台存储服务器提供 150TB 存储量，7PB 以上的存储量相当于需要 1000 台存储服务器，这是一个很大的资源数量。由于要永久保存，随时间的推移，存储规模还会持续增长。

经过对视频收藏的运营数据统计分析，技术运营团队发现用户真正在收藏列表里触发的播放并观看的请求，一天只有几万人次。也就是说一天最多只有几万人会在收藏列表里直接观看保存的视频，公司却花了 7PB 以上的存储成本，这个性价比太低。

技术运营团队开始推动产品与研发进行视频收藏服务的策略调优及播放逻辑改造，优化在收藏列表中的视频播放架构及能力。优化完成上线后，针对收藏功能减少了 7.8PB 的存储服务器资源。这也是通过数据驱动业务进行技术运营优化实现成本优化的例子。

7.1.4 管理朋友圈

某大型即时通信系统的朋友圈是该产品最为重要的服务之一，帮助用户向好友展示身边所见所闻，分享自己的想法及心情、状况等，同时便于用户了解好友的状态、观点等。朋友圈功能与收藏功能类似，数据"永久"保存于服务器端，不会删除。

朋友圈的产品形态很特别。细心的读者会发现，用户发一条朋友圈，实际上是先在用户自己的个人相册里存一条记录数据（参见图 7.3a），但同时会往该时刻、允许查看其朋友圈且未屏蔽该用户的好友时间线（timeline）上插一条索引数据（参见图 7.3b）。

a）相册（用户本人发表的朋友圈消息）　　b）朋友圈/信息流（用户的好友发表的朋友圈消息）

图 7.3　某大型即时通信系统的朋友圈

下面重点解析一下朋友圈这两个功能：

- **用户个人发表的朋友圈消息记录，即相册**。这里保存了自该用户发表第 1 条朋友圈以来的所有朋友圈消息。用户发表的朋友圈消息中，图片与视频类两类消息占比超过 90%。用户相册存储的消息数据，访问频率相对不高，但用户一般很少删除，它是永久保存的，且消息数量持续增长。这个相册消息数据存储量是巨大的。

- **我们平时所刷的朋友圈信息流，即朋友圈**。朋友圈按时间线倒序，列出该用户的好友在对应时刻分享发布的信息（文字、图片、视频、音乐、链接等）索引记录。朋友圈只会存放 2000 条索引记录，因此需要的存储空间不会有太大变化，但它的用户访问频率高，经常被刷新访问（用户如果要看 2000 条以外的朋友圈消息，只能点开到某个好友的个人相册才能看，参见图 7.4）。

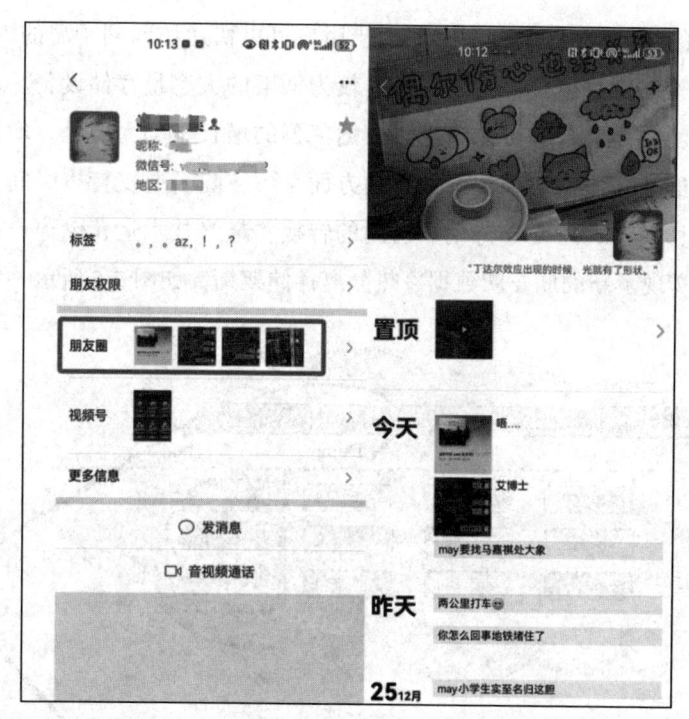

图 7.4　查看好友发表的所有朋友圈消息

该产品的朋友圈服务在 2018 年平均每天上传图片请求近 10 亿次，上传视频请求近 1 亿次。数据访问次数超过 5000 亿次/天，单机峰值访问超过 120 万次/min。为确保图片或视频数据的可靠性以及为用户带来良好体验，会存储多个规格及存储份数。因此，朋友圈的存储体量及访问量是非常大的，而且由于数据是永久保存的，随着时间推移，存储量只会增加不会减少。这就会导致一个问题，如果都使用高性能存储来服务用户的话，服务器资源成本将会非常高昂。

技术运营团队跟踪业务运营数据发现，用户浏览朋友圈，基本是访问一天之内好友发表的内容，这个占比大约是 70%，一天之外内容被访问的次数大幅减少。2018 年，当时 1 天之内的朋友圈内容存储量只占朋友圈总存储量的 0.3% 以下。用户访问请求的朋友圈数据 90% 以上都是 1 个月以内发表的内容，而当时 1 个月之内的朋友圈内容存储量占总朋友圈存储量不到 6.5%。

显然，朋友圈业务服务具有访问量巨大、数据冷热非常分明的特点，因此，可以将朋友圈消息数据分成热数据集群与冷数据集群来区分服务。热数据集群使用性能最好的高 IO 存储服务器资源，让用户可以快速访问到所需的内容与数据，保障用户体验；冷数据集群则使用成本较为低廉的大容量存储设备。由于该产品的用户渗透度极高，基本可以确定热数据集群的增长不会太明显，增长主要发生在冷数据集群上。但从实现的技术架构方面考虑，除了要支持按时间序列进行冷热数据的迁移转换，还要支持用户访问的转换。最终技术运营倒逼产品研发重新优化升级，实现了新的朋友圈数据冷热分离存储架构，如图 7.5 所示。

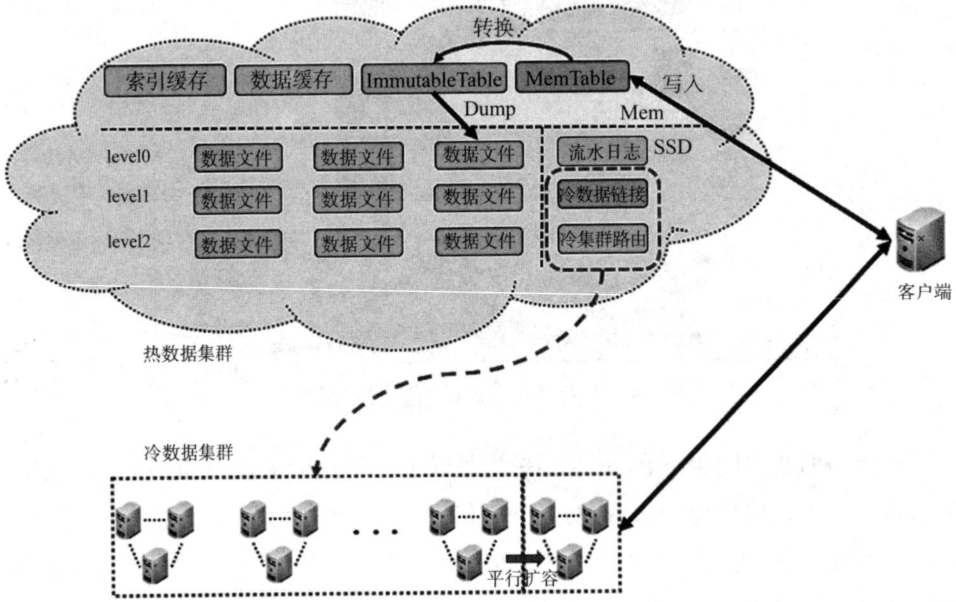

图 7.5 朋友圈数据冷热分离存储架构示意图

热数据集群使用高性能 SSD 存储机型 TS8/TS80；冷数据集群使用高存储量的 SATA 存储机型 TS6/TS60。其中 TS8/80 使用 SSD 盘，在作为 RAID5 的情况下，单机最大存储量为 2.4TB，极限随机 IOPS（Input/Output Operations Per Second，每秒进行读写操作的次数）可达到 50 000，1TB 数据访问量可达到 20 000 次 /s。

TS6/TS60 使用机械 SATA 盘，每台服务器配置 12 块 SATA 盘，单盘容量为 2TB，测试并发情况下极限 IOPS 不到 200。在不做 RAID 的情况下，总存储量为 24TB，极限随机 IOPS 为 2000，1TB 访问量为 100 次 /s。

单台 TS6/TS60 服务器硬件的成本约为 TS8/TS80 的 70%，由于定义 TB 存储成本为每 TB 数据存储对应的硬件价格，可知在存储量被完全利用的情况下，TS6/TS60 的 TB 存储成本仅为 TS8/TS80 的 7%。满足 IOPS 要求，在存储量不能完全利用的情况下，TS6/TS60 的 TB 存储成本也只为 TS8/TS80 的 15%。也就是说，采用冷热数据集群分离的存储架构提供朋友圈业务服务，可节约 76% 以上的存储成本[⊖]。

在冷热集群架构上，还有很多细节的技术优化点，如满足时间序列的热数据存储结构优化（采用 LSM Tree 算法）、满足冷数据平行扩容的冷数据存储结构优化（采用单点串行写入的一致性模型）、减少冷数据的存储份数、通过动态生成用户请求所需的冷数据规格，从而降低冷数据存储规格数量，等等。

7.1.5 授权登录

授权登录是指为用户使用该产品账户登录第三方应用提供服务的过程。第三方应用通过引导用户完成授权之后，可以通过该产品提供的 API 获取用户的基本信息、关系链等相关数据。

目前该产品授权登录主要用于游戏授权认证、H5 授权认证及 Open（开放）认证，其中游戏授权认证约占 80%。

运营人员发现，若授权登录模块出现故障，特别是容量不足时，一些大型游戏将难以在短时间内重新拉起授权登录页面，无法完成授权。要知道，爆款手游（以《王者荣耀》为例）的用户在线量日常就达 600 万，节假日更高达 900 万，无法完成授权带来的影响极大。

因此，基于原授权登录架构，要保障该业务稳定可用，要将万兆服务器设备扩容为 400 台以上。通过增加服务器数量实现服务容量冗余的方式是不合理的，尽管解决了可用性问题，但会导致非故障期间服务器设备负载普遍偏低。

因此，技术运营团队全面梳理游戏授权认证的整体架构，如图 7.6 所示。

⊖ 当冷数据占比超过 90%，则切换为用 TS6/TS80 存储冷数据，存储成本减少量为 90%×（1-15%）=76.5%。

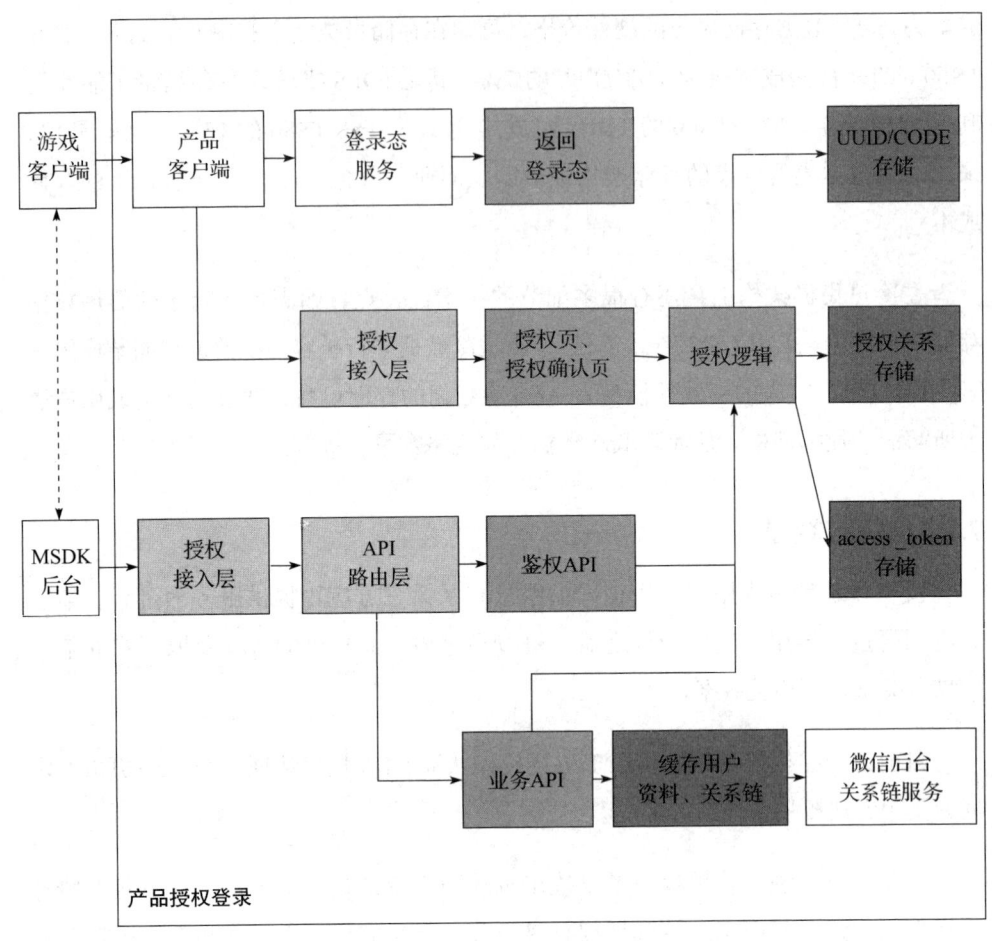

图 7.6　游戏授权认证整体架构图

通过分析与评审发现，客户端授权与 MSDK 后台鉴权都存在优化空间：

客户端授权：拉起授权登录页面，用户点击，获取 CODE（授权码）完成授权。流程如图 7.7 所示。

当前存在优化空间的问题点有：

- 授权登录页的拉取和完成流程较长。需要通过 geta8key（登录态服务）获取登录态，到 uribroker（授权接入服务层），然后到 mmbizconnect（授权页 / 授权确认页，提供逻辑服务 logicsvr）。

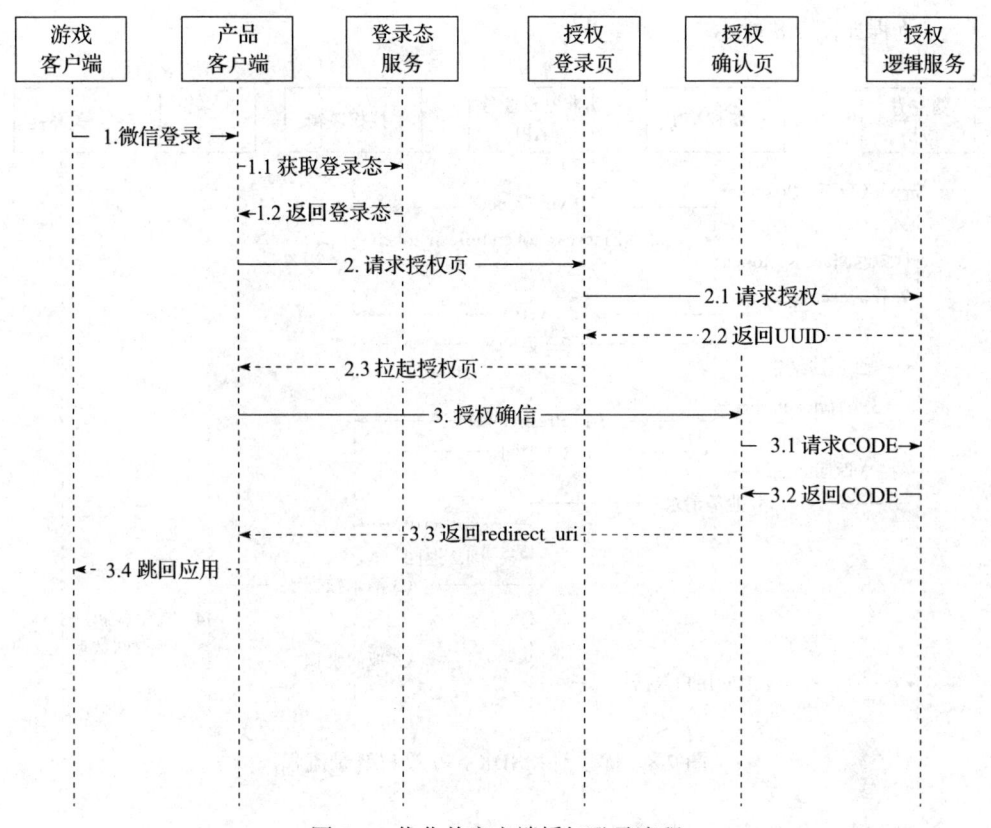

图 7.7　优化前客户端授权登录流程

- 整个 H5 授权页没有用户登录态。需要通过 geta8key 获取用户态，并且 mmbizconnect 和 geta8key 是分开的，所以在 uribroker 中打上 passkey（通行密钥），然后在 mmbizconnect 解密，有 CPU 开销。
- 微服务模块过于复杂。将 mmbizconnect 作为 logicsvr，渲染 H5 页面。
- 授权页和确认页是两个无状态的页面，需要后台存储一个 UUID 来关联授权页与确认页。
- 无登录态的请求需要中转获取状态。在 mmbizconnect 请求中，有很多没有登录态的请求，需要在后台加上 wechat_redirect（该产品重定向服务）来同步 geta8key，用户体验不友好。

MSDK 后台 API 鉴权：调用该产品 API，以 CODE 换取 access_token、用户信息等相关数据。

流程如图 7.8 所示。

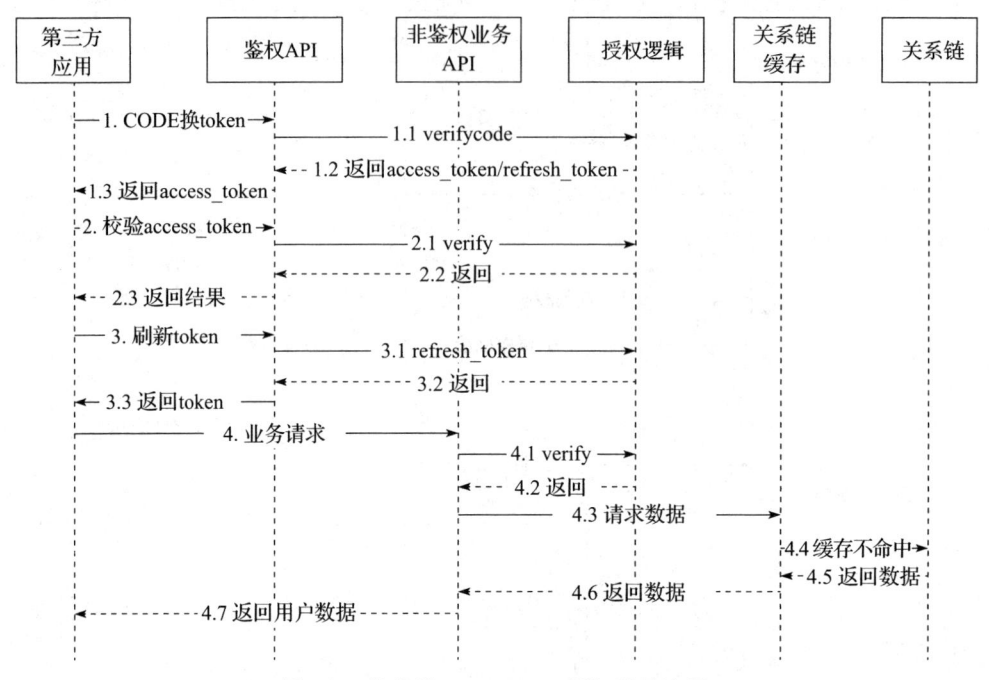

```
第三方          鉴权API        非鉴权业务        授权逻辑        关系链         关系链
应用                           API                          缓存

 ├──1. CODE换token─→┤              │              │              │              │
 │                  ├───────────1.1 verifycode───────────→│              │              │
 │                  │←- -1.2 返回access_token/refresh_token - -│              │              │
 │←1.3 返回access_token│              │              │              │              │
 ├──2. 校验access_token─→│              │              │              │              │
 │                  ├───────────2.1 verify───────────→│              │              │
 │                  │←──────────2.2 返回──────────────│              │              │
 │←- -2.3 返回结果- - -│              │              │              │              │
 ├──3. 刷新token──→│              │              │              │              │
 │                  ├───────────3.1 refresh_token─────→│              │              │
 │                  │←──────────3.2 返回──────────────│              │              │
 │←──3.3 返回token──│              │              │              │              │
 ├───────4. 业务请求───────→│              │              │              │
 │                  │              ├─4.1 verify─→│              │              │
 │                  │              │←- 4.2 返回 -│              │              │
 │                  │              ├──────4.3 请求数据──────→│              │
 │                  │              │              │              │4.4 缓存不命中→│
 │                  │              │              │              │←-4.5 返回数据-│
 │                  │              │←──────4.6 返回数据───────│              │
 │←- - - - - -4.7 返回用户数据 - - - - -│              │              │              │
```

图 7.8　优化前 MSDK API 授权登录流程

当时存在优化空间的问题点有：

- 调用链太长。授权登录调用链过长，且每个环节不容有错。
- 微服务模块过于复杂。mmbizapisns（业务 API）逻辑太多，耦合性太强，需要做隔离。
- 爆款应用需要重点保障。一些 App ID 的请求量太大，需要重点隔离保护。
- 调用后台 RPC 协议次数过多，导致性能消耗大。
- 访问令牌有效期支持有限。access_token 的有效期对一些 App 而言比较短，需要加长。
- 数据缓存机制不完善。后台用户数据缓存如果有缓存穿透，整个耗时将加大，影响整体性能。
- 单机性能不足，无法满足业务响应需求。

因此，通过技术架构评审，有效推动产品研发做了以下精细化的技术优化工作。

1. 授权登录页原生化

App 授权登录改用原生页的方式，减少不必要的调用，优化流程，可减少历史授权数 90% 的调用量。具体为将 mmbizconnect 从 logicsvr 改为 appsvr（应用服务），进行原生化处理，一段时间内对于授权过的用户将直接返回授权码。优化后的流程如图 7.9 所示。

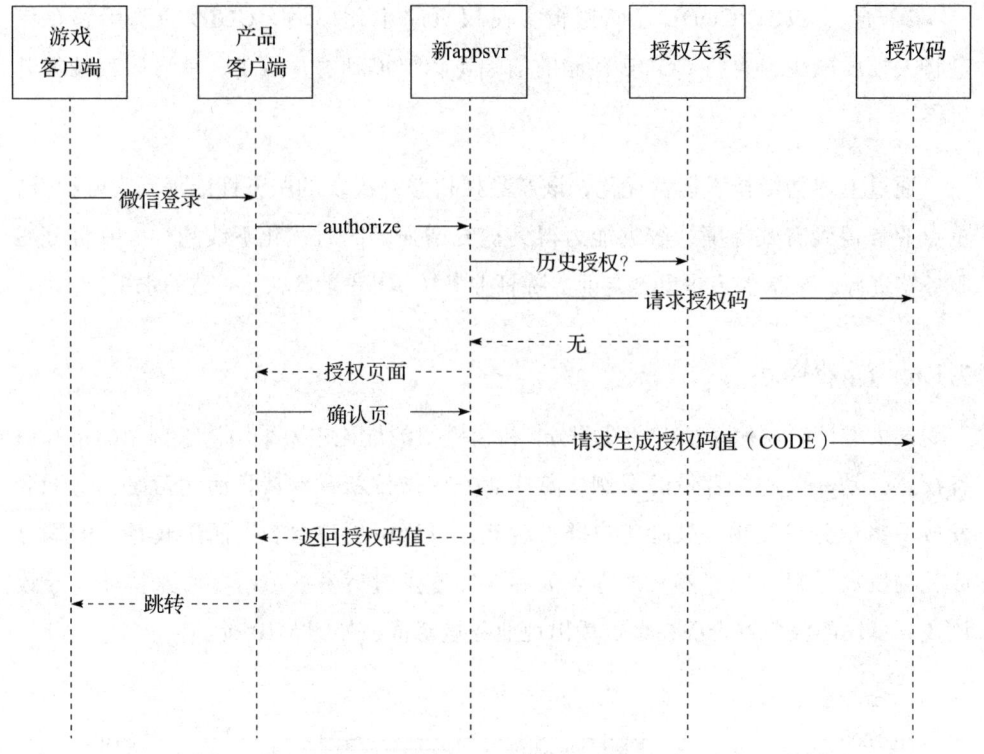

图 7.9 优化后客户端授权登录流程

2. API 层优化

针对重点应用，采用 VIP 通道模式进行 API 层优化：

1）在 API 层，将逻辑功能聚合到一起，采用配置文件方式读取，减少网络开销。

2）对于 VIP 通道的应用，提供专用的授权 API，并推动第三方进行改造，从接入层直接路由，减少转发流程。

3）减少依赖，容量或性能不足时直接扩容该 API 模块。

3. 存储层优化

1）裁剪自建的关系链缓存，直接调用该产品后台的关系链存储。该产品后台本身有较好的关系链存储服务与缓存机制，以避免存储层中自建的关系链缓存不能命中时，耗时反而增大，故可直接减少关系链缓存模块的全部机器。

2）合并 UUID/CODE 存储逻辑。授权页原生化以后，UUID 的调用和存储量将大幅度减少，再将 CODE 存储的前端逻辑层挪到客户端中，就可以裁减掉其机器。

通过上述精细技术运营优化，该产品授权登录模块的服务性能得到大幅提升，重点业务得到有效保障，容灾能力得到扩充增强，同时优化下线超过 150 台万兆服务器资源，架构能力提升至与业界标杆业务（QQ 登录鉴权）一致的水平。

7.1.6 游戏模块

某大型即时通信系统的游戏积分/礼物模块的优化主要采用请求调用的错峰填谷模式，是一个用好存量的案例。游戏业务在做拉新及保持日活运营时，每天会发放一些积分与礼物，鼓励用户登录游戏，以吸引用户参与。而游戏登录的积分或礼物发放一般会以自然日的零点为界，即零点过后发放或清零。这往往会导致该业务模块的服务器资源在零点后出现业务量峰值，如图 7.10 所示。

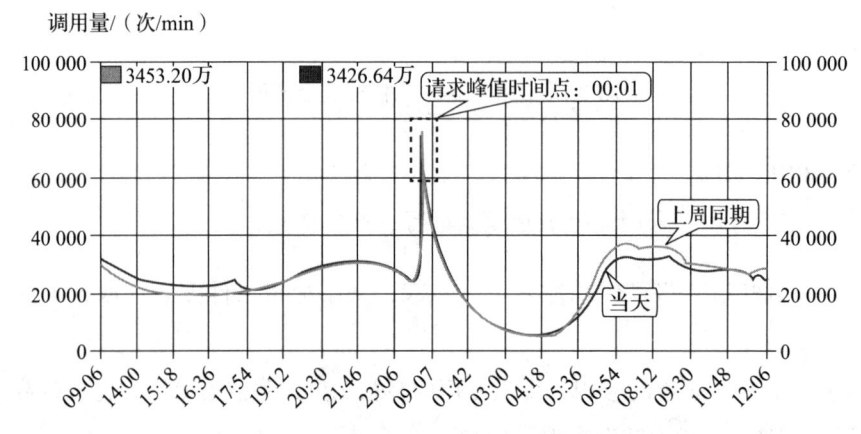

图 7.10 游戏积分/礼物发放模块业务量

在总体容量不足的情况下，承载业务的服务器单机 CPU 使用率在 80% 左右达到瓶颈，如图 7.11 所示，这时该产品微服务模块内置的过载保护机制开始生效，快速拒绝的请求数量大幅上升，如图 7.12 所示，造成部分用户积分 / 礼物发放不成功，这肯定会对用户体验造成不良影响。

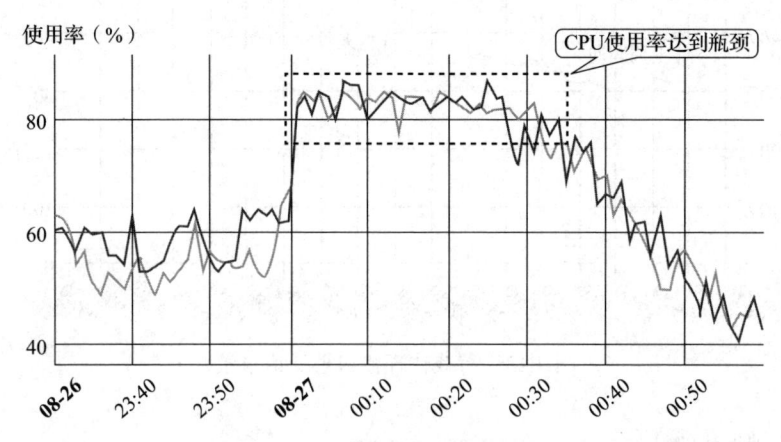

图 7.11　游戏积分 / 礼物发放模块服务器单机 CPU 使用率

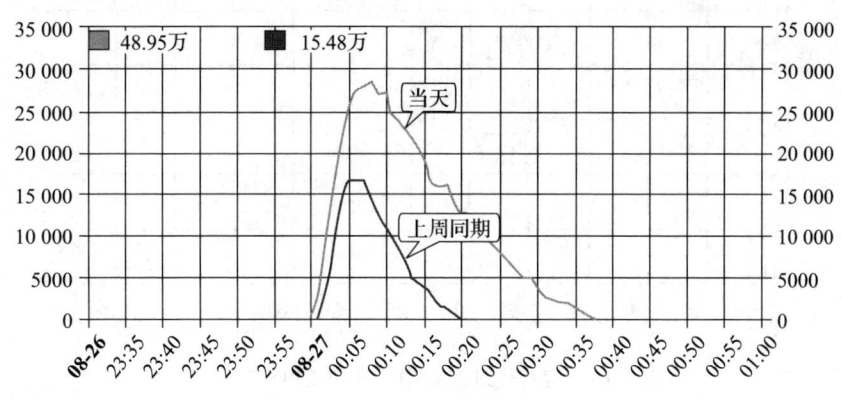

图 7.12　游戏积分 / 礼物发放模块快速拒绝的请求量

而该时间点其他一些游戏业务模块，如代理接口模块，其业务峰值（20:00 ~ 23:00）早已过去，在零点时非常空闲。从业务请求量（如图 7.13 所示）及承载业务的服务器单机 CPU 使用率（如图 7.14 所示）上均可以看出这些业务模块的这个特征。

技术运营团队结合上述两个业务模块的特性，通过增加自动部署与调度能力，实施业务混合部署与调度的错峰填谷优化措施，在不增加资源运营成本的情况下，完美解决了用户体验问题。

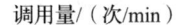

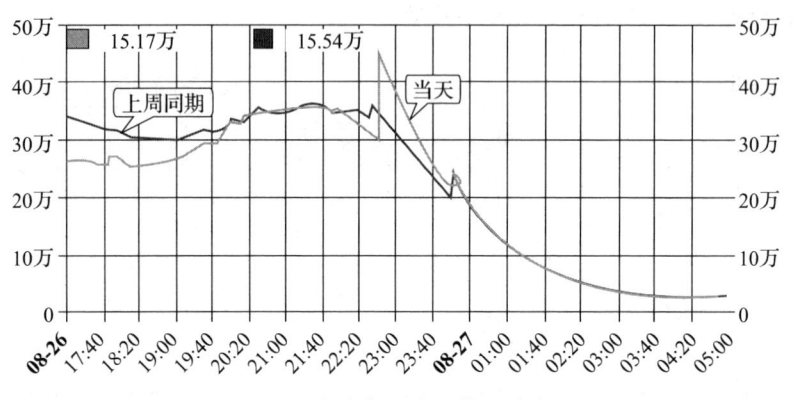

图 7.13　游戏代理接口模块请求量

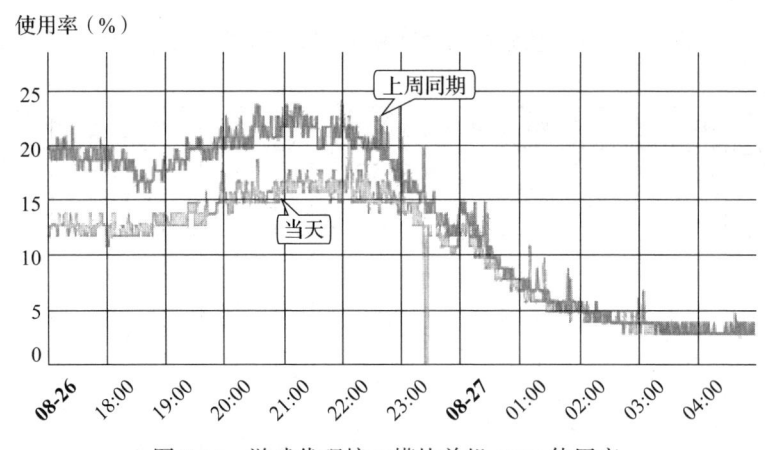

图 7.14　游戏代理接口模块单机 CPU 使用率

具体来讲，通过新增的自动部署与调度能力，在每天的 23:00 之后，自动在"游戏代理接口"模块的服务器上部署"游戏积分/礼物任务"模块并拉起服务，然后调度分配用户访问。效果验证可以从业务运营监控数据上看到：原"游戏积分/礼物任务"模块的服务器单机 CPU 使用率被控制在 70% 左右（在瓶颈线之下，见图 7.15），新加入服务的"代理游戏接口"模块的服务器单机 CPU 使用率则被提升到 70% 左右（见图 7.16）。

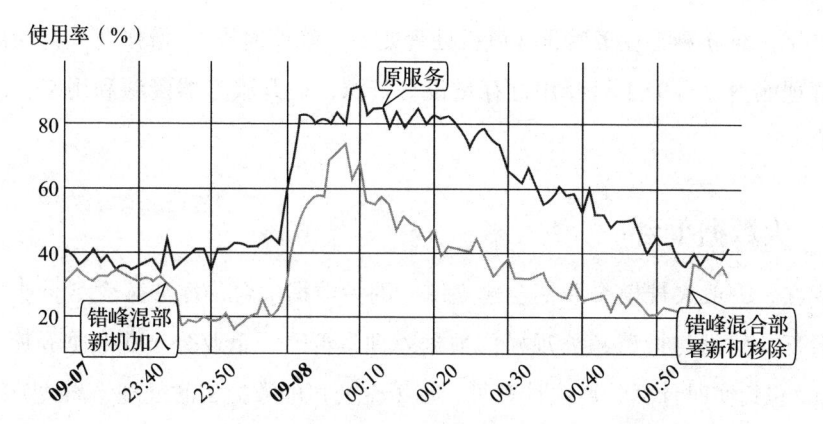

图 7.15 原服务的业务模块服务器单机 CPU 使用率

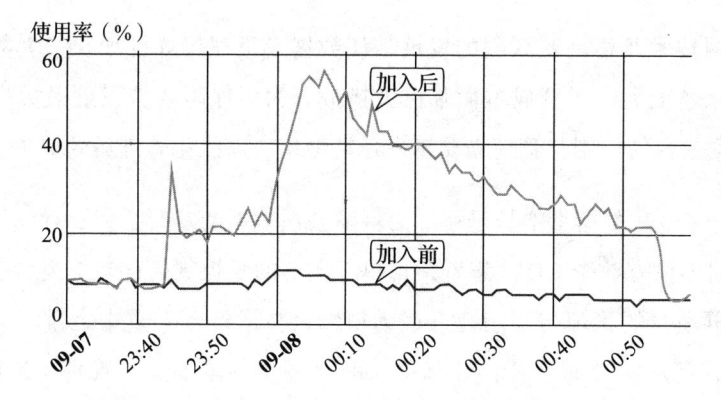

图 7.16 新加入服务的服务器单机 CPU 使用率

该应用"游戏积分/礼物任务"这个微服务模块快速拒绝请求数几乎为 0（见图 7.17），用户体验有了保障。

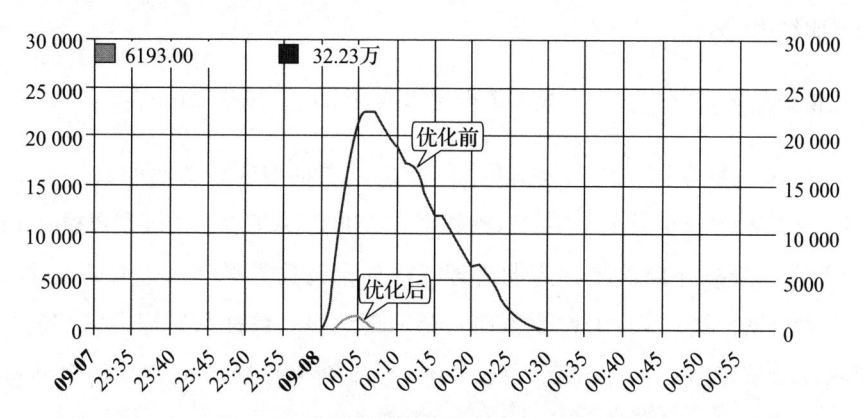

图 7.17 错峰优化前后快速拒绝业务量对比

可见，充分熟悉业务特征（单机处理能力、峰值时点），增强业务自动部署与调度管理能力，有助于错峰用好存量设备资源，提升服务器资源利用率，改善用户体验。

7.1.7 大数据平台

现在，一般大规模企业都会建立统一的大数据平台，比如某大型企业成立数据平台部，建设与运营超大规模的数据处理集群——企业分布式数据仓库（简称CDW），包括实时计算、离线计算等，用于全公司的数据实时处理、离线分析、个性化推荐、业务计费等。

物联网技术及移动互联网的发展，使数据量呈现爆炸性增长，大数据平台集群规模越来越庞大，运营成本面临巨大挑战。为了保障业务发展及数据高价值利用，大数据平台的使用与管理需要越来越精细化，以优化管理运营成本。

近年来CDW数据量增长迅猛。为保障公司数据的及时汇集、存储、分析及服务业务，目前设有数个CDW集群，且单一集群的管控规模已超2万台服务器。因此，大数据平台的管理与利用提升成为精细化技术运营的重中之重。大数据平台资源利用管理从两方面展开：计算单元的管理与存储单元的管理。2016年以前，CDW集群从CPU利用率上看，平均达85%；从集群存储数据上看，3个月内数据占比56%，6个月内数据占比为70%，12个月以上数据占比为16%；从集群计算使用上看，73%为1个月内数据占比，92%为3个月内数据占比，12个月以上数据占比约为2%。

在精细化运营方面，对大数据平台实施的技术运营优化措施有：

1）定义沉默数据。沉默数据是指一定时间周期内未被访问的数据。如2015年8月，CDW中3个月至1年的沉默数据有25PB，1年以上的沉默数据有14PB。

2）强化数据存储的生命周期管理。例如，大数据平台通过管理规定要求：所有业务数据申请接入CDW集群时，都需要填报"数据存储周期"。通过生命周期管理及沉默数据的差异化存储，2015年前8个月仅增长23%的存储量（见图7.18）。

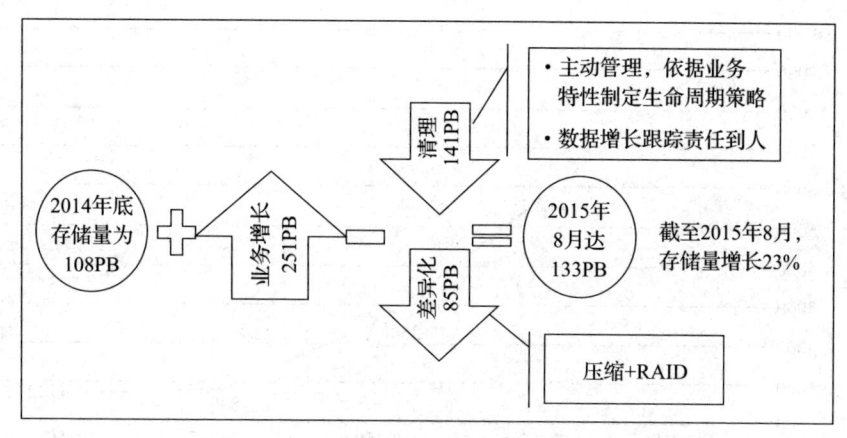

图 7.18 大数据平台强化存储生命周期管理

3）优化计算单元效率。通过监控数据处理的大任务[一]执行效率及清理无价值任务对计算单元进行优化。对于执行时间长、扫描数据量大的数据处理任务，实施主动监控并及时通知业务部门进行优化，必要时进行主动清理，确保平台计算单元的合理利用。在业务层面，梳理无价值任务（见表 7.1），重点清理前两类无价值任务：长期失败的任务与长期计算结果为空的任务。

表 7.1 无价值任务

无价值计算任务	定义及描述
长期失败的任务	两周内失败超过 7 次
长期计算结果为空的任务	入库、计算、出库任务连续 10 个周期的计算结果为空
独立计算	不依赖入库或其他计算任务且计算结果无其他任务依赖，计算结果不出库
无价值计算	数据入库后没有被访问，或计算结果出库后没有被访问

例如，大数据平台通过监控数据处理大任务，改善提升的大任务数量超过 300 个，清理长期失败任务及长期计算结果为空的两类无价值任务共 18 398 个，合计优化减少计算单元超过 800 个（见图 7.19）。

实际上，对于计算单元的管理，除需要清理无价值任务外，还可以通过类似于域名管理的方法来监测计算任务的有效性。即：

● 业务部门每申请增加一个计算任务，需要注明用途、有效期（默认为 6 个月或 1 年）、主要责任人（任务开发人）、次要责任人（产品或运维人员）。

㊀ 大任务指关联数据表众多、数据量大、计算耗时较长的一类任务。

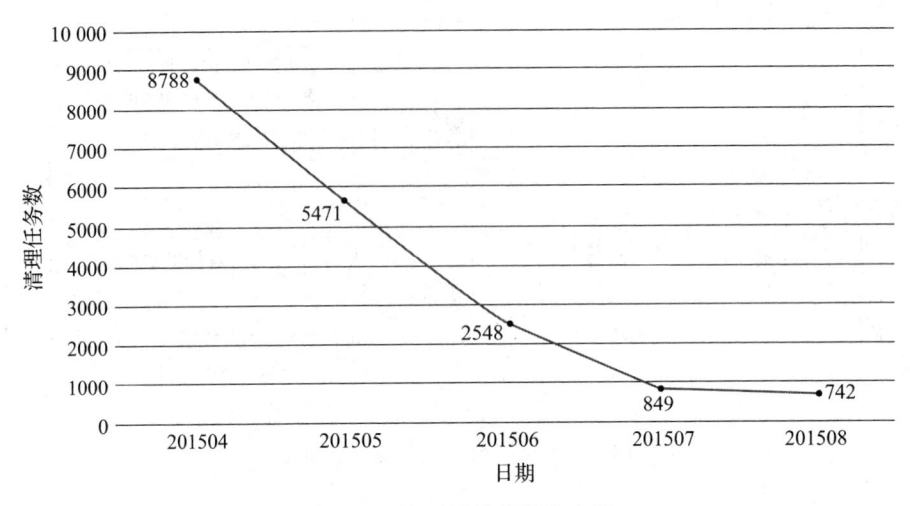

图 7.19 清理无价值任务个数

- 某个计算任务到期前一个月或一周，提醒主要责任人续期或删除该任务。
- 将某个计算任务到期后的一个月设定为赎回期，在赎回期该任务可以继续运行，但会每天提醒主要责任人及次要责任人。
- 某个计算任务过期 1 个月后仍不续期，则该任务将暂停执行。
- 某个计算任务过期 3 个月仍不续期，则该任务将被物理删除。

7.2 带宽资源精细化技术运营案例

随着网络升级、用户端侧设备智能化提升及带宽的改善，富媒体应用快速发展。相比文字内容，图片内容更具有直观性，视频内容更让人感同身受，但图片与视频内容具有高带宽性。普通手机拍摄的图片大小平均约 2MB，一段 3 分钟的短视频大小平均约为 20MB，这些富媒体内容的存储或传输不仅占用用户的设备（存储与电量）资源与带宽（流量）资源，而且影响用户产品体验（如等待、卡顿等）。

带宽资源的消耗，涉及两端的考虑：用户端（主要是接收数据消耗）与服务端（主要是发送数据消耗）。对于用户端而言，由于资费的逐步降低及 WiFi 的普及，用户越来越不在意流量的使用，但越来越担心等待时间长、卡顿、手机耗电、手机发热等问题。对于服务端而言，服务企业会在意服务器的压力（服务器的性能）、带宽运营成本的支出、产品服务带给用户的体验等。这两端实际上是息息相关的，服务企业从服务端降低"高带宽"消耗，就会减少传输等待、降低用户端存储占用及渲染计算导致的耗电与发热，从而提升用户体验。

通过技术手段，在不影响服务质量的前提下在服务端把图片和视频等富媒体内容减少或压缩到最小，就是带宽资源精细化技术运营的目标。带宽资源的优化不仅能够直接降低网络上传输的数据，还能降低服务器的压力，也能减少网络设备甚至专线的投资，特别是在移动时代，更能直接减少用户端的流量，提升用户体验。因此，相比设备资源优化，带宽资源优化更能帮助改善产品体验、提升用户价值、优化运营成本。也就是说，带宽优化更能彰显**技术的优美与价值、产品的用心与极致**。

7.2.1 带宽资源精细化技术运营要点

同样，我们先列出第 6 章中已经提到过的带宽资源精细化技术运营要点：

第 1 步　从业务视角梳理清楚带宽构成，确定消耗带宽的主要业务。

第 2 步　按业务建立带宽资源模型，明确带宽消耗因子。

第 3 步　从以下精细化技术运营评估点上逐个检查评估。

1）减调用量类

- 是否可以减少不合理、不必要的调用请求量。
- 是否可以使用客户端缓存数据。
- 避免多次中转调用或多次代理访问。
- 是否可以启用 P2P 技术来访问服务。

2）减数据传输大小类

- 是否可以减少每次请求的数据量。
- 是否可以减少传输大小（如压缩算法、编码格式）。
- 是否可以按需请求合适的内容（控制缓存/缓冲使用）。

3）削峰类

- 业务是否可以适当削峰（如高峰期降码率）。
- 是否可以错峰使用（如预下载、灰度推送更新包）。

第 4 步 从管理策略与措施上进行提升，包括：
- 是否可以使用更便宜的带宽类型（如 CDN 或合作免费带宽）。
- 是否可以调整产品策略。

根据以上思路，下面将通过某大型即时通信系统的业务实际案例来阐述如何进行带宽资源精细化技术运营。注意，这里的带宽资源专指 IDC 出口带宽。

7.2.2 公众号图片

大家都知道某大型即时通信系统里有多种公众号（如服务号、订阅号），用户每天花在该应用里的时间有很大一部分是用于浏览、阅读这些公众号文章（见图 7.20），包括在朋友圈、"看一看"里分享或聚集的公众号链接内容。

这些公众号文章（也称为公众平台图文消息）主要通过公众号推送、好友消息或群分享、朋友圈分享、看一看、搜一搜等途径触达用户。由于文章量及阅读者众多，公众平台的图文消息每天消耗的带宽值超过 500Gbit/s。通过对带宽构成的拆解，发现公众号带宽的消耗最主要来自文章中的图片，以及图 7.20 所示的封面图及缩略图。

图 7.20　某大型即时通信系统订阅号图文消息示例

对于技术运营而言，将带宽主要用在图片上显然不够精细。按照带宽资源精细化运营方法论，需要把图片带宽再做细化的分解，例如按尺寸、不同类型的格式、来源等维度将带宽进行拆分，即梳理清楚 500Gbit/s 的带宽中，各种尺寸、格式、来源的图片的请求各是多少，带宽是多少，如图 7.21 所示。

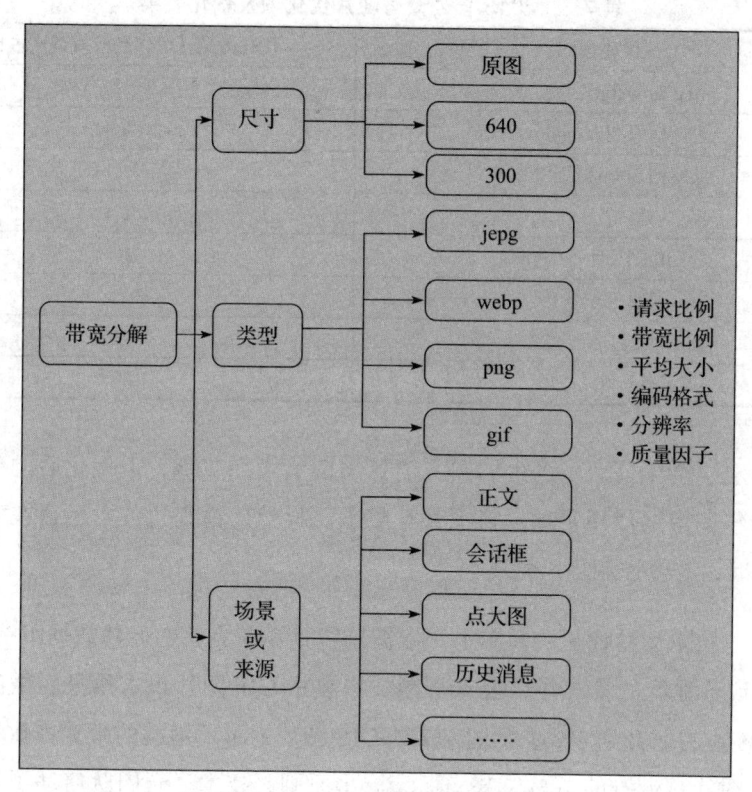

图 7.21　公众号图片带宽分解

通过梳理发现存在以下优化空间：

- 早期公众号中的图片没有区分规格，无论显示尺寸为多少，均为原图。
- 图片编码格式基本以 jpeg 为主。
- 带宽来源的场景主要在于正文与会话框。
- 带宽资源的运营监测数据不足。

为实现带宽精细化技术运营的持续优化及跟进后续优化效果验证，补充建立了三个维度的多项运营数据监测，包括请求比例、带宽占比。对于图片类型与图片尺寸大小，分别监测平均大小的变化。

通过公众号图片的运营数据分析，提出多项技术优化措施，最终落地 8 个精细优化项。各优化项及其达成的优化效果如表 7.2 所示。

表 7.2 2015 年公众号图片优化项及优化效果

优化项	优化效果（优化后节省带宽占比）
jpeg 转 webp	−20%
对话框原图改 640px/300px	−20%
缩略图 300px 改 150px	−4%
实施防盗链	−2%
非 gif 原图改为 640px	−1.40%
jpeg 质量因子优化	−8%
png 优化	−2.90%
gif 减色优化	−1.60%

实际上，全年公众号平台的图文消息阅读量增加 72%，但优化后的年终带宽使用量与年初带宽使用量基本持平甚至略减。显然，精细化技术运营在保障业务发展的同时，有效控制了运营成本。

在上述技术运营优化的基础上，依据持续且不断完善的运营数据跟踪、分析，8 个优化项落地后的第二年，公众号图文消息中 GIF 图片请求量呈轻微的上升趋势（由 5% 左右上升到 7%），而这 7% 的 GIF 图片请求，消耗的带宽占比增长达到公众平台图片总带宽的 70%。基于抓大放小原则，技术运营团队启动了新一轮对 GIF 图片带宽的精细化技术优化。

GIF 是一种动画图片格式（以下简称"GIF 动图"），越来越多的内容服务商在图文消息中增加使用 GIF 动图以吸引受众。然而服务商对 GIF 动图制作的参数配置、内容运用（大小与复杂程度）、质量要求等并不统一，对所使用的 GIF 动图是否真正吸引阅读受众缺乏了解。这需要对公众号文章阅读用户行为特征进行深入、精细的数据收集与分析。

研究数据显示，对于公众号图文消息中的 GIF 动图的点击意愿只有约 8%。即阅读受众在看到这个 GIF 动画图片后，只有约 8% 的受众会关注并点击观看该动画内容。这说明当公众号文章大量使用动图时,其实受众并不一定会关注动画内容。针对阅读受众的这个行为特征,可以实施 GIF 动图点击观看的运营优化措施,即让阅读受众有意愿看 GIF 动图时,由受众点一下该动图才开始播放 GIF 中的动画(见图 7.22)。

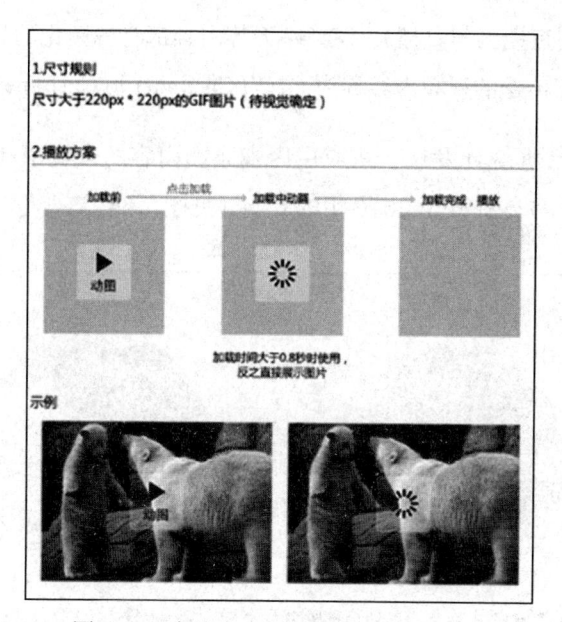

图 7.22 实施点击观看 GIF 动图的优化

另外,对于一些动画帧率过高、颜色过多的教学类 GIF 动图,还可以通过服务端系统对 GIF 减帧和减色进行优化。如图 7.23 所示,通过系统程序对某实验 GIF 动图进行减帧(74(60))、减色(128(64))优化,保留所有关键动画帧内容,GIF 动图的大小由 1029KB 降低到 735KB,明显减小,这降低了 GIF 动图的带宽占比,提升了用户加载动画的阅读体验。

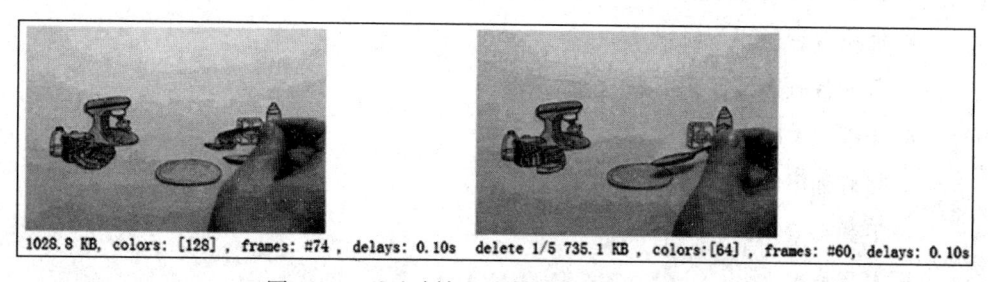

图 7.23 通过减帧和减色优化 GIF 动图大小

7.2.3 C2C 视频

随着用户端带宽的提升、便利拍摄终端的普及、存储介质性价比持续提升以及视频剪辑工具越来越强大好用、分享渠道越来越多等，用户越来越愿意使用视频（长视频、短视频及直播视频）来展现信息与内容。现在某大型即时通信系统消息、朋友圈、视频号（短视频与直播）、视频聊天等内容都有视频化的趋势。其中，该应用消息里用户之间传送的视频内容称为 C2C（Customer to Customer，用户间）视频。

由业务运营数据统计发现，该应用内视频类内容的带宽消耗越来越大，其占比已由 2015 年的 47% 提升至 2016 年的 67%（见图 7.24）。

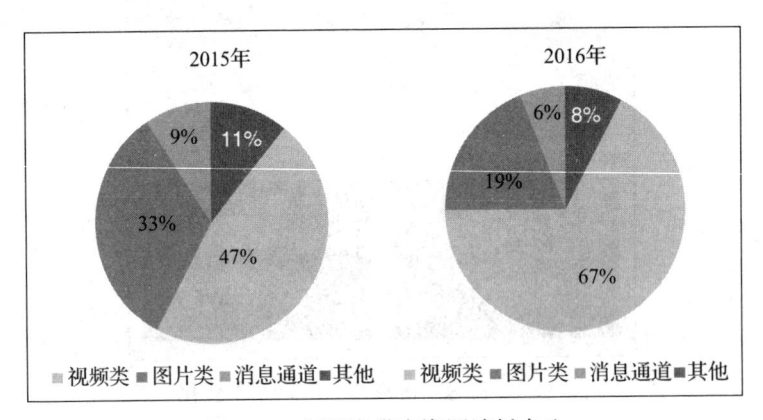

图 7.24 视频类带宽资源消耗占比

2023 年该应用全球用户已超过 13 亿，视频类内容及带宽占比巨大，极大关系到用户访问体验与运营成本，适宜长期进行精细化技术优化。针对 C2C 视频，技术运营团队已实施超过 20 种的精细化技术优化措施，下面列举几种：

- 提高视频压缩率。
- 使用合理的码率质量系数。
- 普通视频边播放边下载。
- 小视频关闭自动播放。
- 高峰期限速。
- 下载去重。
- 有害打击。

- 减少变种。
- 热点视频外调。

提高视频压缩率是指使用精选编码库、调优编码参数或者使用新的编码格式等技术手段进行优化，从而减小视频最终文件的大小。该优化项在实施当年减少带宽占用约 3%。

使用合理的码率质量系数是指服务器后台系统针对用户发送的高码率视频，适当进行降码率的二次压缩，生成合理质量系数的视频，供带宽高峰期调用。这个措施在削减峰值带宽的同时，增加了一部分压缩转码的设备，相当于以适当的服务器资源（算力、存储等）换取高额的带宽资源消耗，在海量资源运营时值得考虑。

普通视频边播放边下载是一项重要创新技术优化措施。在早期版本里，该应用消息的 C2C 视频观看形态是要等视频全部下载完成之后才能观看。在这种形态下，用户需要等待较长一段时间以便视频内容下载完成，而且会有以下情况：点开下载完成的视频观看，发现是以前看过的，这样用户可能只看了 1 秒就把视频关掉了，但是该应用客户端却是将整个视频全部拉取下来了，无论是在用户下载时间、存储空间还是传输的流量带宽方面，都存在很大的浪费。显然，如果 C2C 视频能像在线流媒体一样，做到边播放边下载，就能改善用户体验，减少浪费。

简单来讲，视频边播放边下载就是收到视频消息时会预下载 1s，不用等待，用户点击就可以开始播放，然后在用户播放的同时继续下载，用户停止播放就停止下载。只要下载的速度略快于播放的速度（正常情况下，下载速度都大于播放速度），可以保证视频播放流畅，同时不用等待，播放响应更快；即使用户发现视频内容不好看或者是看过的，立即关闭，也不会浪费带宽。运营数据表明，进行此技术优化后，该应用 C2C 普通视频减少了 40% 的带宽占用。

小视频关闭自动播放是权衡用户体验与带宽资源消耗后采取的技术运营优化措施。在早期版本中，该应用为加速获取小视频消息内容，默认在收到小视频消息后即自动播放该视频，后优化为在带宽峰值期间关闭小视频的自动播放。实施这个精细化技术优化的效果同样比较明显，让 C2C 小视频带宽减少了 41%。

高峰期限速主要是在客户端对下载速度进行合理的限制,以及高峰期服务器端限制单个用户的下载速率,如高峰期限制服务器下载速度为 512Kbit/s。该项优化降带宽占用比例接近 19%。

下载去重是指客户端会依据视频文件的 MD5 建立索引,防止同一个视频在不同的群里重复发送,导致重复下载消耗带宽流量。该项优化降带宽比例达 12%。

有害打击是指通过技术手段对有害群(如赌博、色情、低俗等)与有害消息等进行限速、封群、封号、限转、限发等处理。该项优化降带宽比例接近 5%。

减少变种是指减少相同视频在流转过程中发生的变种。C2C 视频在用户间流转时,各种用户终端的差别或用户对视频参数的轻微调整导致相同内容的视频呈现多个版本的情形,即产生视频变种(如图 7.25 所示)。视频变种的大量存在,不仅使得服务器存储资源消耗增加,同时 CDN 加速效果不明显(无法命中 CDN 节点的缓存),CDN 回源带宽大幅增加,因此,有效减少变种对于降低运营成本很有帮助。

图 7.25 视频变种很容易产生

减少变种非常困难,最终解决办法是设计创新的视频内容标识算法。技术团队将单个视频的重要信息提取出来,通过算法构造出一种独特的、全球唯一的视频特征。当然很难做到 100% 杜绝视频变种,但创新算法也帮助解决掉其中 90% 以上的变种。

热点视频外调是指将热门点击的视频尽可能外调到 CDN 节点。热点视频带宽消耗高，使用更便宜的带宽也是降低业务运营成本的有效方法。CDN 节点往往靠近用户、距离骨干节点稍远，CDN 带宽较骨干节点的 DC 带宽价格便宜得多。同时，对于逐步变冷的热点视频，采用新的 302 跳转架构进行优化，可以进一步减少 CDN 回源带宽的消耗（见图 7.26）。

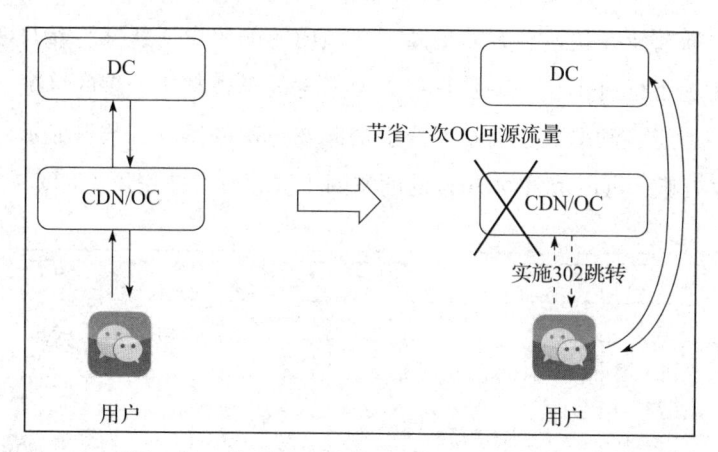

图 7.26 使用 302 跳转减少冷视频回源带宽

7.2.4 朋友圈视频

随着智能终端的性能提升、功能增强及用户带宽速度的提高、资费下降等，用户通过朋友圈分享图片、视频等富媒体内容的诉求越来越普遍。短视频的风靡及视频号爆发，朋友圈视频内容越来越丰富，因此，朋友圈视频的用户体验非常重要。

朋友圈视频的用户体验提升要考虑：视频的尺寸、清晰度及播放流畅度、互动性要求。某大型即时通信系统已将朋友圈视频的尺寸支持由 320×200 提升到了屏幕全屏，同时码率支持也提升到了 1000Kbit/s 以上。

由于朋友圈访问量巨大，视频请求量持续增长，用户对长短视频内容体验要求持续提升，视频文件大小较之前增大 4 倍以上。随之而来的，是朋友圈视频的带宽消耗飙升，这给运营成本带来巨大挑战，持续精细化技术运营优化必不可少。近两年，技术运营团队实施了多种精细运营优化措施，例如：

- 关闭朋友圈小视频自动播放。

- 动态码率调整。
- 边播放边下载。
- 错峰预加载。
- 提高视频压缩率。

该应用早期版本的朋友圈小视频实施自动播放的产品策略，当时即时体验小视频内容，播放流畅快速，有效提高了视频内容的用户活跃度与参与度。但该策略在某些情况下也有不足，特别是在大家发送的小视频比较多的情况下，满屏的小视频都在那里自动播放，会给用户造成眼花缭乱的感受。数据显示，关闭小视频自动播放策略，可以节省约 50% 的朋友圈小视频带宽使用量（见图 7.27）。

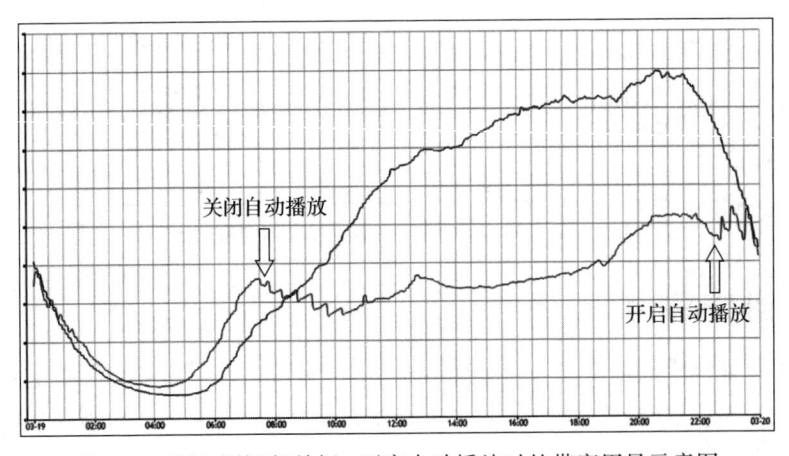

图 7.27 朋友圈视频关闭/开启自动播放时的带宽用量示意图

在平衡用户参与度与关闭自动播放效果之间，细化的产品策略包括：提供选项让用户配置是否自动播放；仅在高峰期关闭自动播放等。现在该应用已经默认关闭自动播放的功能，用户需要点击之后才能播放。

朋友圈视频的边播放边下载是 C2C 视频边播放边下载的延伸。与 C2C 视频优化类似，按播放进度播放一秒再下载一秒，避免用户主动提前关闭视频带来的下载带宽浪费，详细内容可参考上一节内容。

错峰预加载是指预测高峰期用户视频播放的访问行为，进行闲时预先加载。通过分析朋友圈视频播放用户的行为习惯（参见表 7.3），针对点击意愿高的用户进行预先加载,减少高峰期访问带来的带宽消耗量,同时也可以减少忙时网络卡顿带来的影响,提升用户体验。

表 7.3 朋友圈视频播放用户行为习惯分析

时间	0h 到 1h	1h 到 2h	2h 到 3h	3h 到 4h	4h 到 5h	5h 到 6h	6h 到 7h	7h 到 8h	8h 及以上	可预加载比例
18:**	51.09%	14.10%	8.20%	5.58%	3.77%	2.62%	1.99%	1.42%	11.24%	—
19:**	51.53%	13.16%	7.10%	4.96%	3.67%	2.62%	1.95%	1.59%	13.43%	35.05%
20:**	50.51%	13.52%	6.76%	4.39%	3.33%	2.61%	2.00%	1.55%	15.32%	20.64%
21:**	47.39%	14.25%	7.49%	4.55%	3.25%	2.58%	2.11%	1.62%	16.76%	14.11%
22:**	43.66%	13.22%	8.11%	5.29%	3.50%	2.63%	2.18%	1.86%	19.53%	10.18%
全天总计	50.08%	13.39%	6.91%	4.26%	2.86%	2.08%	1.67%	1.46%	17.30%	—

说明:下载朋友圈小视频的用户中,WiFi 用户占比约 70%,与时间差关系不大。

提高视频压缩率是指通过使用调优的编码格式、开启宏块 QP 预分析、后台二次压缩等技术优化措施提升朋友圈视频的压缩率。

例如,开启宏块 QP 预分析是通过将画面分成一个个大小不同的块(宏块),在不同位置实行不同压缩策略的技术优化(见图 7.28)。在视频编码中,一个编码图像通常划分成若干宏块,一个宏块由一个亮度像素块和附加的两个色度像素块组成。一般来说,亮度块为 16×16 大小的像素块,而两个色度像素块的大小依据其图像的采样格式而定。在每个图像中,若干宏块被排列成片的形式,视频编码算法以宏块为单位,逐个宏块进行编码,组织成连续的视频码流。

图 7.28 视频宏块 QP 预分析

开启宏块 QP 预分析，实施控制算法可提升宏块压缩率的 8.5%。

7.2.5 视频 P2P

P2P（Peer-to-Peer，一种点对点传输技术服务）是一种网络技术，依赖网络中参与者的计算、存储与带宽能力，实现分布式计算、数据传输或数据共享（见图 7.29）。显然 P2P 网络技术有助于提升数据访问的效率与存储的可靠性，减少服务提供方的资源（设备与带宽）投入，它被广泛用于文件分享、下载、视频点播、视频直播、VOIP 等场景。

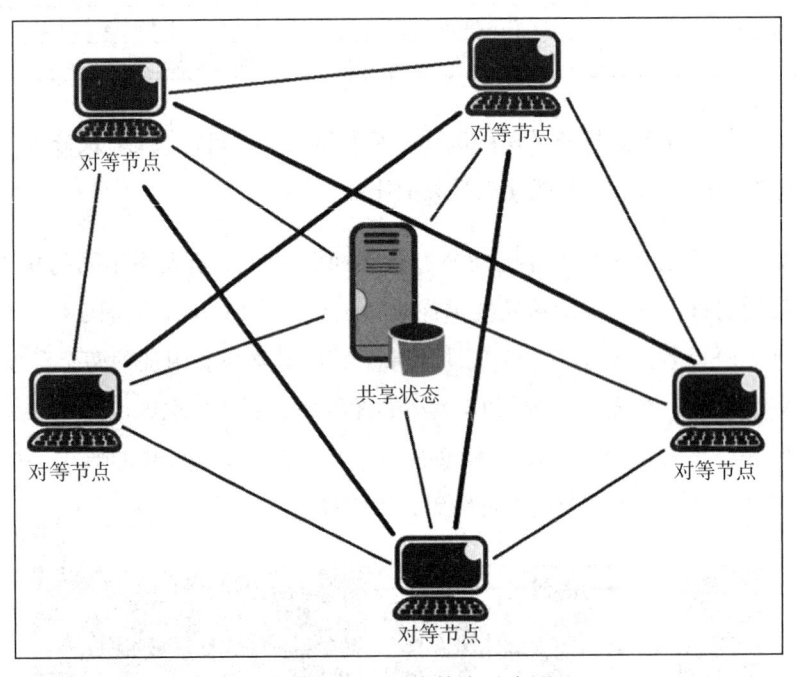

图 7.29　P2P 网络技术示意图

某大型视频应用的点播与直播等服务，必然需要使用 P2P 技术来降低运营成本投入，而且几乎是伴随视频业务上线时就同步使用了 P2P 技术。同样，其针对 P2P 技术实施的带宽资源精细化运营，主要措施有：

- 应用场景扩充。
- 全平台格式统一。
- 资源预推。

- 高质量选种。
- 传输协议改良。

应用场景扩充。例如，在新闻视频和快报短视频等业务中加入 P2P 组件，在高等级用户中启用 P2P 等。以高等级用户中启用 P2P 为例，通过优化 P2P 头部加载、引入播放预测、码率自适应等技术，不仅使高等级用户 P2P 开启的播放体验数据好于未开启前，P2P 带宽贡献率更达到 50%，单月带宽节省达到 1.3Tbit/s 以上（见图 7.30）。

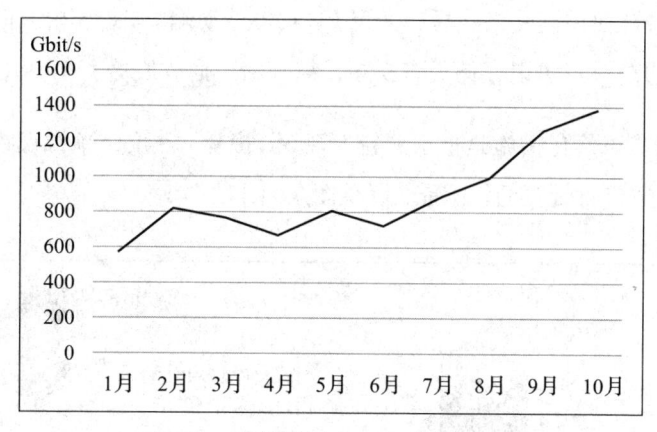

图 7.30　高等级用户 P2P 带宽贡献量

全平台格式统一。历史上，为适配用户多终端分辨率的情形，视频应用将同一个视频转换成了若干种规格（见表 7.4）。这实际上是以服务器（计算/存储）资源的消耗换取了带宽资源的消耗的优化措施，可以在一定程度上降低带宽浪费。

表 7.4　旧视频文件规格举例

规格维度	TV 端	APP 端
清晰度	5 种	4 种
水印	有或无（2 种）	无水印-HLS-H264 有水印-MP4-H264 无水印-HLS-HEVC （共 3 种）
封装	MP4 与 HLS（2 种）	
编码	H264 与 HEVC（2 种）	
特殊格式	3 种以上	4 种以上
合计文件规格数	43 种（=5×2×2×2+3）	16 种（=4×3+4）

然而这么多视频规格对于 P2P 技术优化而言是矛盾的。P2P 技术应用是越多人使用越省带宽，多种视频文件规格导致种子不能公用或可用种子少，进而用户可贡献的带宽大幅减少，会严重降低或达不到 P2P 技术预期的优化效果。因此，视频文件规格及最大化公用需要取得一个平衡。即实施全平台的格式统一，以提升 P2P 贡献率。数据表明，全平台视频格式统一，获得了以下收益：

- 减少编转码和存储设备。
- P2P 种子集中，加速 P2P 启动。
- TV 和 PC 使用同一格式后，实现 PC 端、移动端、TV 端相互贡献带宽。
- CDN 边缘节点可以存储更多视频，提升用户播放质量。

资源预推。该优化措施是指预测新上视频（影片）热度，预推视频内容至 Peer 用户端，提升用户对带宽的贡献能力（见图 7.31）。

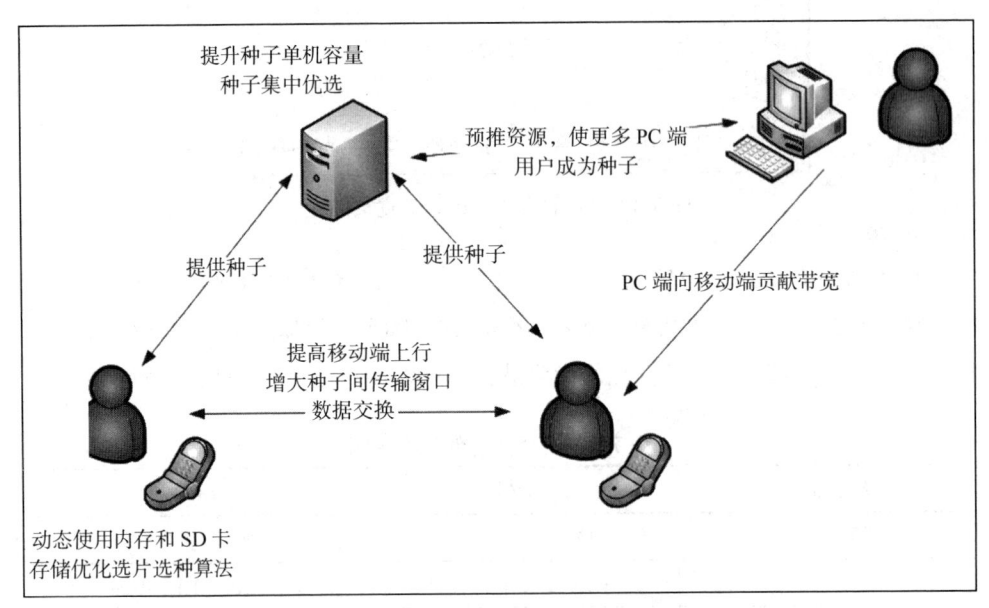

图 7.31　预推资源及扩大 Peer 端缓存

资源预推需要配合 Peer 端本地存储空间优化，以容纳存放更多的种子数据，效果更佳。比如动态调整 P2P 缓存大小，由原来的固定 20MB 改为动态判断：手机剩余内存小于 100MB 时，使用 40%；当手机内存大于 500MB 时，再增加使用

10%的内存，但最大不超过100MB；增加引入SD卡缓存，SD卡剩余容量大于1GB，利用10%用作缓存，上限为100MB。

高质量选种。在P2P种子资源的选择上，首先通过ISP、NAT、平台类型及连接数等属性判定，过滤掉无效的种子，提升种子的可用性，然后通过判断种子的在线时长、上传历史能力、地域等属性进行权重打分，并得到种子的质量等级，得出最优的P2P种子（见图7.32）。这不仅大大减少了种子连接数量与连接压力，也提升了种子连接成功率。

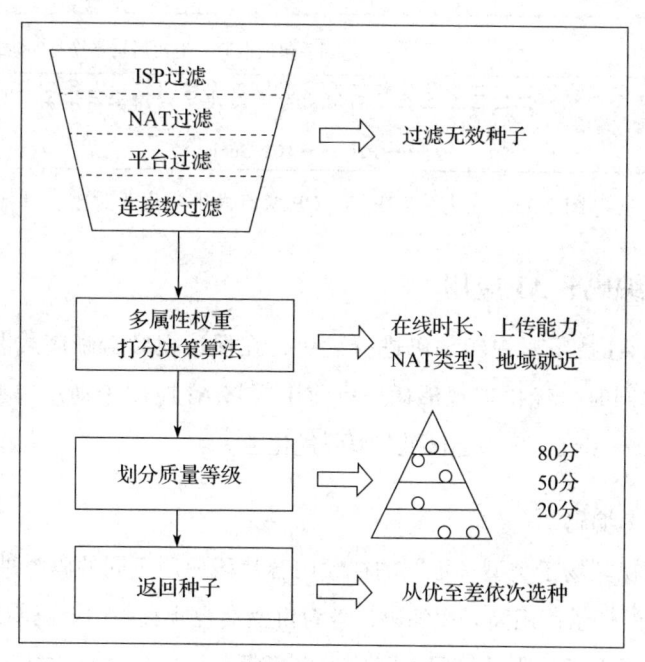

图7.32　高质量选种流程示意图

运营数据表明，高质量选种技术优化措施使得种子连接总次数下降11%，成功率提升2%。

传输协议改良。TCP对丢包敏感，遇到丢包会退避，退避后折半恢复，波动激烈。而P2P窗口机制较TCP更激进，因此可根据带宽与RTT（Round-Trip Time，往返时延）的变化，进行P2P传输协议的改良，提高P2P传输的稳定性与恢复能力（见图7.33）。

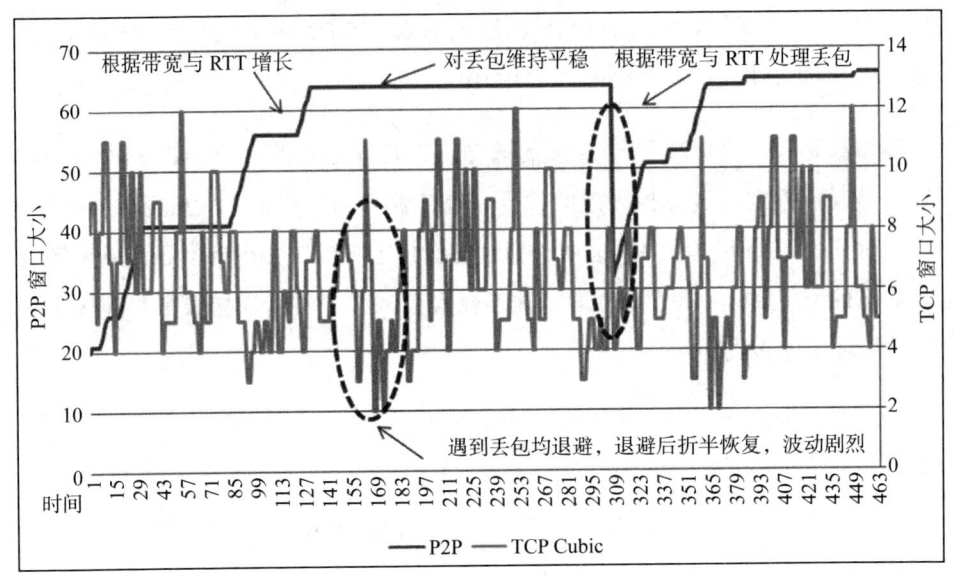

图 7.33 优化后 P2P 与 TCP 窗口大小变化的对比

7.2.6 视频编码：AI 应用

可以使用 AI 技术对视频编码进行优化，在保证视频清晰度或获取更好的用户观感体验的同时，优化带宽消耗。目前主要将 AI 应用于动态码率编码及 ROI（Region Of Interesting，感兴趣区域）编码优化上。

1. 动态码率编码

根据不同视频场景类型，不同的视频内容片段使用不同的码率进行动态编码。例如打斗激烈的场景使用高码率编码，教育讲座类视频宜采用低码率编码；对同一个视频内的不同内容片段可采用不同的码率编码（见图 7.34）。在保证清晰度不变的情况下，以影视类视频为例，通过使用动态码率编码，码率平均下降 11.4%，也就是说平均码率相同的情况下，动态码率编码的视频清晰度会更优（见图 7.35）。

2. ROI 编码

ROI 编码是指利用深度学习，将视频中的人脸识别出来，同时将更多码率分配在人眼感兴趣的人脸区域，弱化背景。使用 ROI 编码，在码率不变的情况下，人脸关键区域的质量提升 3dB，在低分辨率观看条件下，主观观看质量提升尤其明显（见图 7.36）。

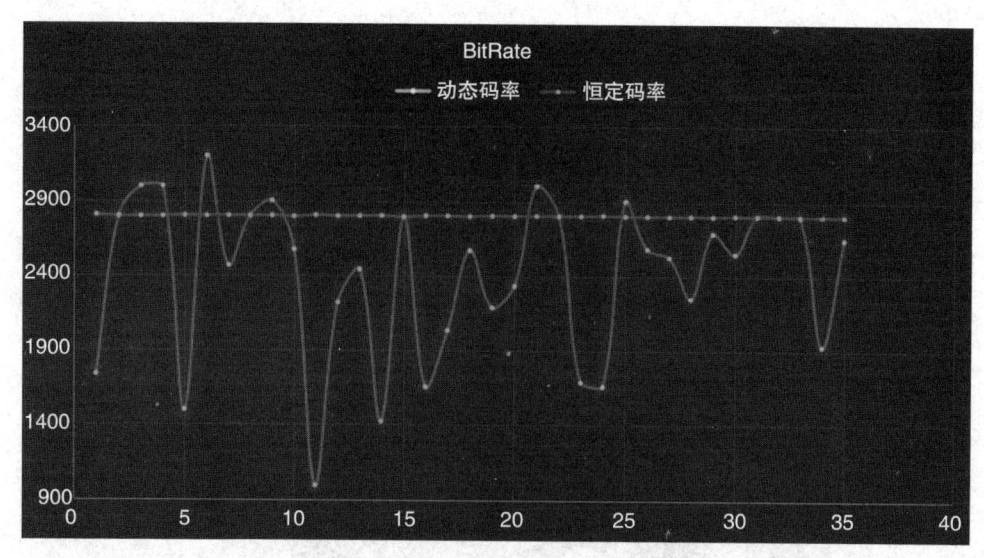

图 7.34 动态码率与恒定码率对比

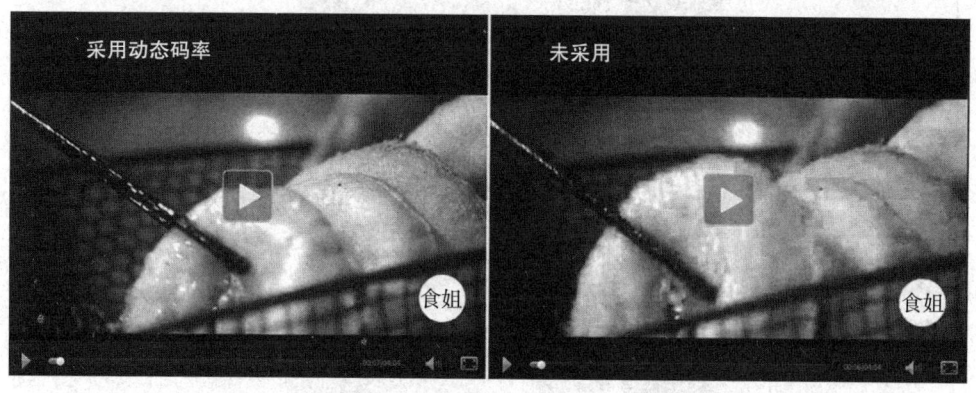

图 7.35 使用动态码率编码的视频（左）清晰度更优

图 7.36 使用深度学习的 ROI 视频编码（右）效果更优

7.2.7 带宽转换

5.1.1 节介绍过 IDC 带宽与 CDN 带宽。IDC 带宽近骨干网核心节点（如北京、上海、深圳、广州等），网络带宽质量越好，可靠性与稳定性越高，但资费也更高；IDC 带宽适合用作源站，可覆盖全网用户。而 CDN 带宽是位于互联网网络边缘（外围）节点的带宽，资费相对便宜；CDN 带宽离本地用户近，适合做内容缓存加速，主要用于覆盖服务本地网络用户。一般 IDC 带宽资费比 CDN 带宽资费贵 2～3 倍。

CDN 节点与源站典型网络关系拓扑如图 7.37 所示。

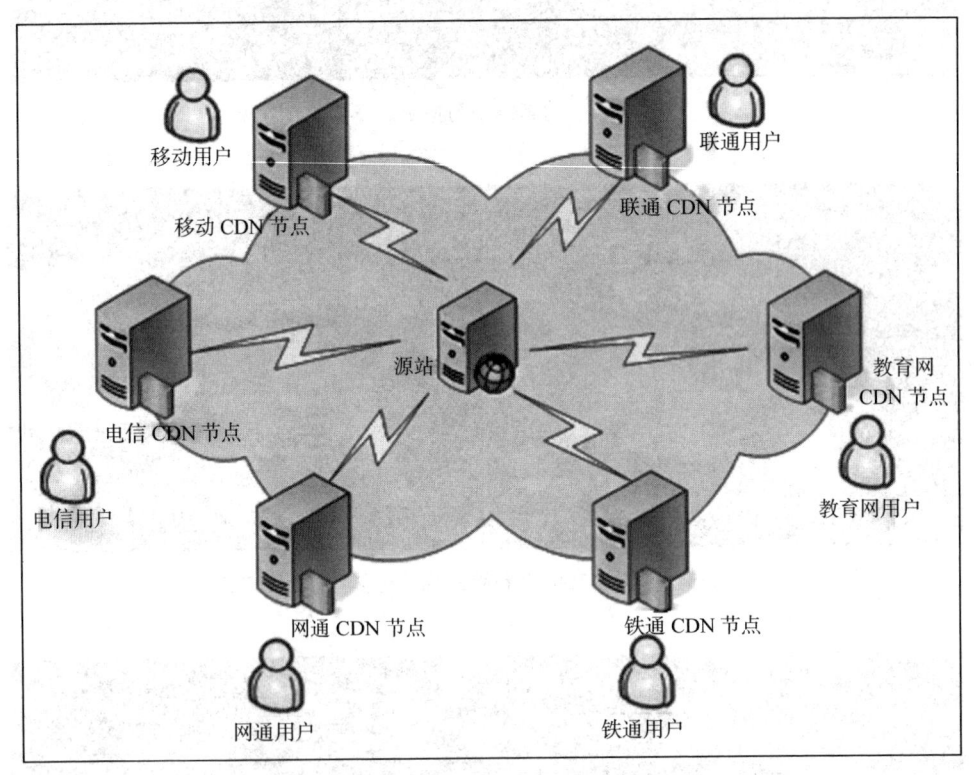

图 7.37　CDN 节点与源站典型网络关系拓扑

互联网业务要合理优化架构，宜充分发挥 CDN 节点网络离用户近及带宽价格便宜的优势，提升用户体验并优化运营成本，即设法将 IDC 带宽转为 CDN 带宽来服务用户。

典型案例是某大型视频应用，通过技术架构优化（如图 7.38 所示）实现 TV 端视频播放服务由区域中心 DC 节点转向边缘 OC 节点承载。

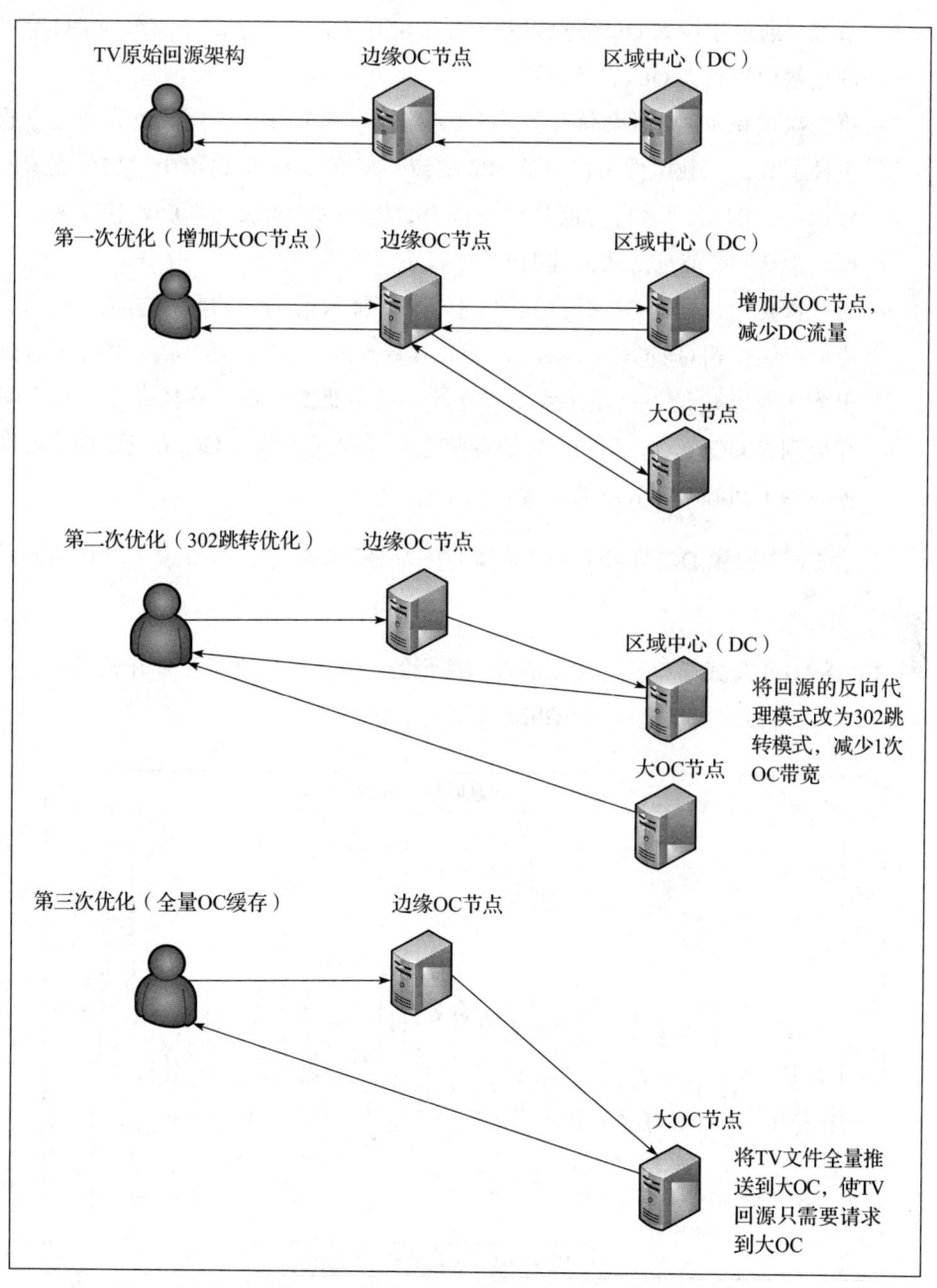

图 7.38　某大型视频应用的 TV 端回源 DC 转 OC 之架构优化示意图

从图中可见，架构优化过程如下：

- 第一次优化（增加大 OC 节点）：TV 端 HLS 流式播放由 DC 节点转为 OC 节点。通过建设大 OC 节点以及回源架构升级，先将一部分回源到 DC 节点的流量切换到大 OC 节点回源。
- 第二次优化（302 跳转优化）：将 TV 播放时的文件下载模式改为通过下载组件下载，下载组件可以支持 302 跳转，在给 CDN 的请求中增加可支持的标识，CDN 处理时将这部分可支持 302 跳转的请求改为 302 跳转模式，从而减少从 OC 节点二次回吐的流量。
- 第三次优化（全量 OC 缓存）：由于 TV 端播放的均为精品库视频，且精品库的存储量相对 UGC（User Generate Content，用户产生内容）视频来说少得多，通过建设一批超级大 OC 节点，以存储换带宽，将精品库文件全量存储到大 OC 节点，所有 TV 回源带宽只需要回源到大 OC 节点，最大限度地减少了回源 DC 节点的流量。

上述 TV 端回源 DC 节点（IDC 带宽）转为 OC 节点（CDN 带宽）的优化效果也很明显：

TV 端 HLS 流式播放回源 DC 节点切换为 OC 节点，从当年 3 月开始切换，到当年 10 月，转移的带宽超过 200Gbit/s（见图 7.39）。

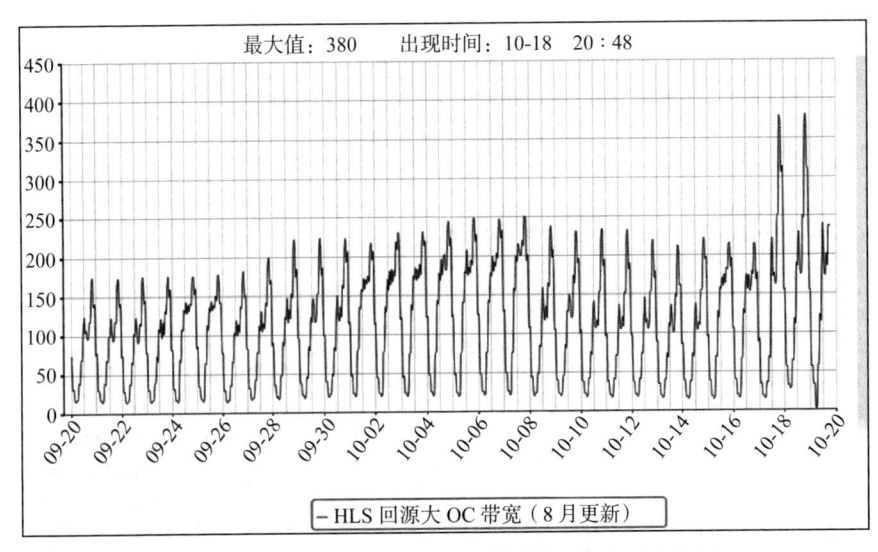

图 7.39　TV 端 HLS 回源 IDC 带宽转 CDN 带宽效果

TV 端进行全量 OC 节点缓存，这个优化在 10 月完成，最终再次降低回源 IDC 带宽超过 300Gbit/s（见图 7.40）。至此，回源 IDC 带宽全部转为价格更优的 CDN 带宽。

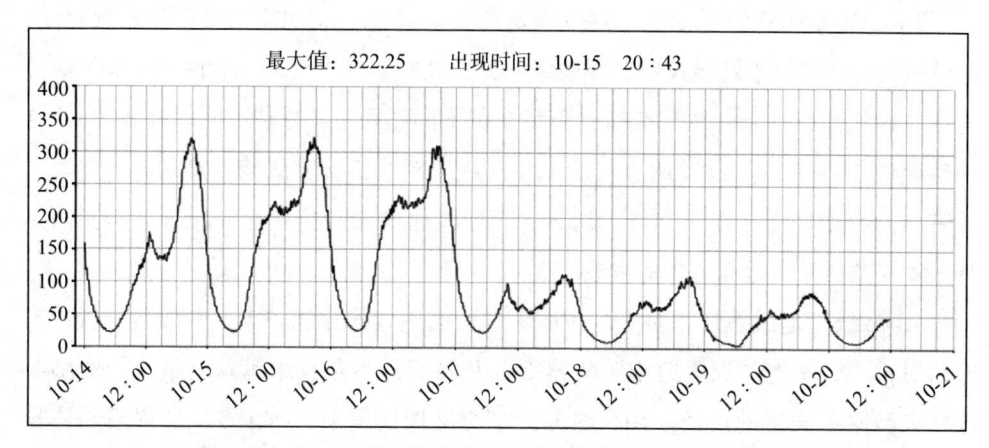

图 7.40 在 TV 端进行全量 OC 节点缓存减少的 IDC 带宽

类似其他高带宽消耗业务，都可以使用带宽转换降低运营成本。如在某大型即时通信应用中，C2C 图片与视频、朋友圈图片与视频等，采取如下 IDC 带宽转 CDN 带宽的精细技术优化措施：

- 搭建更多的 CDN 加速节点，提高用户就近访问的比例，优化用户体验。
- 提升单个 CDN 加速节点的缓存命中率，降低回源站的 IDC 带宽。
- 搭建 SCDN（超级 CDN 节点），提升缓存内容占比。SCDN 节点拥有更大的存储空间，可以缓存更多的内容资源，进一步减少回源站的 IDC 带宽。
- SCDN 节点到 IDC 源站之间尽可能走内网专线。一般而言，节点间内网专线的价格远低于外网 IDC 带宽的价格，进一步优化运营成本。

7.3 专线资源精细化技术运营案例

随着业务的发展体量及资源用量的增加，专线资源的运营同样面临挑战，主要包括：

1）专线流量快速增长带来成本急升。以某企业为例，基于 DCI 专线流量现状及历史增长率推导，骨干环 DCI 专线流量年增速预计高达 180%，DCI 专线资源增速远高于设备与带宽资源的增速，其运营成本占比由 2015 年不及 3% 上升至目前的 6%。

2）DCI 专线建设周期长，难以满足业务发展需求。DCI 专线资源数量有限，相对稀缺；同时由于跨城跨省，因此路径长，经历的节点众多；为保障专线的高可用性与健壮性，每条专线一般需要满足 2 条不同路由（最好是不同运营商的）。这些都导致 DCI 专线建设周期非常长（当前 DCI 专线扩容升级的周期长达 6 个月），对诸如大数据处理、在线支付、OpenAPI 等快速增长的核心业务而言，如何满足及保障其发展需求是相当大的挑战。

3）专线管理成熟度相对落后。由于过往应用架构穿越较少，专线运营成本占比相对较小，本着"抓大放小"的原则，专线管理不是技术运营的重心。但随着近年来微服务架构的广泛使用，服务共享交叉调用复杂，DCI 专线的规模与体量快速增长，相比服务器设备、外网带宽而言，专线管理的精细化技术运营就需要提上日程。

4）部分业务的架构对 DCI 专线依赖过高。对于大型企业，DCI 专线规划建设起步早，整体网络便捷、高速，在某种程度上降低了业务架构的复杂性，但同时也使得业务放低了对架构的要求，过于依赖专线；加上管理手段粗放，专线的使用上较为随意，存在滥用与乱用的情形，进而容易造成专线过载拥塞，甚至对重要的核心业务服务造成影响。

因此，对 DCI 专线资源的精细化技术运营越来越具有重要的价值与意义。同样我们先列出第 6 章已经提到过的专线资源精细化技术运营的要点：

第 1 步　厘清业务的专线流量构成。注意，与带宽有所不同，专线流量构成不仅需要细分到业务，还需要明确专线流量的方向。

第 2 步　建立专线流量模型，明确专线流量的影响因子。

第 3 步　明确专线流量的服务等级（金牌、银牌、铜牌）。

第 4 步　从以下精细化技术运营评估点上逐个检查评估：

1）技术架构冗余类：

- 是否可以使用更低服务级别的专线流量。
- 是否可以使用公网传输。

2）减传输调用量类：
- 是否可以减少不合理/不必要的传输调用请求量（如重复）。
- 是否可以减少流量穿越。

3）减数据传输大小类：
- 是否可以减少每次请求的数据量。
- 是否可以减少传输大小（如压缩、编码格式）。

4）削峰类：是否可以错峰使用。

根据以上思路，我们将通过业务实际案例来阐述如何进行专线资源精细化技术运营。

7.3.1　C2C业务：减少流量穿越

在某大型即时通信系统中，C2C业务是指用户之间发送或拉取各类消息信令及消息内容体的业务统称，主要包括上传或下载文件、发布或拉取朋友圈图片或视频、收藏下载等。该系统C2C业务是技术运营团队梳理DCI专线流量，按"抓大放小"的原则筛查出来的**头部流量业务之一**。

针对这个DCI专线重点流量业务，运营团队与业务部门进行深入沟通，了解其业务技术架构、传输的数据内容，探讨一切可能的流量优化方案。最终与业务部门一起，制定输出业务DCI流量优化方案、优化目标及实施计划，并落实优化项目的跟进责任人。

例如，梳理出该系统C2C业务DCI专线使用架构，示意图如图7.41所示。

明确该系统C2C业务专线使用流量的驱动因素及占比，主要包括：上传文件（49%）、主动推送（19%）、主动拉取（8%）、收藏下载（16%）、朋友圈小视频回源（6%）。

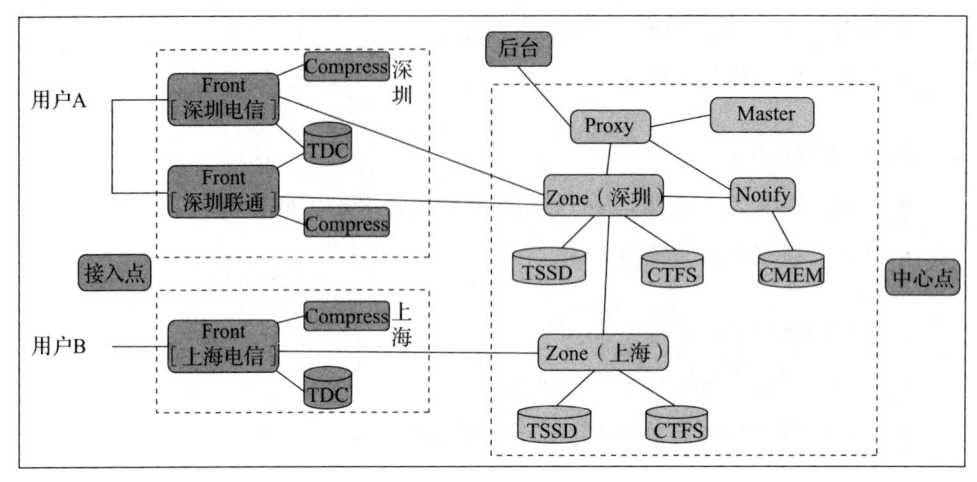

图 7.41 某大型即时通信系统的 C2C 业务专线使用架构

据此，运营团队协同业务部门制定 DCI 专线优化方案与目标，如表 7.5 所示。

表 7.5 某大型即时通信系统的 C2C 业务 DCI 专线优化计划

专线	201510（实际）	2016Q1（推算）	2016Q4（推算）	主要优化手段或策略	应急预案
骨干环	68Gbit/s	80Gbit/s	134Gbit/s	优化目标：−34Gbit/s 1）前端分布超级 OC 节点，覆盖就近用户上传、下载 2）热点视频外调 OC（下载） 3）收藏调整架构集中分布的 SHD 4）朋友圈、小视频的 TJA 节点弃用	支持全量切公网
华南环	51Gbit/s	40Gbit/s	47Gbit/s	优化目标：−12Gbit/s 规整：接入设备、逻辑设备与存储设备同园区	支持全量切公网

注：暂无更新的数据，表中数据用于理解如何进行优化。SHD、TJA 为企业设置的 IDC 节点的编写。

最终，在 DCI 骨干环专线的优化上，该系统 C2C 业务优化减少专线穿越流量达 50Gbit/s。

7.3.2 数据仓库：流量削峰

某企业数据平台部提供企业分布式数据仓库集群，为业务部门提供公司级的大数据存储和分析计算服务。CDW 基于开源软件 Hadoop 和 Hive 进行了大量优化和改造，结合开源工具进行开发，并根据数据量大、计算复杂等特定情况进行深度定制，打破了传统数据仓库不能线性扩展、可控性差的局限。

CDW 的整体框架示意如图 7.42 所示。

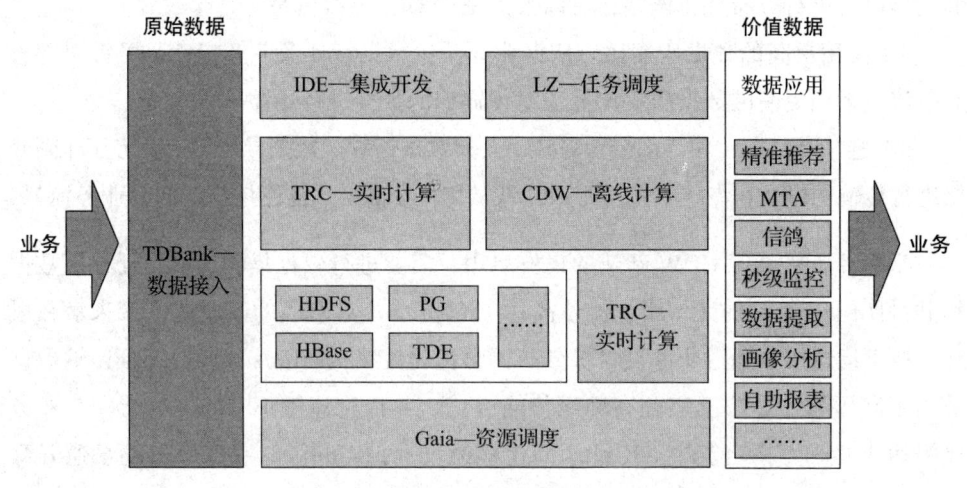

图 7.42 CDW 框架

通过 CDW 框架可见，CDW 具有以下网络特征：

- 接收汇集各业务的原始数据，数据存储量大，且多用于离线计算。
- 基本无外网带宽需求。
- 在分布计算时，要求在集群内设备间拉取数据，集群内网络交互传输流量高；为防止对业务生产系统影响，宜独立网络部署（设立专区）。
- 数据处理的结果与报表，供业务侧按需查询或拉取。

由于使用数据仓库服务的各业务分布在全国各大 IDC，而 CDW 集群是集中专区建设与部署，且集群数量有限，业务数据汇集及数据处理结果输出必然导致大量的专线流量使用。精细化技术运营需要确保数据仓库服务的专线流量合理使用。

在数据仓库服务的 DCI 专线流量精细运营上，主要采取了以下优化措施：

1）专线流量突发异常的监控及合理性评估。密切监控 CDW 服务的 DCI 专线流量使用，对流量突发异常进行评估，如该异常状况是否是常态，峰值时点及流量等级是否合理等。例如，监控发现 CDW 服务流量在骨干环中的 DCI 专线上有 24Gbit/s 的流量突发，联合业务进行分析与评估，明确其中有 17Gbit/s 是来自某大型业务的不合理瞬发流量，通过推动业务调整，最终优化掉异常的 10Gbit/s 专线流量。

2）数据接口分布优化。依据业务特性及分布，对其数据上报或汇集 CDW 集群的接口机进行分布优化调整，可以大大减少 DCI 专线流量穿越。

3）使用更高的数据压缩比。依据业务流量数据特征及业务特性，可针对部分业务流量采用更高的数据压缩比算法对传输前的数据进行压缩。

4）避开高峰期传输。部分业务流量（如数据迁移、数据导出等）设定在非高峰期进行传输，以及在专线容量不足或专线故障/异常时，暂停传输该部分业务流量。

举例而言，某年 CDW 新建的集群启用，需要进行数据集群迁移，迁移该数据集群时使用华南环 DCI 专线，流量高达 150Gbit/s，对专线的安全运营带来潜在风险。技术运营团队通过业务接口机分布调整优化流量 20Gbit/s；针对部分传输数据采用更高压缩比算法及避开高峰期传输方式，共优化流量 10Gbit/s 以上；与业务部门达成共识，指定其中 60Gbit/s 的迁移流量及 10Gbit/s 的数据导出流量避开高峰期传输，并可在专线异常时中断此部分流量传输。

7.3.3　信安业务：架构调整

信安业务是企业级的信息内容安全保障服务，如内容鉴黄服务，其业务架构示意如图 7.43 所示。

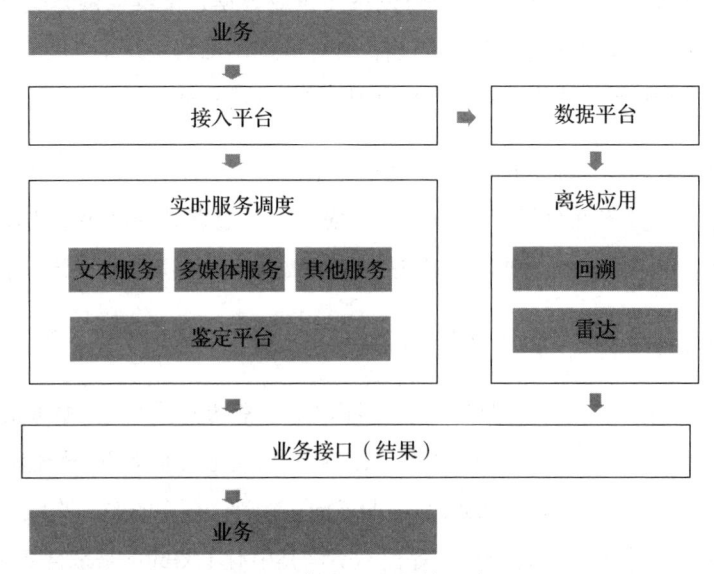

图 7.43　信安业务架构示意图

从图中可见，信安业务与数据仓库服务有类似之处，不同之处是信安业务不需要专有的网络及集中的服务器资源专区来承载，可随业务调整及部署。技术运营团队发现，近年来信安业务 DCI 专线流量有快速上涨的趋势，骨干环 DCI 专线使用流量已超 80Gbit/s（双向），联合业务部门排查，发现以下可精细优化的空间：

- 信安服务版本过多。基于历史原因及可随业务调整的特性，信安业务部署的服务版本过多，数量超过 50 个，不仅维护困难，也难以标识服务等级。
- 相同内容重复拉取。即使信息内容相同，信安保障服务针对每次请求都会从源站重新下载，导致重复拉取。
- 内部模块分布不合理。信安业务服务由多个内部模块构成，模块间交互复杂且存在跨地区调度，带来各种专线流量穿越。

针对上述优化空间，展开精细技术运营的措施如下：

1）合并服务版本。将信安服务整合收归为三类业务服务集群，同时规划梳理更合理的产品方案，区分标识专线流量服务等级，提升服务质量。

2）优化下载服务。针对信安保障服务的业务场景，尽可能避免或降低从源站的重复内容下载拉取。

3）优化业务逻辑及调整业务部署。依据源内容业务的分布，合理部署各类集群及合理分布集群内各服务模块，减少流量穿越。

经过精细技术运营优化，信安业务的 DCI 专线流量减少 20%，同时从业务保障上看，服务可用性由原来的 98.5% 提升到 99.9%。

7.3.4 流量类型：差异化升级

在评估专线利用率及服务等级、梳理业务流量及其主要场景与传输内容时，技术运营团队要对流量现状的合理性保持怀疑并提出挑战，包括流量类型与服务技术标准，并探讨是否有优化空间。例如，重新审视、评估企业 DCI 专线运营管理规范与技术标准，发现以下问题：

1）DCI 专线利用率标准偏低。单条专线利用率（金牌＋银牌＋铜牌）总体控制在 40% 以下，以保障专线的承载与高可用。该运营标准基于以下两点考虑：

- 专线流量使用超过 80% 时，会产生丢包。
- 专线中断切换到备用链路时，确保备用链路仍可承载。

2）专线流量服务等级默认标准过高。专线流量服务默认为银牌（需要保障级别的流量等级），即业务部门未经申请而直接使用 DCI 专线上进行数据传输占用的流量，其服务等级默认为银牌。当时的流量服务等级统计金银铜流量占比为 3：6：1，金银流量占比超过 90%。

3）某些特定场景业务经架构调整，可支持公网传输并接受公网的传输质量。某些特定场景的业务，如 C2C、VOIP、长连接等，因传输内容可以容忍短时间传输中断或少量丢包，或者其业务架构经调整可以支持临时切换到公网进行传输。

4）专线故障或过载的情况较少且恢复较快。按照运营商的服务等级协议（SLA），常态下专线在绝大多数情况下是可用的。

本着持续推进架构能力提升与运营成本优化的原则，技术运营团队提出了 DCI 专线运营流量差异化管理的一些新思路：

1）重新定义铜牌流量保障等级。新铜牌流量定义为需要长期低成本传输或临时使用的流量；这些业务流量平时占用专线传输，在专线或设备出现故障的情况下尽力传输，但不保证传输质量。这要求新铜牌业务可忍受临时中断或在架构上支持临时切换为公网传输（见表 7.6）。

表 7.6 DCI 服务分级表

服务等级	丢包率	可用率	适用业务场景及服务保障说明
金牌	<2%	99.50%	承载关键的需要时时通信的专线流量，在专线/设备部分故障的情况下，金牌流量始终跑在专线上
银牌	<2%	99.00%	承载对可用性要求不高，能接受短时间质量变差的流量，在专线/设备故障的情况下，银牌流量可能会绕行
铜牌	<3%	99.00%	承载需要长期低成本传输或临时使用的流量，平时在专线上传输，在专线/设备故障的情况下，尽力传输

2）区分专线常态与故障/过载情况。专线常态可用时，新铜牌流量由专线承载，但在专线故障或过载的情况下，通知业务部门将部分新铜牌流量切至公网运行（仅需要切走部分铜牌流量，使总专线流量降低至安全运营线以下即可）。

3）高保障等级流量的使用需要申请。业务使用 DCI 专线高保障等级流量，也要像使用设备与带宽预算一样，需要一个审批流程，未经申请也可以直接使用，但默认流量保障等级为铜牌。这样也推动业务使用方持续优化架构，谨慎使用高等级保障的流量。

经场景化区分业务流量、更新铜牌流量定义，专线利用率理论上可由原来的 40% 大幅提升到 80%，即高等级保障流量（金牌+银牌）不超过 40%，专线总承载流量（金牌+银牌+铜牌）不超过 80%。

明确上面 3 点思路后，技术运营团队更新了 DCI 专线资源使用流程与规范。在完成业务部门的宣导后，优先推动完成 DCI 专线流量的 TOP20 业务（如 C2C、VOIP、长连接、多媒体、相册等）的金银转铜工作，最终，一年内由金银高等级保障流量转为铜牌等级服务的流量高达 170Gbit/s。

精细化技术运营推进的 DCI 专线流量服务差异化管理，其效果是十分明显的，如图 7.44 所示。

由图中骨干环 DCI 专线业务流量走势可见：一年内骨干环 DCI 专线总体流量得到了有效控制，专线资源的利用率显著提高；高等级保障的金/银牌流量保持了相对稳定，有力保障了重点业务的发展需求；铜牌流量由约 80Gbit/s 增长到接近 300Gbit/s，占比由原来的 10% 提升到 30%，铜牌流量的大幅走高，不仅降低了业务成本，也从侧面说明业务的架构能力得到了提升和优化。以特定场景的业务为例，C2C、VOIP、长连接等业务具备了 DCI 专线故障情况下自动切外网的能力，其容灾架构也得到了明显的改善与优化。

7.3.5 管理规范：持续完善

为了确保业务部门合理使用专线，准备规划业务匹配使用流量等级，持续提升业务容灾架构能力及有损服务水平，需要持续完善并发布企业层面的"DCI 专线运营管理办法"，并建立健全专线故障或过载的应急预案以及例行演习制度。

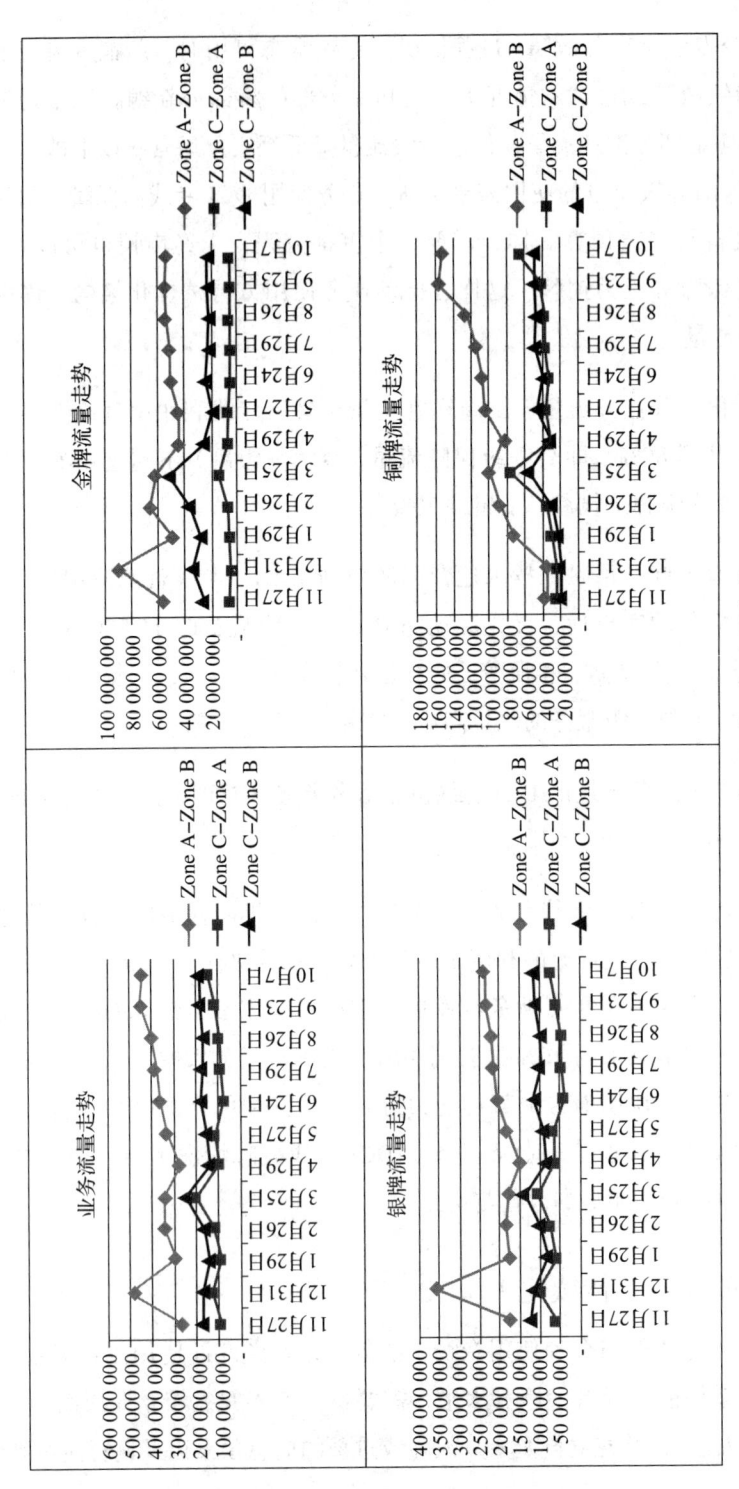

图 7.44 骨干环专线业务流量走势

1)每年定期审视专线运营管理规范。

依据专线流量运营数据及专线资源建设扩容的变化,优化专线流量服务等级、规范专线的运营管理流程与使用办法。以 DCI 专线资源使用审批流程为例(见图 7.45),通过完善 DCI 专线资源使用的审批流程,要求业务使用高等级保障(金牌或银牌)流量或需要变更服务等级(比如铜牌提升到银牌或金牌),按流程进行申请,同时结合业务指标给出专线资源用量及推导过程,确保 DCI 专线资源被合理使用。

业务申请 ⇨ 业务指定接口人审批 ⇨ 运营管理部负责人审批 ⇨ 网络部负责人审批 ⇨ 实施变更

图 7.45　DCI 专线资源申请审批流程

专线资源需求申请提单示例如图 7.46 所示。

```
需求类型:DCI打标申请
申请人:
申请部门:运营管理部
*需求级别:○日常需求 ○紧急需求
承诺完成时间:请尽快完成部门内审批,然后我们将在■个工作日完成审核,■个工作日内完成实施。
*需求标题:
关注人:
*需求原因:

需求说明:【金、银牌】流量需求,须描述清楚以下内容,否则可能会被驳回:
  1)注明当前架构及使用跨城金/银流量的原因
  2)有业务指标推导合理使用的金/银流量大小的过程
  3)金/银流量峰值大致时点及是临时使用还是长期使用
  4)未来金/银流量可优化的方向等
```

图 7.46　DCI 资源打标申请表

当然业务不经申请,也可以使用专线资源,但默认业务使用专线的流量保障等级为铜牌。

2）建立不定期举行的 DCI 专线例行演习制度。

为验证重点业务容灾架构能力，需要技术运营团队与业务部门一起建立不定期举行的 DCI 专线例行演习制度，同时通过演习不断完善专线故障或流量过载的应急处置预案。

例如，2016 年全年，技术运营团队组织业务部门共实施 5 次以上大型专线中断演习（不设定中断的具体日期与时间以进行专线故障或流量拥塞仿真模拟），验证 C2C、VOIP、长连接等专线大流量业务的容灾切换能力，持续评估不合理的使用及缺陷，推动业务部门持续优化改进架构的能力。通过演习进一步促进业务完善专线异常情况下的应急预案（见图 7.47）。

```
【演习时间】
8月22日-8月26日其中一天晚高峰时间段。
【演习目的】
DCI 常态化故障演习，验证 DCI 上 QoS 是否符合预期，铜牌业务的容灾能力和迁移能力。
【演习影响】
1.正常情况下，▇▇至▇▇单方向链路会出现逻辑拥塞，铜牌流量会出现部分丢包，其他属性流量无影响，银牌和默认流量可能出现绕行▇▇现象，金牌流量不受影响。
2.极端情况下，可能会导致银牌和非打标流量出现丢包。
【回退时长】
可在 5 分钟内完成回退。
```

图 7.47　故障演习通知邮件

演习结果举例见表 7.7。

表 7.7　DCI 专线拥塞故障演习结果汇总

演习目的	8月23日演习结果			
	迁移能力	迁移流量	迁移耗时	业务影响
C2C 业务迁移	部分自动迁移失败，自主迁移	12	2 分钟	有感知
VOIP 业务迁移	自动迁移	—	—	无
长连接业务迁移	自动迁移	—	—	无
无线云安全	自动迁移	—	—	无
DCI 金银铜 QoS 验证	铜牌业务丢包、金银牌业务无影响，QoS 符合预期			

7.4　其他精细化技术运营案例

除了上面介绍的设备、带宽、专线等资源，还有很多资源需要考虑精细化技术运营，下面就介绍几个具体案例。

7.4.1 GPU 算力池化及调度

2020 年以前，业界使用的算力资源对象还是以 CPU 为主，资源的虚拟化和云化技术也主要围绕 CPU 展开。近几年，随着 AI 技术的快速发展与应用，深度学习、大模型应用等规模化扩张，2022 年被业界称为 AIGC 元年，企业在 GPU 算力资源方面，规模已经达到千张甚至万张 GPU 卡以上的规模。

当前 GPU 算力资源成本昂贵，而需求又非常强烈，规模也增长到一定的程度，在管理、调度、分配和使用上均面临较大挑战，参见表 7.8。

表 7.8　GPU 算力资源面临挑战

GPU 资源	面临的主要挑战
使用方	**资源分配不灵活**：应对训练、推理等各种 AI 应用场景，无法实现资源动态、快速的分配，资源拆分等
	算法工程师资源与算力资源配比难：1∶1 配比，GPU 使用率低；$N∶1$ 配比，工程师效率低
	底层调优复杂：维护 GPU 驱动、CUDA 框架及调优模型等
运营方	**资源管理手段缺乏**：资源分散，缺资源池及监控、调度管理平面
	云环境融合差：缺少虚拟化匹配技术，动态、智能地提供 GPU 资源
	资源利用率低：主要为独占模式，以保障业务及工程师效率
	资源网络要求高：大模型训练的流量模式为同步性更强、粒度更小的突发流。丢包容忍度低，流量拥塞风险大，故障冗余程度低，单点故障影响广

有挑战就有精细化技术运营的空间，在实战上，业界通过 GPU 算力池化、计算精度优化、行训练优化、网络监控优化等措施，探索了一些新方法，有一些不错的案例。

1. GPU 算力池化

GPU 算力池化可以通过以下几种方式逐级实现。

- **实现简单虚拟化**。将物理 GPU 资源按照固定比例切分为 vGPU，如 1/2、1/4。算力和显存资源仍为独占模式，不支持动态调整资源。
- **实现任意虚拟化**。将物理 GPU 资源从显存、算力双维度，分别按 % 和 MB 颗粒度进行任意切分，支持动态调节算力与显存资源。

- **实现 GPU 算力远程调用**。将 AI 应用与物理 GPU 服务器分离部署，AI 应用可以部署在云化基础设施的任意位置，通过网络远程调用 GPU 资源。此时对于网络要求（性能与稳定性）大幅提高。
- **实现 GPU 算力资源池化**。完成建设统一的资源监控与调度管理平台，GPU 资源可以监控、调度及回收，实现 vGPU 资源按需调整，动态伸缩。

GPU 算力资源池化之后，可带来如下收益：

- 通过资源切分与并行使用，带来 3～5 倍利用率的提升，有效缓解资源紧张，节约硬件开销。
- GPU 资源共享使用，提升 AI 应用范围与效率。横向打通，消除孤岛，避免独占，让用户轻松共享所有 GPU 资源，大幅提高效率，节省大量调度与等待时间。
- 软件定义让底层硬件的管理 / 调度更加智能。

2. 计算精度优化

GPU 的强大之处在于其浮点计算能力。浮点数是计算机上最常用的数据类型之一，常用的浮点数有双精度（FP64）和单精度（FP32）。而 Nvidia（英伟达）增加支持半精度浮点数（FP16）。双精度和单精度是为了计算，而半精度更多的是为了降低数据传输和存储成本。事实上，在很多场景下降低精度对训练的结果并没有影响，对于精度要求也并没有那么高，如分布式深度学习使用半精度，相比单精度可以节省 50% 的传输成本和存储成本。

另外，从 Nvidia V100 开始，推出 Tensor Core，可以处理混合精度计算。即训练时在模型中同时使用多种位浮点类型，从而加快运行速度，减少内存使用。例如通过让模型的某些部分使用 32 位类型以保持数值稳定性，某些部分使用 16 位缩短模型的单步用时，在评估指标（如准确率）方面仍可以获得同等的训练效果。随着 Nvidia A100 的发布，Tensor Core 进化到第三代，可以加速几乎所有的常见数据类型，包括 FP16、BF16、TF32、FP64、INT8、INT4 和二进制数据。从实际训练效果来看，Tensor Core 混合精度计算对常用的图像分类、目标检测以及一些循环神经网络模型训练的加速效果还是不错的，最高可达 2.3 倍的加速提升，如图 7.48 所示。

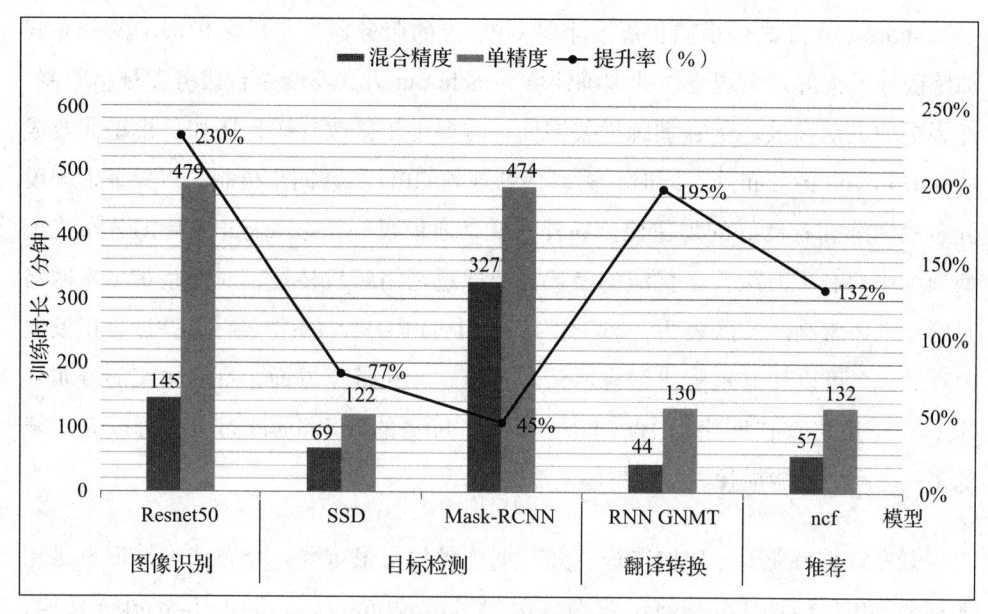

图 7.48 混合精度与单精度模型训练时长对比

计算精度的优化可以明显降低对 GPU 算力资源的占用,同时在模型训练和推理的速度方面也都有较大提升。深度学习的大模型在未来可能会有几万亿个参数,混合使用 FP32、FP16、INT8 甚至更低精度的 INT4,对于提升业务应用效率及降低成本非常有价值。

3. 并行训练优化

大模型训练对 GPU 算力要求非常高,特别是当需要用很多数据、大量参数进行训练时,训练周期一般以周、月来计算。使用更多 GPU 卡来加速这个训练过程,就是并行训练优化。从最佳实践来看,主要有通过硬件的纵向扩展(scale-up)及横向扩展(scale-out)方式及软件的分布式训练框架/架构调整来进行并行训练优化。

scale-up 方式就是在单台服务器扩容增加更多 GPU 卡,如 4 张、8 张甚至 16 张,一个训练任务使用这个服务器内的多卡资源即可。该方式的好处是深度学习的软件框架实现简单,只需修改环境变量参数即可。但其并行 GPU 算力的扩展性受限于单机物理服务器规格。

scale-out 方式是横向扩展多个带 GPU 卡的服务器，组成多机多卡的分布式训练服务器集群，实现更快的训练速度。sacle-out 方式不受单台服务器规格限制，部署更加灵活高效。但在训练框架层面，需要手工修改代码，比如将模型修改成适配 Horovod 的分布式。同时，需要仔细规划 GPU 参数同步机制，以保证大规模分布式训练拥有良好的加速比。另外，就是通信机制，scale-out 支持的分布式模型训练中，有千万级甚至亿级的参数需要通过网络跨机传输，对网络带宽、网络时延要求非常高。实践表明，25Gbit/s 及以上的 RDMA 网络（绕过 CPU 直接读取内存数据）可以较好地解决跨机通信时延问题。在带宽方面，目前主流的分布式 GPU 训练集群首选网络以 100Gbit/s 或 200Gbit/s 的 Infiniband 为主，可以有效降低多机之间的性能损耗，实现更好的加速比。

分布式训练框架 / 架构选择对并行训练优化也很重要。分布式训练框架是用来保障 GPU 之间的参数同步机制。例如 TensorFlow 默认使用 PS-Worker 架构，以参数服务器的方式来保障 GPU 参数同步（如图 7.49 所示）。即选择一张（或多张）GPU 卡作为参数服务器，其他 GPU 卡作为工作服务器，其中参数服务器存放模型的参数，而工作服务器负责计算参数的梯度。在每个迭代过程中，工作服务器从参数服务器中获得参数，然后将计算的梯度返回参数服务器，参数服务器聚合从工作服务器传回的梯度，然后更新参数并广播给工作服务器。来回的通信量为 K（参数量）$\times N$（GPU 数量）$\times 2$（双向通信）。因此，在模型参数固定的情况下，GPU 卡数量越多，对带宽的占用就越高，线性加速比就越差。而 Horovod 分布式训练框架支持 TensorFlow、Keras、PyTorch、Apache MXNet 等，其采用 Ring-Allreduce 架构，可以有效提高多 GPU 之间的通信效率。Ring-Allreduce 架构没有中心节点，节点之间为环形拓扑。该架构中的每个节点都是梯度的汇总计算节点，都参与计算与存储，各个节点之间只与相邻的两个节点通信，不需要参数服务器。因此，相比 PS-Worker 架构，Ring-Allreduce 是带宽优化的，且参数传递耗时并不会随着设备节点的增加而线性增长，性能更优（如图 7.50 所示）。

综上所述，通过 GPU 算力资源的硬件扩充、通信网络升级、框架优化，可以充分发挥每一片 GPU 卡的性能，降低损耗，逐步提高并行训练的效率。

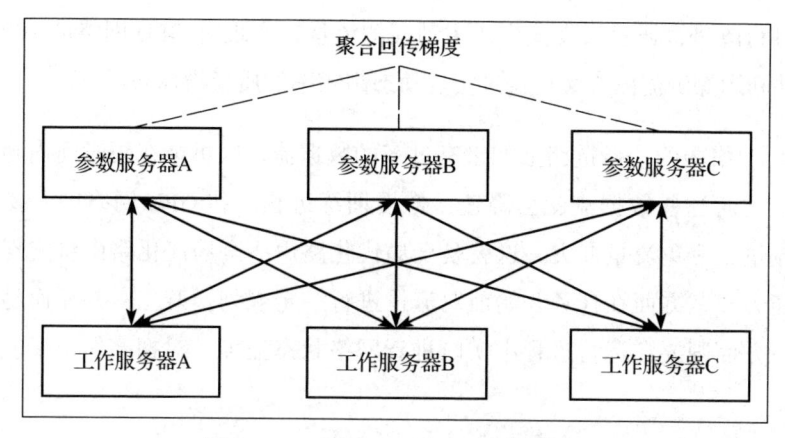

图 7.49　PS-Worker 分布式训练架构

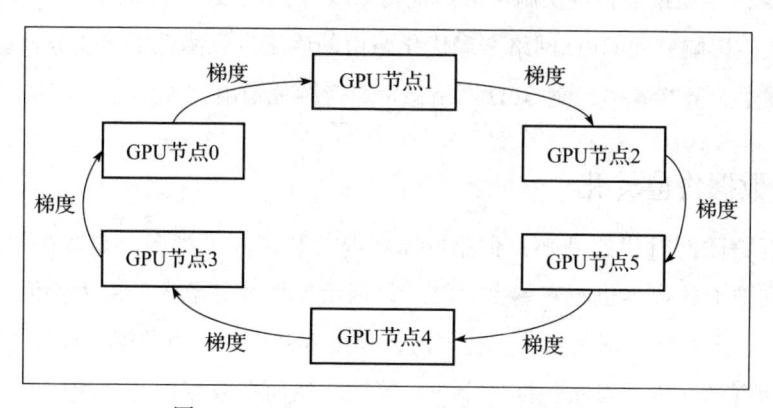

图 7.50　Ring-Allreduce 分布式训练架构

4. 网络监控优化

针对 GPU 网络存在高事故率和次生灾害影响大的特点，需要设计新的监控系统。例如，与传统网络的流量模式不同，大模型训练的流量模式为同步性更强、粒度更小的突发流。尺度更大的秒级、亚秒级监控已经无法满足对链路状态的测量需求。以链路吞吐指标为例，流量在一秒内产生多次持续时间为毫秒至数十毫秒的脉冲波动，在秒级尺度观察只能看到链路处于一个稳定的、毫无波动的低负载状态。这两种状态天差地别，在故障发现和定位的逻辑上也会得到不同的结果。为了呈现链路的高频变化，数据平面支持动态调整采样频率，在执行业务重保时可以达到每秒百次的采样频率。

通过在 Pingmesh 类监控系统的基础上对探测流的密度、探测频率、信息密度等方面进行改进，通过启发式生成主动探测流量，实现对 GPU 网络的 100% 监控覆盖，并利用探测流的交叉覆盖来实现动态高频率的质量指标采样。

GPU 网络中的一条链路上如果有过多的数据流，很可能在短时间内超过链路总带宽，这时这些数据流就会降速，拖慢训练进程。在 GPU 网络中，要有控制和调度流量，避免流量冲突，这就是全局优化路由。全局优化路由将实现流量规划调整能力，一方面在任务开始前对流量进行一定规划，避免一些显而易见的拥塞；另一方面则要在运行过程中实时进行网络状态监控，对拥塞做出反应，避免拥塞。

GPU 网络质量监控的实施可大幅优化 GPU 网络中故障的处理时效，降低故障引发的次生影响；而 GPU 网络全局优化路由的应用有效降低了多业务训练流量在网络中发生拥塞的概率，使 GPU 网络稳定、持续地输出。

7.4.2　数据价值转化

随着物联网时代的到来，企业可以获取的数据越来越多，花费在数据存储、管理与维护上的成本也越来越大。对于数据重要性及其蕴含的巨大价值，无论是业界专家、企业甚至国家相关主管部门，都是有共识的：将数据定性为生产要素、数据作为资产入表、发布数据安全法，等等。然而在数据的实际使用方面，大多停留在看板、报表层面，在价值转化的深度及收益方面，数据的作用却并不明显。数据作为资源（资产），在发挥其真正价值方面存在巨大的优化空间。

以离散型工厂常见的注塑机为例，一台典型的注塑机有多达 790 个传感器，每天可以生成 6826 万条数据，这些数据若全量存储，一年会占用企业 23TB 的存储空间。但实际上这些数据并没有及时、充分地利用，比如单次注塑生产操作涉及的关键工艺参数调节涉及几十种，生产出质量合格的注塑产品的工艺参数组合可能有很多组，哪一组是质量合格且能耗最低、效率最高的？随着时间的推移，其温度传感器可能有超过 30℃ 的偏差，进而导致生产效率下降，如何避免？如何减少工艺参数调整严重依赖工艺师的情况？等等。人员经验、设备状态、物料构成、生产过程、环境因素等数据可用来改善工艺、优化能耗、提升产能、降低故障停机时长等，从而给企业带来可观的成本节约与效率提升。

探索企业数据治理，助力形成数据资产，并进行数据的高价值转化与应用，让数据成为企业新的生产力，具有积极意义。

1. 数据价值转化的方法论

技术运营团队要实现数据要素的高价值转化，需要结合数字技术、智能技术，叠加行业知识，涉及 6 个步骤，如图 7.51 所示。

图 7.51 数据价值转化步骤

价值定义是明确数据挖掘需要转化产出的具象化业务价值点与目标，让数据价值转化的技术运营工作做得"有的放矢"，例如：

- 设备停机时长下降 30%。
- 生产能耗下降 10%。
- 生产效率提升 15%。
- 质量良率提升 5%。
- 产线用工人数减少 8%，等等。

数据获取是明确可用于分析、挖掘、计算、转化的数据来源、获取方法及进行数据存储汇聚，包括但不限于：

- 物联数据。
- 物联接入获取方法（如传感器、通信协议）。
- 业务系统数据。
- API。
- 数据存储空间。

统一数据是指将获取的数据通过集成、格式化与标准化转换及治理，包括提供数据导入、导出、打标等管理与服务的平台及工具，最终形成符合价值转化标准要求的统一数据（资产），涉及：

- 数据集成。
- 数据标准化。
- 数据治理。
- 数据资产仓库。
- 数据服务（脱敏、定价、交换等），等等。

模型建立是指通过大数据训练、数据模型选择、算法研究等，最终建立数据价值转化的理论模型的过程，包括但不限于：

- 训练框架。
- 模型选择。
- 确定参数。
- 模型训练与试验。
- 验证优化。
- 模型建立。

价值实现是指通过编程研发实现数据价值模型、构建业务数据价值应用并上线、进行业务使用验证的过程，涉及：

- 模型代码开发。
- 模型应用上线。
- 业务使用反馈。
- 数据价值验证。

复制扩展是指将已经验证的数据价值转化的模型及最佳实践方法与过程进行更深程度与更大范围的复制、扩展与推广，例如：

- 进行单个企业"注塑机→吸附机→数控机床→更多范围的高端装备"的数据价值转化复制。
- 进行单个企业"高端装备→复杂产线→先进工艺→全局优化"的更深程度的扩展。
- 进行"单个企业→多个企业→产业链上下游"的延展。

2. 某企业注塑车间数据价值转化实践

天津某离散型制造企业两年前已经实现设备物联，将重要的注塑设备状态与工艺执行参数数据上传到 IoT 平台，希望通过数据的高水平应用，实现注塑车间提效降本、节能降耗的高价值转化，并希望打造工业 4.0 下数据增值服务样板。

在价值定义方面，技术运营团队经过与业务链群团队反复沟通，明确（一期）需求与具象化数据转化价值为：用 3 个月的时间实现两个数据智能模型（机台匹配与停关机决策）落地，单件生产能耗平均下降 5%。

专项项目启动之后，在数据获取方面进行数据源确认（参见表 7.9），暴露出现有数据点位不一、采集频率不一、数据不全等，同时数据维度众多、模型因子关系繁杂等问题，困难重重。在此阶段，补齐了缺失数据点位，实现了这些点位数据的采集，增加了模具物联盒子数据、模具 CAD 图纸数据、模具生产数据以及线下质量数据等。例如，模具的维度数据包括模具吨位、浇口宽度、产品型号等，该数据存储于其他业务系统中，需要定时或实时导出数据。

表 7.9 某企业注塑车间现有物联数据

数据源	历史数据（经过压缩）	增量数据
注塑机数据	2023-4-1 至 2023-8-10，每天 50 万条，总计 7000 万条	7200 条/s，每天 6.2 亿条，70GB 数据量
注塑模具数据	2019-1-1 至 2023-8-10，每天 2000 条左右，总计 133 万条	每天 2000 条

技术运营团队对现有数据进行了洞察，发现若干数据问题，包括：①时序数据库压缩后数据丢失问题；②出现未来数据问题；③最新的日期出现历史数据问题；④数据断线，较长周期没有数据问题；⑤数据重复等。针对这些问题，进行数据统一处理，同时设定数据监控和预警机制，以保障新进来的数据符合数据标准。数据统一处理涉及：

- **数据源修复**。反向推动数据获取时存在的多线程并发性、稳定性等及点位缺失、点位数据为空等问题的解决。
- **数据清洗**。进行数据精度处理、数据去重、数据补全等。

- **维度关联**。围绕模具、设备、图纸、点位等数据进行关联。
- **数据标准化**。规范数据点位的标准、格式、精度、频率及接口等。
- **数据转换**。通过时间关联进行行转列处理、算法计算等。
- **数据资产沉淀**。进行数据抽取、合并、脱敏、计算、标签标记等，形成数据资产并存储、登记。

针对价值定义的目标，需要建立数据模型。这是整个数据价值转化的核心，不仅需要应用数据技术、算法技术、人工智能深度学习技术，还需要融合专业知识（设备机理、工艺方法、产品特性与质量要求等），技术要求高、专业性强、耗时长、难度大。在实践案例中，两个数据模型的建立过程，是由数名研究院博士组成的专业团队进行训练框架、影响因子、关键因子相关性分析（参见表7.10）、数学模型、参数调整、DOE正交实验设计等研究，并历时近2个月在企业车间不断试验调优（参见表7.11），最终迭代形成。

表 7.10 产品质量 / 效率 / 成本等要素的关键因子相关性分析

	周期	能耗	高度	重量	是否胡糊料
关键影响因子	冷却时间	保压压力1段	炮筒温度4段	注射位置3	炮筒温度1段
	注射位置3	炮筒温度2段	冷却时间	炮筒温度2段	炮筒温度5段
	环境温度	保压压力2段	塑化速度	炮筒温度3段	射胶速度2段
	保压压力2段	冷却时间	炮筒温度2段	保压设定2段	切换保压位置
	保压压力1段	炮筒温度3段	炮筒温度1段	环境温度	注射位置2
	炮筒温度2段	注射位置3	保压压力1段	保压压力1段	炮筒温度4段
	炮筒温度3段	环境温度	保压设定2段	射胶速度3段	射嘴温度
	射嘴温度	射胶速度3段	射胶速度3段	冷却时间	塑化速度
	注射位置2	塑化速度	炮筒温度3段	塑化速度	射胶速度1段
	炮筒温度5段	射胶速度4段	切换保压位置	切换保压位置	炮筒温度3段
	切换保压位置	炮筒温度5段	射胶速度1段	炮筒温度5段	射胶速度3段
	射胶速度2段	炮筒温度1段	环境温度	射胶速度1段	炮筒温度2段
	炮筒温度1段	射胶速度1段	注射位置2	炮筒温度1段	保压设定2段
	射胶速度4段	注射位置2	射胶速度4段	射胶速度2段	环境温度
	射胶速度1段	切换保压位置	射胶速度2段	射胶速度4段	注射位置3

表 7.11 DOE 实验结果示例

设备类型	序号		射嘴温度	炮筒温度2段	冷却时间	保压压力1段	保压压力2段	射胶速度1段	射胶速度2段	射胶速度3段	射胶速度4段	塑化1段速度	注射1段压力	注射2段压力	注射3段压力	注射4段压力	切换保压位置	注射2段位置	注射3段位置	节拍提升	能耗优化
1400 吨	C01	原工艺	200	230	30	40	85	45	30	10	5	99	95	90	120	120	49	130	90	—	—
		DOE 试验	200	230	28	40	85	46	28	10	4	103	90	95	130	110	60	120	80	7.30%	4.81%
	C02	原工艺	218	231	30	10	75	25	30	25	5	90	100	105	100	110	52	95	75	—	—
		DOE 试验	210	235	27	8	78	27	27	27	4	80	105	100	105	115	60	85	80	9.57%	6.06%
	C03	原工艺	210	250	32	30	40	35	30	15	10	80	95	90	95	90	55	130	90	—	—
		DOE 试验	210	250	26	24	40	36	28	16	11	73	96	90	96	85	50	135	100	6.59%	4.79%
	D01	原工艺	200	220	30	35	45	60	50	10	8	90	95	90	120	120	49	130	90	—	—
		DOE 试验	200	220	30	35	40	63	52	11	7	95	95	90	120	115	49	150	110	0.68%	4.87%
	D02	原工艺	210	220	35	55	65	30	20	15	5	90	90	90	100	110	90	150	110	—	—
		DOE 试验	205	220	30	52	61	31	19	16	5	95	90	90	105	110	89	156	114	4.43%	5.44%

模型建立好后，就是代码的开发与实现，包括模型的封装以及对外暴露模型调用接口或搭建业务应用界面与系统。交付给业务链群使用，就实现了数据价值的输出（价值实现）。以实践案例中在注塑车间落地的"机台匹配模型"为例，深度挖掘注塑产品、模具、能耗温度等数据，开发建立基于时间序列的能耗关系模型，可以对注塑机及模具进行科学匹配，在提高生产效率的同时降低能耗。业务使用数据表明，使用"机台匹配模型"的注塑车间，单件产品生产能耗降低约14%，单台设备产量提升约7%，每年为该企业可节能提效数百万元。

该企业通过数据精细治理及应用进行数据价值转化，实现了"机台匹配模型"落地及真正的价值输出。数据价值转化实现的全过程如图7.52所示。

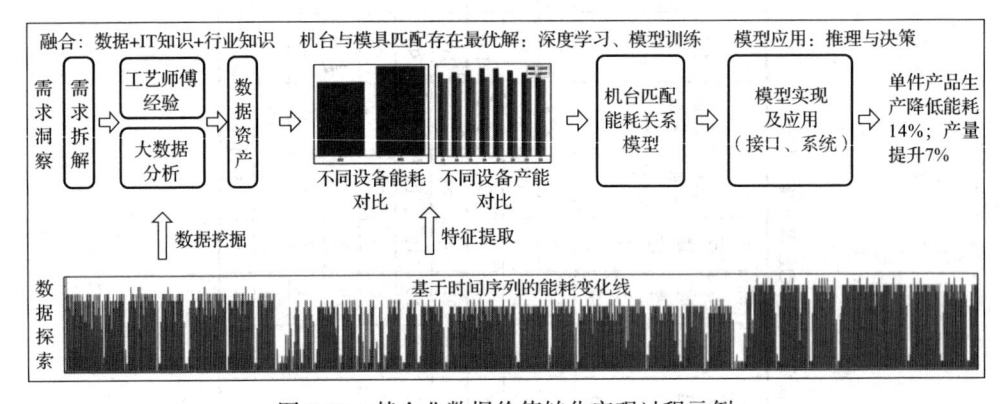

图7.52 某企业数据价值转化实现过程示例

数据的高价值转化能力是数字经济时代（工业4.0）企业的核心竞争力，值得所有企业加大投入，深度探索。

7.4.3 短视频全生命周期精细优化

短视频内容现在已经是当前最主流的互联网流量内容。无论是新闻、娱乐还是购物（电商）、教育等，抖音、快手、视频号、淘宝、拼多多等App应用里短视频内容占据了用户绝大部分使用时间及平台服务企业的大量资源成本。

短视频的精细化技术运营对用户体验提升及平台服务企业的运营成本均有着巨大的价值。以某新闻客户端的短视频资讯为例，涉及短视频内容的全生命周期的精细运营优化。

该新闻客户端提供资讯类内容服务，随着短视频内容的增加，短视频用户体验及企业存储与带宽成本也变得越来越重要，存在用户流失及成本失控的风险。技术运营团队从新闻短视频的全生命周期进行精细优化的展开，包括视频生产、视频播放及视频降冷等。

1. 短视频生产流程及优化

视频内容的生产涉及四个环节：数字化、编码、封装及（传输）协议，如图 7.53 所示。

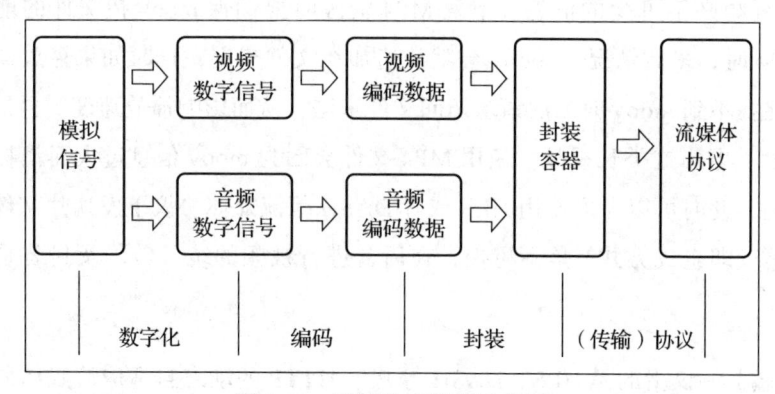

图 7.53　视频生产流程示意图

与早期音视频采集设备输出模拟信号不同，当前主流的音视频采集设备可以直接输出数字化信号（设备内部的光感元件本质上输出的仍是模拟信号），但**数字化**过程仍然存在，不过除了数字信号格式外，基本上不需要内容服务商关心。

音视频的原始数字信号的数据量非常巨大，需要通过压缩来高效存储数字视频的数据，即**编码**，以提升存储效率及在线播放视频的网络传输效率。H264（AVC）、H265（HEVC）就是常见的视频编码技术，AAC 则是一种常见的音频编码技术。H265 编码技术在同等视频清晰度的情形下，数据压缩率更高（提升 30%以上）。这里的优化点在于如何选择更高效的编码技术，需要综合权衡考虑：用户播放终端的硬解码能力或软解码能力、视频内容及场景类别、使用多种编码技术并存、设备资源换带宽资源的成本对比等。切记不要盲目上线高压缩率的编码技术（如 H265），否则很可能导致以前原本能播放视频的用户现在无法观看（如终端不支持），或者即使用户能播放，但因为解码时间变长而成为负优化（如软解码消耗终端 CPU）。

通常意义上的"视频"包含视频数据和音频数据，有时还包含多音轨或者字幕，其需要一个容器将视频和音频等数据打包传输并存储，并且能够保证它们在时间上同步。将上述元素打包到容器的过程叫作**封装**，我们经常提到的 MP4、MKV、TS 等文件或流就是其中的一种封装格式。使用合适的封装格式对于播放体验是有影响的。例如，避免 MP4 容器封装格式文件的二次请求影响播放速度：MP4 文件由一个个数据块（box）组成，其中有一个叫作 moov 的 box，存储着播放 MP4 视频必不可少的信息。下发 MP4 资源时要确保 moov 在文件的前面，但生成 MP4 时，多数情况下 moov 会默认追加在文件末尾，这时如果播放器直接播放，会在找不到 moov 时二次请求访问文件末尾，从而影响播放速度。再例如，播放电视剧、电影这类长视频，使用 MP4 文件会因为 moov 信息过大而消耗较多的解析时间，此时可以考虑使用 HLS 或者 DASH 等流媒体协议下发切片文件。由于视频来源（即生成方式）是不可控，在后台进行视频的统一转码及封装是很有必要的。

（传输）协议指的是 HLS、DASH 等基于 HTTP 的动态自适应流媒体协议。流媒体协议常用于直播形式的音视频流的传输，除直播外，这些流媒体协议也活跃在很多点播场景中。并不是所有的视频都需要并且可以通过流媒体协议来下发，但流媒体协议的动态自适应等特点在一些场景下有助于获得更大的优化空间。例如长视频媒体的切片下发，可以加速秒播体验及控制缓冲内容大小以节省带宽。

2. 短视频播放流程及优化

清楚了视频生产流程之后，很容易理解视频播放流程。视频内容的播放就是将收到的音视频数据一步步拆解还原，包括用户客户端获取的视频数据。一个视频在用户的手机上播放包括以下步骤：读取、缓冲、解协议、解封装、解码和渲染，如图 7.54 所示。

视频读取是指获取视频的数据，数据的来源可以是网络、磁盘或者内存。这时使用的优化手段主要是预加载（需要合理控制预加载内容的大小）、错峰加载。

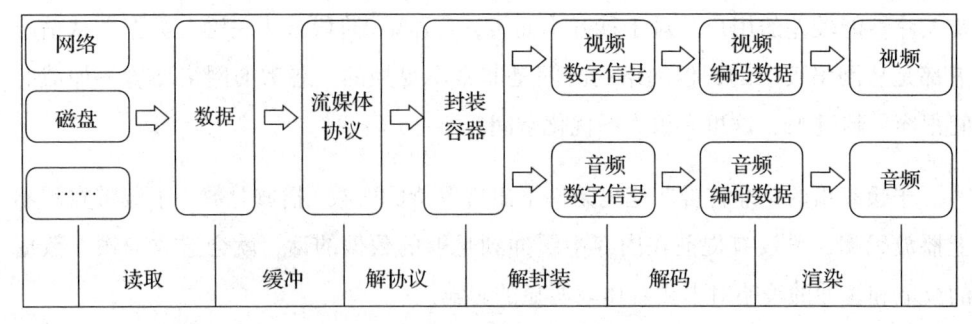

图 7.54 手机播放视频流程

一般情况下，读取数据的速度往往是高于播放器消费数据的速度的，此时可以将已经读取但播放器尚未消费的数据存储在内存中，这个过程叫作**视频缓冲**，它在一定程度上可以避免 IO 速度（网络、CPU 或磁盘等 IO）波动时对观看体验的影响。这里的优化手段是控制合理的下载读取速度（降低带宽消耗峰值）及控制缓冲内容的大小（避免过多的缓冲内容造成下载带宽的浪费，尤其是缓冲了用户可能看过的内容或者不感兴趣的内容，用户选择跳过或退出观看的情形）。

如果读取的是流媒体协议传输的视频内容，如 HLS、DASH，则需要进行**解协议**的操作，即按照索引文件的规则去读取相应的视频文件（如果读取的已经是类似 MP4 的容器文件，就不存在这步）。流媒体协议有更好的播放体验及更少的带宽占用，适合播放大视频文件 / 长视频内容。

视频、音频等数据都封装在容器文件中，因此要解析视频和音频就需要将它们从封装容器中提取出来。按照封装格式的规则进行数据提取的过程称为**解封装**。

解封装后就拿到了视频和音频的编码数据，需要将它们**解码**还原成视频和音频的原始数据。

最后是**渲染**，即在用户端通过视频播放器将视频和音频进行渲染输出供用户观看。

用户端播放体验的衡量涉及秒开率、卡顿率及失败率。

秒开率指的是 1 秒内成功加载的播放数 / 播放总数。秒开率的优化重点和首屏平均时间的优化是不一样的，不仅要求速度，也要求播放器的稳定性，同时更需要关注性能较差的用户。对于秒开率而言，"读取"阶段最为关键。数据默认情况下都是从网络读取的，但网络的时间是非常不可控的。恶劣的网络环境下加载时间很容易超过 1s，这里有很大的优化空间。

卡顿率指的是非首屏非拖曳条件下出现等待的次数／播放总数。下载带宽跟不上播放码率，又没有提前在内存中缓冲到足够的数据的话，就会造成卡顿。数据的读取和缓冲的策略对卡顿有比较明显的影响。

失败率指的是播放失败的次数／播放总数。视频播放失败的原因有多种，可能是网络错误，可能是本地缓存文件异常，也可能是硬件解码失败，等等。除了缓冲，理论上每个步骤都有可能导致播放失败。

因此，对于用户体验的精细优化，重点锁定在读取与缓冲阶段。其优化主要措施包括：

- **预加载及预加载内容大小控制、命中率预测。**

预加载作为最常见的优化手段，可以在网络畅通、流量充裕的情况下提前将数据缓存到本地，有效避免网络不稳定时等待视频加载的问题。在网易新闻客户端上，预加载的各种策略将秒开率绝对值提升 10%，但视频内容相比文本要大得多，包括视频数据、音频数据、元数据等信息。需要合理控制预加载内容的大小：

一方面，减少服务端带宽资源的浪费。例如，预加载时长 30s 且清晰度较好（固定码率为 800Kbit/s）的视频内容，其大小就是 800Kbit/s ／ 8bit × 30s ／ 1024 = 3.0MB。消耗 3.0 MB 流量去加载不一定会被消费的内容是很浪费的，实际情形中预加载是普遍存在的，如果不加控制，那么这个带宽消耗将是巨大的。

另一方面，减少用户体验焦虑。过多的预加载内容会占用用户端的存储空间，也会消耗更多的流量（精细化策略：用户在 WiFi 网络环境下才开启预加载）。合理的预加载内容大小取决于视频时长、编码及播放器（起播缓冲量）等因素，可以在后台计算好这个预加载合理值，通过接口告知客户端（见图 7.55）。要让预加载发挥出最大价值，还需要提高预加载的命中率，这样不仅可以提升性能，还能降低成本。预加载命中率的提高需要基于业务数据的分析（用户行为、播放来源、偏好等）和预测。比如网易新闻客户端有两个入口可以进入视频播放页：新闻栏目和视频栏目。分析过数据后会发现进入视频播放页的大部分流量来自新闻栏目，而视频栏目的占比非常少。增加新闻栏目的预加载功能后，用户体验得到明显提升。

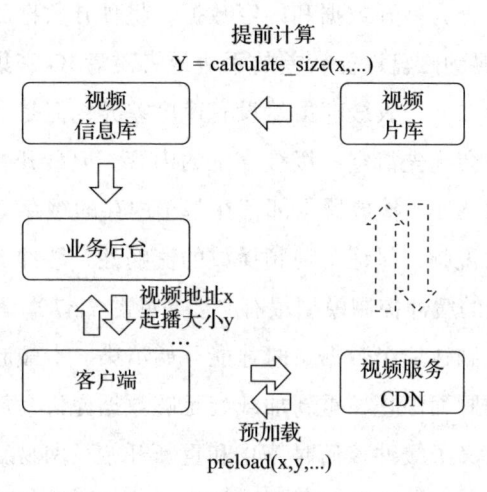

```
                    提前计算
                Y = calculate_size(x,...)
        ┌────────┐              ┌────────┐
        │ 视频   │ ⇐            │ 视频   │
        │ 信息库 │              │ 片库   │
        └────────┘              └────────┘
            ⇓
        ┌────────┐
        │业务后台│
        └────────┘
         ⇑    ⇓ 视频地址x
              起播大小y
              ...
        ┌────────┐              ┌────────┐
        │ 客户端 │   ⇄          │视频服务│
        │        │              │  CDN   │
        └────────┘              └────────┘
              预加载
           preload(x,y,...)
```

图 7.55 预加载内容大小控制

- 视频播放器的数据读取输入切换及本地代理。

要实现秒开等部分数据的预加载，难免涉及数据流的切换。举例来说，总长度为 30s 的短视频，预加载了前 2s，那么播放前 2s 的视频需要读取本地文件，而后 28s 的数据需要通过网络请求。但很多播放器不支持在一次播放内进行流的切换，需要自己去实现这个逻辑，解决方案之一是选择可以支持定制读取流程的播放器，之二是对播放器实施本地代理"欺骗"。通过本地代理可以让播放器认为一直在读取"网络数据"，但实际是本地代理服务器提供。在代理服务器中进行缓存、切换流等逻辑，这样就可以在不改变播放器行为的前提下改变播放器的输出结果。

- 缓存及缓存切片、多级缓存、缓冲大小控制。

缓存与播放器息息相关，比预加载应用更加广泛，好的缓存机制可以带来续播、重播等场景的体验提升。对于淘汰本地的缓存文件切片，需要精细化考虑（使用更细化的淘汰粒度），以提高缓存命中率，例如在缓存的键（key）中增加一个时间片段维度来区分同一个视频的不同时间片段，让最近真正被使用的文件最晚被清除。参考图片缓存机制，建立视频多级缓存模型：内存、磁盘（针对业务特点形成两级缓存）、网络共四级缓存（见图7.56）。通过预加载或缓存切片，至少可以将一个完整的视频文件分为秒开数据和内容数据。将秒开数据放到内存中可以获得更快的 IO 速度，在遇到磁盘性能较差的手机或者磁盘 IO 密集的环境时也能将波动尽可能降低。图中二、三级缓存虽然没有速度差异，但是在优先级上是有区别的。磁盘空间不足时会优先清空三级缓存中的内容，但秒开数据得到保留，为下次的播放提供秒开的条件。播放器内部存在基于内存的缓存（即缓冲），只用于缓存播放器正在加载的视频，保证了视频播放的流畅性。缓冲的控制在优化中同样举足轻重，实现智能的缓冲控制模型很有必要（见图7.57），其中秒开起播缓冲量表示首次播放时只有到达这个数据量时才能开始渲染。卡顿起播缓冲量表示进入缓冲区数据见底导致画面停止，重新加载到足够数据允许播放时的缓冲量。缓冲区的上下限则分别定义了缓冲该何时停止和重新开始。网易新闻客户端早期使用的是系统播放器，在 Android 6.0 以下的系统播放器默认的起播缓冲量是 5s 的视频数据，这在较差的网络环境下会大大增加首播启动的时间，在替换播放器并优化缓冲量后秒开率直接提升到 80%。在卡顿率上，对各种缓冲策略的调整帮助降低了 1% 的绝对值，相当于卡顿次数减少了 30%。

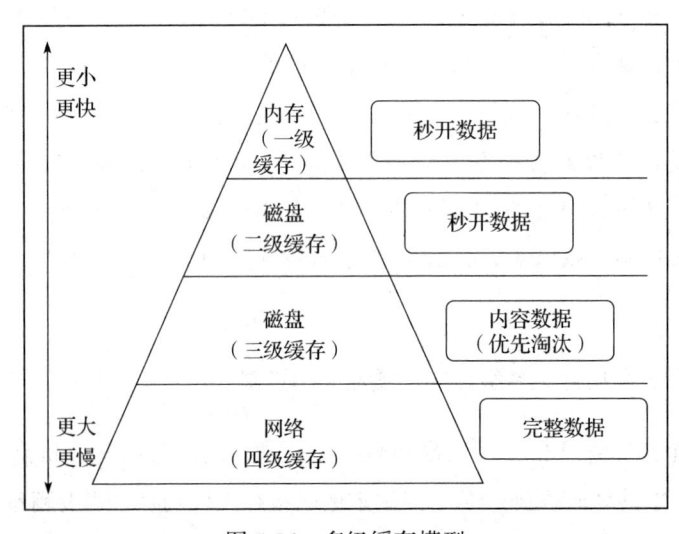

图 7.56　多级缓存模型

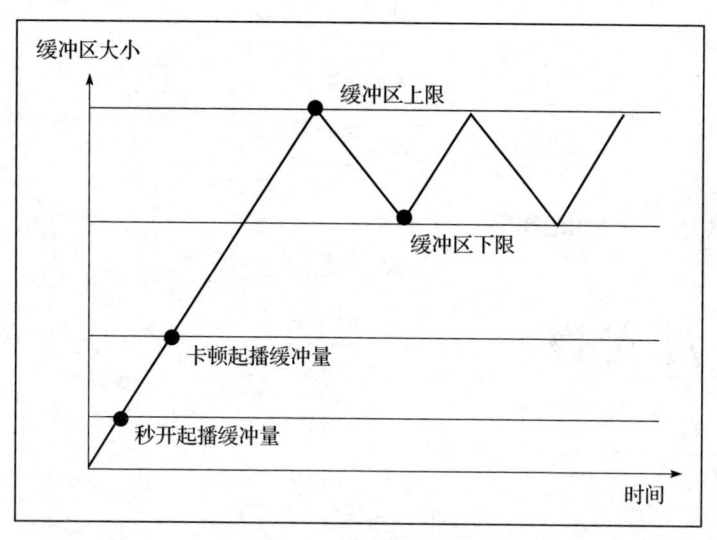

图 7.57　智能缓冲控制模型

3. 短视频降冷优化

与朋友圈图片类似，短视频内容同样具有访问量巨大、数据冷热非常分明的特点。实施短视频冷热分离架构及调度机制、智能预测视频热度并动态调整 CDN 缓存、减少冷视频内容的规格及份数、使用低 IO 大容量存储、内容去重、打击盗链、302 跳转等措施，实现精细化运营，将大幅降低冷视频的存储设备成本以及带宽、专线等成本。

7.5　本章小结

本章内容是精细化技术运营的实战案例分析，是第 6 章方法论内容的最佳实践。我们通过近 20 个业务场景案例帮助大家熟悉精细化技术运营的手段，以及如何结合业务实施落地。

第 8 章 Chapter 8

运营支撑

> 工欲善其事，必先利其器。
> ——《论语·卫灵公》

要做好技术运营，离不开相应的数据支撑、运营工具或系统支持等。传统意义上的运营工作经常会忽略这一点，恰当而有效的运营支撑对于精细化技术运营是必不可少的。我们从以下三方面来讨论运营支撑：

- 数据支撑。
- 工具或系统支持。
- 以业务为导向的服务提升。

8.1 数据支撑

卓越的精细化技术运营离不开数据支撑。无论是产品体验质量、业务指标、资源数量、资源利用率，还是分析数据之后的资源模型建立、容量管理、优化措施制定，又或是精细化运营之后的优化效果、质量差异等，无一例外都需要用数据来说明、验证、展现。

在前面几章中提到的资源规划、资源供应、成本预核算分析、资源模型等技术运营内容，都大量用到了数据。可以说，数据支撑是卓越技术运营的基础。

8.1.1　数据的定义

数据（data）是事实或观察的结果，是对客观事物的逻辑归纳，是用于表示客观事物的未经加工的原始素材……数据不仅指狭义上的数字，还可以是具有一定意义的文字、字母、数字符号的组合、图形、图像、视频、音频等，也可以是客观事物的属性、数量、位置及其相互关系的抽象表示。例如，"0、1、2……""服务器数量、带宽值、资源价格、用户数……""Web访问日志、消息、HTML文件……"都是数据。

数据分为三种类型：结构化数据、非结构化数据和半结构化数据。

结构化数据指有固定格式和有限长度的数据。比如，表格中填写的内容就是结构化的数据，例如：

国籍：中华人民共和国　民族：汉　性别：男

非结构化数据指不定长、无固定格式的数据，现在越来越多地使用非结构化数据，例如网页，有时候非常长，有时候只显示几句话；再如语音、视频等，也都是非结构化的数据。

半结构化数据是一些可以通过某些标签进行解析的格式数据，如XML、JSON或者HTML格式的数据。

孤立的数据本身没有意义，数据需要配合数据解释（语义）才能成为有价值的信息。数据是信息的表达载体，信息是数据的内涵，二者是形与质的关系。

信息往往包含很多规律，需要从信息中将规律总结出来，成为知识。然后利用这些知识去实践，做得好将转化成智慧。明确数据与信息的关系之后，关于数据的探索有两个方向的可能性：

- 向左，了解、掌握某个信息，需要研究如何定义数据、如何采集数据，其中涉及对数据要求、来源、规划的管理，以及数据采集、存储的实现。
- 向右，基于数据进行建模，分析其内涵的信息。这是数据的分析与应用。

这两方面都是数据运营支撑必不可少的工作。

8.1.2 数据的采集

定义好数据要求与规划之后，就要进行数据采集。数据采集一般遵循两个原则：**宜早不宜晚，宜全不宜少**。

- 宜早不宜晚，是指从产品创立阶段，就需要有意识地开始采集数据。由于数据支撑需要贯穿产品运营的全阶段，因此数据采集的时间维度非常重要。
- 宜全不宜少，是指只有不合适的数据，没有坏数据。历史数据、变更记录、性能指标等都有价值。

举一个金融产品的案例来说明。金融产品的征信系统会详细记录用户的行为数据，例如用户借贷时上传担保资料，系统会记录用户相关页面的操作步骤和时间。一般在进行系统设计时会考虑这样的行为假设：普通人在上传担保资料时一定是谨慎小心的，操作会比较慢。如果这个步骤完成得非常顺畅快速，则很可能属于易违约和欠款的人群，征信系统就会把类似行为数据作为特征来判断风险。

一般地，需要收集的数据可以划分成五个主要类型：行为数据、流量数据、业务数据、资源成本数据、外部数据，如图 8.1 所示。

| 行为数据 | 流量数据 | 业务数据 | 资源成本数据 | 外部数据 |

图 8.1　数据收集的类型

1. 行为数据

行为数据是记录用户在产品上一系列操作行为的集合，按时间顺序记录。用户打开 App，点击菜单，浏览页面是行为；用户收藏歌曲、循环播放歌曲、快进跳过歌曲也是行为。行为数据的核心是描述哪个用户在哪个时间点、哪个地方以哪种方式完成了哪类操作。

可以利用行为数据分析用户的偏好。页面停留时间的长短、浏览的频繁程度、点赞与否等都可以成为依据。另外，用户的行为数据也是用户运营体系的基础，可以按不同行为（如购买、评论、回复、添加好友等）划分出不同梯度来定义核心用户、重要用户、普通用户、潜在用户。

行为数据主要通过埋点技术收集。埋点有多种实现方式，采集到的数据内容没有太大差别，主要以用户 ID、用户行为、行为时间戳作为最主要的字段。用表格画一个简化的模型，见表 8.1。

表 8.1　行为数据模型示例

userid	active	timestamp
1	浏览首页	2023/01/23　14：23
1	浏览 A 商品页	2023/01/23　14：31
1	点击收藏	2023/01/23　14：33
2	浏览首页	2023/01/23　16：17
2	浏览 B 商品页	2023/01/23　16：27
2	浏览首页	2023/01/23　17：05

在表 8.1 中，userid 用来标识用户的唯一身份，可以理解成身份证号。active 是具体操作行为，需要在技术层面设置和定义。timestamp 是发生行为的时间点，此处只精确到分，一般会精确到毫秒。用户的行为记录应该很详细，比如浏览了什么页面，此时页面有哪些元素（因为元素是动态的，比如价格），以半结构化的 NoSQL 形式存储，这里简化了。

有时为了便于进行技术处理，行为数据只会采集用户在产品浏览中的页面，不记录点击、滑动这类操作。

除此以外，行为数据还会记录用户设备、IP、地理位置等更详细的信息。不同设备的屏幕宽度不一样，用户交互和设计体验是否会有差异和影响？怎么用数据进行分析？这也是数据化运营的应用场景之一，是宜全不宜少的体现。

2. 流量数据

流量数据是行为数据的"前辈"，是在 Web 1.0 时代就兴起的概念。它一般在网页端的埋点处记录，行为数据在产品端设计并记录。流量数据和行为数据最大的差异在于，流量数据能知道用户从哪里来，是通过搜索引擎、外链获得，还是直接访问获得。这也是 SEO、SEM 以及各渠道营销的基础。

虽然现在是移动互联、物联网时代，但 Web 1.0 时代的流量数据并不过时。比如微信朋友圈的内容都是 HTML 页面，活动运营需要基于此统计效果，可以把它看作一类流量数据。另外，不少产品是"原生+Web"的复合框架，内置的活动页大多通过前端实现，此时既算行为数据，也算流量数据，当用户将活动页发送到朋友圈时，相应的统计只能依赖基于前端的流量数据来采集了。

流量数据基于用户访问的网页产生。主要字段为用户 ID、用户浏览页面、页面参数、时间戳四类，简化模型示例见表 8.2。

表 8.2　流量数据模型示例

userid	url	Param	timestamp
1	首页	source＝baidu&city＝上海	2023/01/23　14∶23
1	一级目录 A	city＝上海	2023/01/23　14∶31
1	二级目录 B	city＝上海	2023/01/23　14∶33
2	首页	source＝SEM&city＝北京	2023/01/23　16∶17
2	一级目录 C	city＝北京	2023/01/23　16∶27
2	首页	city＝北京	2023/01/23　17∶05

其中，url 是用户访问的页面，以 ***.com/*** 形式记录。Param 是描述这个页面的参数，用户在页面上的搜索行为、属性信息等会以参数的形式记录。timestamp 就是浏览行为发生的时间点。和行为数据一样，如果流量数据需要更详细的统计，也是以半结构化形式存储为佳，囊括操作记录。

流量数据是活动与内容运营的重要依据。活动的转化率、文章的阅读量等，都需要流量数据来记录和支持。

流量数据主要通过 Java Script 采集，流量数据的统计已经比较成熟。Google Analytics 和百度统计都是知名的第三方免费工具，最为常用。不过它们不支持私有化的部署，只能提供统计与一些预置的分析，这与数据化驱动精细化运营的要求还有差距。比如，通过第三方免费的流量数据统计可以知道页面有 100 人访问，但这 100 人是谁不能定位，数据也无法记录在数据库中供对比分析。目前，已经有一些新式的工具能支持这种更精细的流量数据需求，但要付费使用。

未来的趋势一定是通过更可靠和先进的技术手段，将行为数据和流量数据做到统一。

3. 业务数据

业务数据在产品运营过程中伴随业务产生。比如电商产品的促销，多少用户领取了优惠券，多少优惠券被使用，优惠券用在哪个商品上，这些数据和运营息息相关，却无法通过行为和流量解释，那么就归类到业务数据的范畴。

库存、用户快递地址、商品信息、商品评价、促销、好友关系链、运营活动、产品功能等都是业务数据，不同行业的业务数据是不一样的，业务数据没有固定结构。

业务数据需要后端研发进行配置，由于结构不能通用化，因此要采集该类数据，最好提前和研发人员提出需求。

4. 资源成本数据

资源成本数据指的是产品运营过程中消耗的资源数据与运营成本等。这些数据决定了运营效率，我们在第 5 章曾详细介绍过，这里不再展开介绍。

5. 外部数据

外部数据是一类特殊的数据，不在内部产生，而是通过第三方来源获取。外部数据分为两大类。

一类是通过第三方公开的数据接口或合作获取的数据。比如微信公众号，用户关注后就能获取他们的地区、性别等数据。比如支付宝的芝麻信用，很多金融产品会调用相关数据。还有公开数据，像天气、人口、国民经济的相关指标。

另一类是通过特定程序主动抓取的数据。例如，可以通过开发爬虫程序抓取电影评分、微博内容、知乎回答等。这类不提供合作或公开数据接口的第三方数据，很多时候会有防爬虫机制，而且其内容格式会随时变化，因此，获取这类外部数据需要一定的技术能力支持，不属于稳定可靠的数据源。

外部数据因为质量难以保证，更多的是起到一种参考作用，不像内部数据可靠、可信、作用大。

这五类数据构成了数据化运营的基石。随着互联网企业数据化水平的提高，能够收集利用的数据越来越多，但数据收集的挑战越来越大：数据结构逐步从 SQL 发展到 NoSQL；数据源和数据类别更加丰富，包括图片、音视频及物联网数据等；技术由单服务器演变成分布式；响应从离线批处理发展到实时流式，等等。

8.1.3 数据的分析

收集到需要的数据只是有了数据运营支撑的基础，要让数据真正发挥作用，需要将数据的内涵解析出来，转化为信息。这就是数据的分析过程。

首先，进行分析之前，数据应该是真实有效的，否则分析得再精准也毫无意义，甚至会造成误判。

其次，要做好数据分析，还需要专业知识能力。面对数据，不同的人采用不同的视角，解析出的信息不一样；有真实的数据，也不一定能推导出正确的结论，这其实与数据分析的目标、分析模型与方法、分析的深度与广度等有关。

这里概要地介绍一下数据分析的步骤：

第 1 步　明确数据分析的目标或主题，比如前文中提到的业务规划分析、预核算分析等。

第 2 步　选择合适的分析方法论或建立分析模型。例如，行业研究分析时常用的方法论有：

- 麦肯锡七步分析法
- 5W2H 法
- PEST 法
- 五力分析模型
- SWOT 法
- 商业模式画布
- 生命周期理论
- AARRR 模型
- 五张 PPT 法则

第 3 步　通过数据分析得出结论信息。这些结论将为下一步行动提供决策依据，比如指明运营成本优化方向、优化结果验证等。

8.1.4 分析结果的展现

数据分析的结果可以帮助我们形成行业分析报告、资源成本模型、运营优化方向等，因此，分析结果会展现为分析报告、运营系统或工具报表、运营项目等。

事实上，在前面的章节中已经提到了很多精细化技术运营过程中数据分析结果的应用，比如利用视频收藏的资源数据与用户访问数据推动业务优化收藏功能，再比如对朋友圈视频播放用户行为习惯进行分析，找出带宽资源优化方向。

利用好数据运营支撑，在精细化技术运营过程中可以持续打造最佳实践案例，整体过程示意如图 8.2 所示。

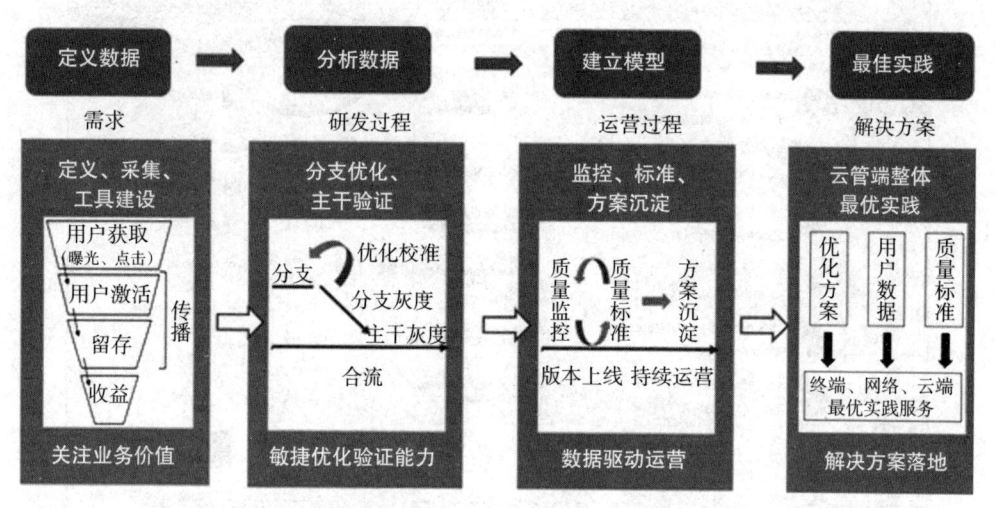

图 8.2 精细化技术运营应用数据分析结果示意图

8.2 工具或系统支持

工具或系统支持是指通过工具或系统来固化技术运营的工作行为和操作标准。工具或系统支持不仅可以让技术运营经验不断沉淀输出，大幅提高效率，解放人力，还可以让后来者在此基础上持续提出优化与改进建议，让技术运营能力与水平的提升得到持久延续。这是一种工具文化或思维。

代表工具文化的并不仅仅是大型的运营系统，也包括无所不在的小工具。有些技术运营小工具针对的是一些杂活，可能使用的人不多，使用频率可能也不高，然而这些杂活却会占用员工的工作时间，带来人力资源的损耗。企业规模越大，分工越细，日积月累，杂活对运营效率的影响就越大。由于开发小工具在企业内往往不算 KPI，一般也拿不到大奖，因此很多开发团队对这个领域热情不高。但于精细化技术运营而言，需要格外重视对这类小工具的支撑。

事实上，小工具的构建成本没有想象中的大，而起到的效果却格外显著。以某运营 PaaS 为例，在长期的技术运营过程中，特别注重小工具的创新支撑。两年来，在运营 PaaS 上已经逐步上线 600 多个小工具（见图 8.3），涵盖运维、产品、策划、运营、开发、测试、HR、行政等各个岗位。

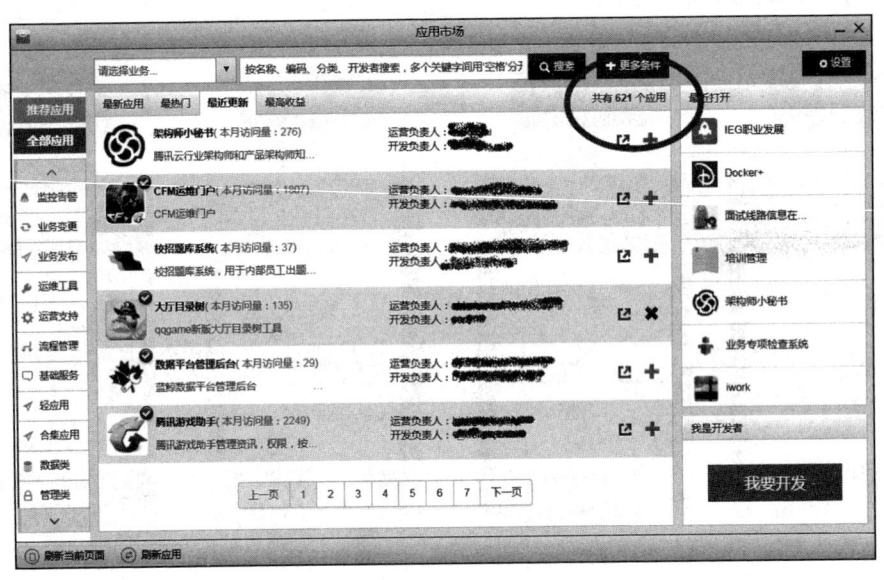

图 8.3　某运营 PaaS 小工具示例

其中的通道管理系统（IEG 职业发展）小工具，两年累积的开发成本也不过 30 多小时，但收益累计达到了 950 小时（见图 8.4）。

技术运营应当倡导这种工具文化，企业也要大力支持这种小工具的微创新。

在前文中提到，技术运营中涉及的预算与核算、资源利用率、规划分析等，都逐步建立了运营系统支持。例如，专线运营分析系统依靠系统自动分析 DCI 专线运营数据，能快速定位不合理使用专线的业务场景，在资源运营管理上发挥了极大的作用。

图 8.4 通道管理系统开发成本

8.3 以业务为导向的服务提升

随着技术运营体系的建立，支撑工具与系统的不断完善，技术运营精细化程度与服务提升需要以业务为导向进行。以业务为导向的服务提升表现在四个方面：质量为首、效率为重、成本兼顾、安全为本。

8.3.1 质量为首

服务质量以最终服务能力来体现。最终服务能力指的是服务健壮性，取决于产品的程序技术架构、容灾调度，等等。

举例而言，通过细化某平台框架（XPF）调度策略和机制，基于场景改善了服务质量。一般研发人员会认为技术运营并不需要关心 XPF 的调度策略和机制，然而经仔细探究发现，研发人员本身对主控的更新策略、客户端（client）和服务端（server）容错轮询策略等的描述说明也并不完整，缺乏完善的容灾架构，服务质量难以保障。

技术运营团队推动研发查看、梳理代码，整理出 XPF 框架的容错保护机制，并演习验证。首次整理 XPF 框架调度的策略如下：

1）server 状态变化，注册器（registry）会立即更新至数据库，并且每 60s 会向数据库异步更新信息。

2）client 采用随机轮询和哈希（hash）轮询调用 server，连续失败超过 10 次，500 次内失败率高于 90%，server 将被屏蔽，屏蔽后每 10s 尝试访问一次，探测是否恢复连接。

3）服务端会定时上报心跳给节点（node），如果未上报，则认为服务端需要重启，之后每 10min 尝试访问一次。

详情如图 8.5 所示。

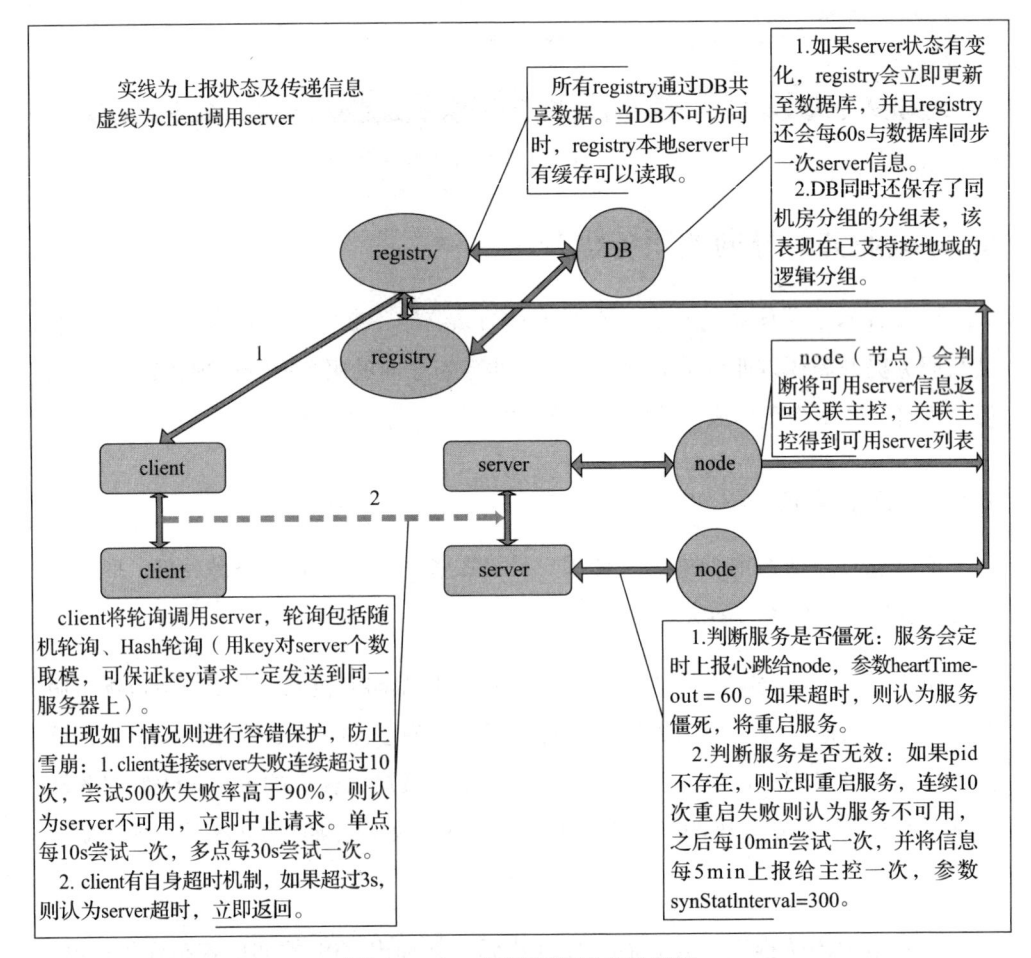

图 8.5 XPF 框架调度策略示意图

之后，在使用 XPF 框架时，由于自身框架同步调用和容错策略健壮性不够等，基于该框架的业务仍然出现了多次运营事故，技术运营团队继续推动架构评审与改造，其中提出不管业务使用什么框架，程序架构设计都要遵循以下四项原则：

1）不出现写死调用方式的架构设计。

2）需要有主控实时感知框架节点的运营状态，并且能及时剔除异常节点。

3）基于资源容量、服务状态，可动态伸缩调度。

4）尽量使用异步调用，少用同步调用。

因此，遵从上述原则，进一步优化 XPF 框架，最终使得整体业务架构容灾服务能力与质量持续提升到当前的最佳状况，参见表 8.3。

表 8.3 整体业务容灾服务质量描述

技术分层	容灾调度策略与能力	说明
接入层	最优接入调度策略：具备 10min 测速，结合容量生成最优接入策略的能力	终端 IPList+ 域名容错能力： • 域名接入业务：域名 IP 切换生效时间为 5min • IPList 生效：10min 下发生效 • PUSH 下发：10min • 拉取：10～30min
逻辑层	调度能力： • 机器故障：2min（单点/全挂） • 高负载：4min • 告警调度：10min • 实际执行耗时：≤ 4min	99 个核心模块，均开启自动伸缩调度
数据层	Cache：具备 1min 进行主备切换的能力 DB：具备 20s 发现分钟级切换的能力	DB 一主两备，跨机房容灾，proxy 自动容错
专线	问题发现能力：具备 5min 内发现专线异常的能力	针对机房异常，可通过看板展示业务受影响的范围
基础资源	资源池保留宿主机总量的 6% 以应对突发事件	—

服务质量必须以用户和价值为导向。通过最终用户的满意度和产品价值来建立服务质量的考核指标。

下面以一款 App 分发渠道产品来举例说明。用户在该产品中下载应用，起初下载成功率只有 80% 左右（5.7 之前的版本下载流失率达 18%），除了单纯解决下载劫持问题和提升下载功率外，需要从下载→安装→用户激活整条链路来考量。

通过对用户使用服务的整条链路的考量与优化，6.5版本的下载成功率上升到约95%（见图8.6）。

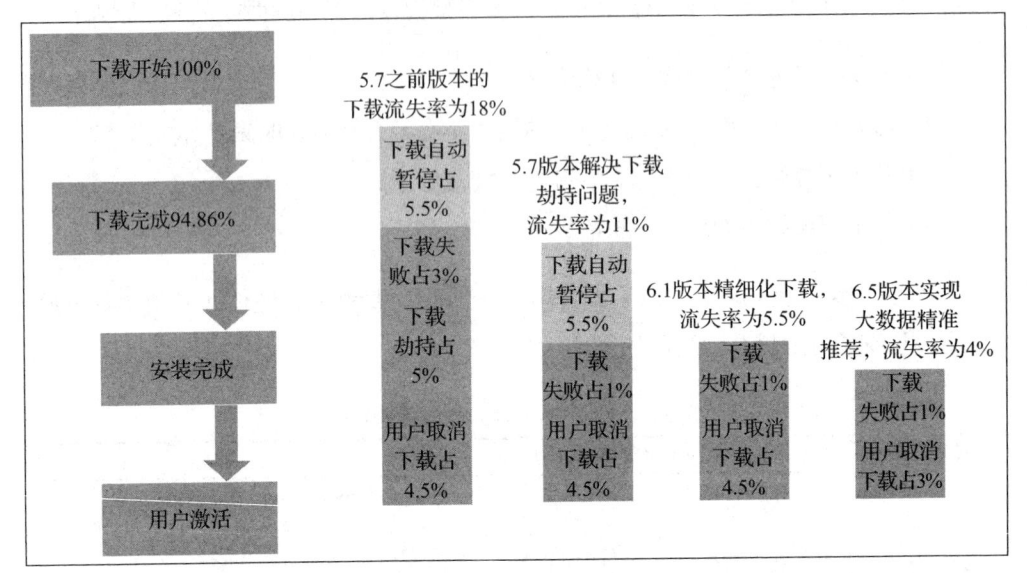

图 8.6　考量用户使用服务链路进行产品优化

只有将技术手段、产品策略需求完整结合，才能给用户和产品带来最大价值。对于用户体验质量，始终要结合用户体验和产品价值来考量（见图8.7）。作为应用分发渠道，该产品上有很多开发商提供的应用，也连接着很多查找特定应用的用户（即流量），其商业化路径就是为特定应用开发商提供曝光量服务（推荐），依据用户成功下载应用、安装应用及激活使用等不同层级而收取应用开发商不同类别的转化收入。对于用户而言，其最终目的是使用App（结果），但过程是快速找到、成功下载与激活应用（用户体验）。该产品的产品价值包括：方便快捷的应用上架及审核服务（吸引开发商）、连接应用的数量（吸引用户）、精准的推荐、应用的准确描述、下载成功率等。

图 8.7　结合产品价值与用户最终目的的考量

在用户体验度量指标确定后,如何实现实时分析决策是需要重点考虑的。通常会遇到三个问题:

1)数据通过终端上报的实时性问题,以及清理和计算的实时性问题。

2)指标多(例如在为浏览器这类产品设计用户体验指标时,其质量相关指标就超过 100 个)、维度多(用户归属、产品版本、功能细项维度达几十个),阈值随产品特性变化多,靠人工分析效率极低。

3)端到端调用分析决策链条长。

可采取的解决方法是:

- 计算实时性保障:通过客户端和 SDK 实现可配置的抽样实时上报,基于消息队列,通过程序实时进行数据清洗,将清洗后的数据存放至时间序列服务中,进行实时计算。
- 实时计算特征模型训练(包括周期、非周期、波动、锯齿)结合调用链、基础环境、线上变更进行收敛决策。
- 未来是 AI 全面应用(AI in all),技术运营工程师必须清楚业务的策略场景,机器学习只是一种工具和手段。

基于上述解决方法就可以构建整体技术方案,示意图如图 8.8 所示。

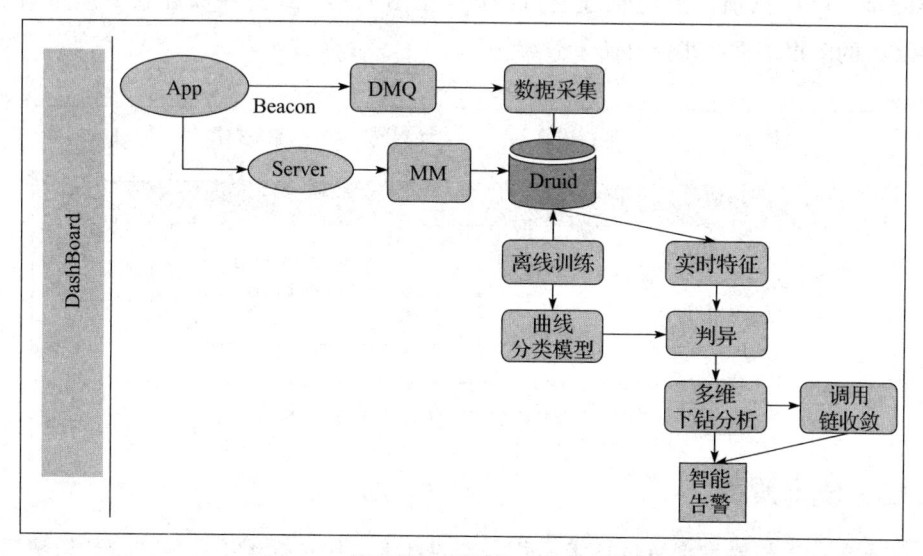

图 8.8 提升服务质量的实时决策模型

8.3.2 效率为重

在保障服务质量目标（SLO）的前提下，基于线上运营数据，通过流程和工具的持续优化，最大化产品迭代速度。

下面以手机浏览器的技术运营为例来说明。手机浏览器 2010 年开始进入内测阶段，当时后台服务之间相互调用依赖，技术运营尚未深度介入，研发发布不规范，出过几次故障。

技术运营介入后首先要做的是理解服务逻辑，规范发布管控权限，制定发布计划。此项工作完成后，需要"救火"的情况明显减少，研发效率不降反升，迭代速度有保障。

随着手机浏览器的后台服务和开发逐渐增多，逐步完善发布流程和监控机制，收集的线上运营数据也进一步帮助优化流程与补充产品反馈。到 2015 年，技术运营完成了从人工控制到流程、工具支持的转变。

技术运营也在不断演进，从早期重点关注 CD（Continuous Delivery，持续部署）阶段，到现在并重 CI（Continuous Integration，持续集成）阶段，形成了整体研发运营一体化方案，包括代码开发/编译打包、代码缺陷扫描、系统测试、自动测试、组件扫描、灰度管理能力组成（见图 8.9），致力在保证服务质量目标（SLO）的前提下进一步提升研发效率。

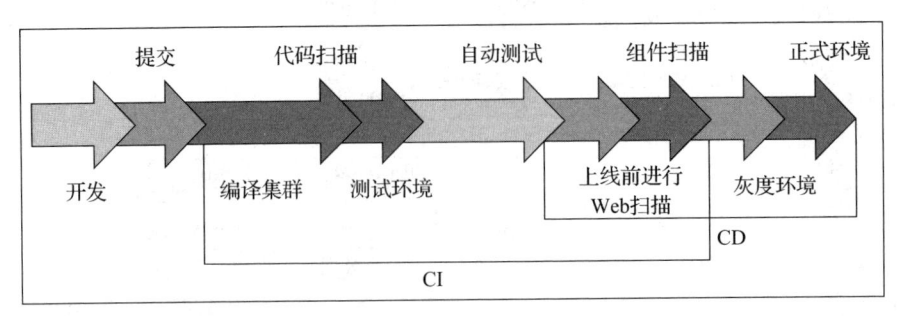

图 8.9 研发运营一体化方案示意图

8.3.3 成本兼顾

成本意识需要贯穿每位技术运营人员的日常工作中。无论业务架构如何演变，业务消耗的资源成本都需要得到关注与管理。在技术运营过程中,运营成本的合理控制来自存量业务增长及新功能新项目的增长,既要保障业务的发展,也要尽量避免浪费。

举例而言,新一代机器翻译是 AI 类创新产品,初期一味追求性能,对于翻译的在线服务采用多线程 GPU 方案实现。实际压测数据表明,随着线程数的增加,CPU 吞吐量也会明显下降(见图 8.10);通过线上数据分析发现,40 字以下的翻译占比高达 60% 以上。

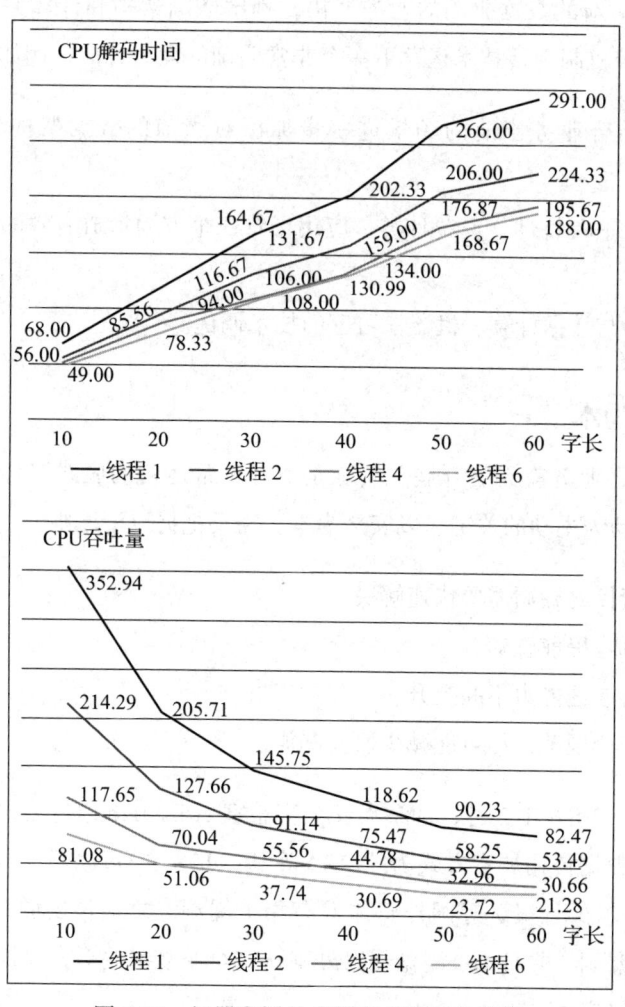

图 8.10 机器翻译的多线程压测对比数据

有了这些运营数据，技术运营团队推进研发依据不同字长修改线程的模型：

- 10 字以下采用单线程。
- 10～30 字采用 6 个线程。
- 30 字以上才使用 GPU 方案。

通过精细优化后的分类分级措施，新机器翻译的线程模型不仅大幅提升了机器翻译性能，也大大降低了运营成本消耗。

未来，面对新的数据驱动的业务架构，理解数据架构和计算原理，建立数据资源模型和管控机制，是技术运营下一个非常明确的发力方向，例如：

1）深度结合业务当前的场景进一步加深对当前的数据架构和数据应用的理解。

2）在计算平台特性、资源种类、应用场景三个方面形成有效的知识积累和模型积累。

3）主动参与数据计算、机器学习等的技术调优。

8.3.4 安全为本

没有安全，业务就无法开展。安全是业务正常运营的底线。合理的安全规范和策略是变被动为主动的关键。以安全为本，需要把握以下原则：

1）常规管控的漏洞需要快速解决。

2）外部风险提前感知。

3）内部防渗透能力不断提升。

4）使用安全规范，尽可能减少研发漏洞。

举例而言，2016 年 2 月，加拿大安全实验室 citizenlab 通过公司安全平台部通报手机浏览器数据传输加密方式为"RSA 密钥，128 位易破解"，准备在当年 4 月 15 日通过《华尔街日报》等国外媒体发布相关漏洞。之前该实验室还公布过 UC 浏览器的类似漏洞，并且 UC 浏览器对外确认完全修复漏洞后，又被挖出漏洞，从而引发新一轮报道。

当时业务技术侧的应对方案是提示加密强度，并调整云控下发策略（在一个月内完成 50% 的用户更新）。同时将方案推进至所有相关客户端业务，完成加密改善，而且要求各业务接入层都各自收敛统一，对接入层进行新一轮的加密巩固。

除了技术上的应对，在外媒沟通方面，实验室也联合市场、法务、国际传讯等团队解答《华尔街日报》的提问。应对及时并提前感知外部风险，citizenlab 很好地解决了该安全漏洞事件。

8.4 本章小结

本章我们介绍了实现卓越技术运营所需要的支撑手段，包括数据、工具与系统，以及提升技术运营服务的思维。

第 9 章 Chapter 9

卓越运营的未来之路

> 俱怀逸兴壮思飞，欲上青天揽明月。
> ——李白（唐）

物联网、云及人工智能使得技术应用与创新的速度越来越快，技术运营也需要着眼于未来。精细化只是整个技术运营过程中的一环，卓越运营没有终点，需要持续不断地优化、迭代与升级。

从现阶段看，海量资源的技术运营至少还可以从以下几方面进行提升与精进：

- 云端微服务化
- 物联网时代资源管理全要素化
- 数据要素资产化与价值化
- 区块链应用
- 自动化
- 智慧化

9.1 云端微服务化

互联网技术的发展，有两大趋势较为明显：云化和微服务化。云化使得用户可以享有最好与最适合的基础设施，获得与大企业同一水平线的强大技术能力，弹性扩展更强大，按需使用成本更低，享受更全面的安全防护与监控，业务上云成为必然趋势。数字经济时代，敏捷开发、快速迭代成为竞争常态，业务架构微服务化成为架构演进的必然结果。两者相结合使得技术运营更富挑战性。

随着公有云被广泛地在各行业应用，企业基本上能够实现及时、按需获取所需资源。云资源的管理与运营（容量的发现能力和适当的处理效率）、云服务的管理与监控、微服务容器管理与调度等都带来新的问题，例如：

- 与传统 IDC 部署业务相比，微服务化的云端部署使得服务数量大幅增加。
- 数据增多导致容器的编排、配置与资源的管理更为复杂。相对于过去只需要管理几台机器而言，如今如何搭配和配置各种微服务会变得更复杂。
- 业务的容量管理变得更加困难，资源利用效率难以提升。对于以前业务的容量，只需要监控某些服务器设备的使用率。如今，一个业务所在容器存在于多台服务器上，而且需要对容器里各种服务的资源利用率及容量进行监控，综合管理复杂得多，提升难度也更大。
- 微服务化使用关联关系更加复杂。由于微服务增多，监控的颗粒也相应有所增加，颗粒之间的关联关系也会变得更加复杂。
- 在微服务出现故障时，要有快速调度的能力，因此调度需要更精细化。

由于越来越多的服务都要经由云端处理，以通过各种容器来实现快速部署与扩展，因此云端微服务化后的资源充分利用、体验提升，是精细化运营要探索的方向。

9.2 物联网时代资源管理全要素化

在物联网时代，业务系统对资源供应管理提出了新的要求，这涉及物联网的特征以及日益增长的多样化资源需求。

物联网时代的显著特征是设备和终端的大规模连接，数以亿计的传感器、设备和终端相互连接，形成庞大的网络，而且对实时性和即时性的需求较高，例如，需要实时监测、快速响应和及时处理数据。除了传统的服务器、带宽和专线等资源，资源供应管理还需要处理大量的物联网终端设备、海量数据要素，以及适用于 AIGC 等的复杂计算需求。

物联网时代的资源供应管理需要更加智能化、自动化和弹性化。在物联网领域，资源供应管理需要利用人工智能技术，实现资源的智能分配和调度；需要利用自动化技术，实现资源的自动发现、配置和管理；需要更具弹性和灵活性，能够根据业务需求的波动进行动态调整与分配，确保系统在高峰时期和低谷时期都能够有效运行。

对物联网终端、数据要素、AIGC 等的需求明显增加。物联网终端设备众多，需要有效的管理和监控，包括设备的连接状态、数据传输、固件更新等。物联网产生的数据要素庞大，对于数据的采集、存储、处理和分析提出更高的要求，需要强大的大数据处理能力。物联网时代对人工智能、物联网、大数据和云计算的综合运用提出了更高的要求，涉及复杂的计算和分析任务，需要充足的计算资源。特别是涉及 AIGC 时，对于图形处理单元（GPU）的需求明显增加，用于加速复杂计算任务，如深度学习、图像处理等。为了满足这一需求，资源供应管理需要专门考虑 GPU 资源的配置和优化，以确保系统能够高效处理相关的复杂计算工作。

物联网时代的资源供应管理全要素化是未来精细技术运营需要重点考虑的方面。

9.3 数据要素资产化与价值化

数据要素的资产化与价值化是指将数据作为一种资产或资源进行管理和运营，使其能够产生经济效益和社会价值，这是未来技术运营的重要发展方向。

近年来，国家出台了一系列政策法规，推动数据要素的资产化。例如，"数据二十条"明确提出，要加快推进数据要素市场化改革，培育壮大数据要素市场，发挥数据要素对经济社会发展的基础性、战略性作用。2023 年 8 月 21 日，财政部发布《关于印发＜企业数据资源相关会计处理暂行规定＞的通知》，自 2024 年 1 月 1 日起施行"数据资产入表"，企业要对数据资产进行登记入账，并将其纳入资产负债表。这表明，国家对数据要素资产化的重视程度越来越高。

实现数据要素的资产化与价值化也面临着一些难点和挑战。其中，数据质量不高和数据的高价值转化严重不足是两个主要问题：

- 企业的数据质量普遍不高。这主要体现在数据不完整、不准确、不一致和不及时。例如，当数据来自多个来源时，可能存在一致性问题；数据是否真实、完整，以及是否反映了实际情况等，这些数据差异可能导致数据难以资产化及价值化。
- 企业的数据高价值转化率非常低。这主要体现在数据可能存在于不同的部门、系统中，导致数据难以整合和共享；企业可能拥有大量数据，但缺乏有效的数据科学人才、分析工具和方法，以及价值挖掘深度等，数据不能有效地用于产品研发、生产制造、营销和服务等业务活动中。数据的高价值转化不足，导致数据要素的价值无法得到充分发挥。

在未来的技术运营中，企业需要通过建设健全的数据管理体系提高数据质量，打通数据孤岛，以促进数据的高效利用。只有克服数据质量不高和高价值转化不足等难点，才能真正实现数据要素的资产化与价值化，为企业的创新和决策提供更强大的支持。

9.4 区块链应用

最近几年兴起的区块链技术，其分布式去中心化、不可篡改等特征，将对生产关系产生革命性的影响。区块链技术将实现（产品或资源）所有者、生产者、使用者的统一，形成一种共享、信任与升级的、价值最优化的共赢机制（见图9.1）。

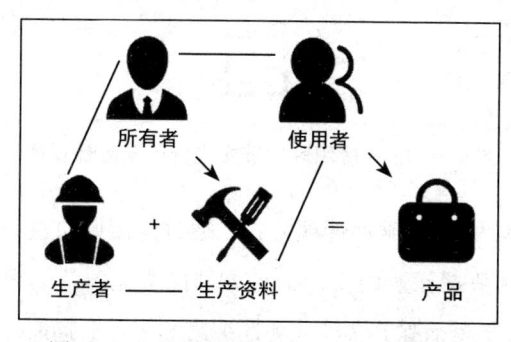

图 9.1 区块链技术应用于资源流转管理

在技术运营领域，很多场景都涉及生产者、使用者、管理者等，很多资源与信息在产品研发、运营、优化过程中进行流转，区块链技术也必然可以为技术运营带来新思考。

举例而言，在海尔的海量资源运营过程中，服务器资产会发生流转，很多信息会丢失，如固件版本升级信息、历史配置信息等。针对云化时代下的资产管理，如云化变更信息、云化利用率、故障率跟踪、同批次问题等，都可以通过区块链技术进行资产运营管理。

IBM资产管理团队在将区块链（私有链）技术用于资产管理方面已有一些进展：通过区块链技术，改进应用于硬件、软件以及相关合同管理上的交易更新的技术和流程，为所有服务的交付操作、涉及的客户以及这些软硬件资产的生命周期等，提供一种全新的互动参与体系。IBM关于资产管理服务的一些关键区块链概念及基本应用如图9.2所示。

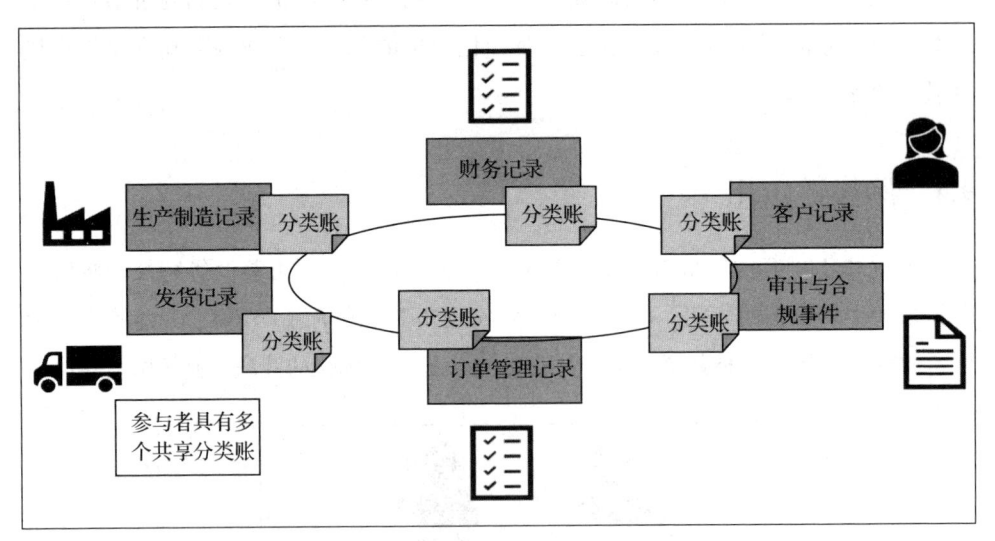

图9.2　IBM应用区块链实现资产全流程管理

据称，上述IBM资产全流程管理方式，通过使用区块链技术的业务网络，实现了让参与涉及关键数据元素的交易的各方都能避免争议，近实时地访问状态的单一事实，并减少（甚至消除）软件合规性披露和审计。同时，高价值的自动化服务将所有参与数据交易的必要方与新流程中的主动检查相集成，消除冗余的或需要验证、调解的文档以及合规性文档。

在工业领域，专业软件类型多、版本多，使用分散频率低，购置费用高，资产利用效率低下。随着对知识产权保护力度的加大，以及工业软件云化趋势越发明显，有众多分支机构的大型企业开始建设专业软件云，以实现专业软件许可共享、监控、统计、管理等，降低费用，提升利用率。专业软件云的管理与计费是非常好的区块链应用场景，可以全面解决软件服务商、集团企业及分支机构关于专业软件使用、授权与计费的争议。

因此，应用区块链技术将为资产管理提供显著的长期收益。另外，使用区块链技术管理资产，对于初创企业的估值也非常重要。

将区块链技术应用于技术运营的方方面面，值得大家思考与探索。

9.5 自动化

任何一项可以标准化（包括执行步骤与有判定条件）执行的人为工作，理论上都可以实现自动化，技术运营同样如此。

为持续提升技术运营工作效率、工作精准度及优化成本，我们需要不断地将技术运营工作进行标准化，进而自动化，特别是重复性的技术运营工作，如运营数据收集、分析与预测工作。

举例而言，将某大型即时通信系统业务的设备资源使用模型、带宽资源使用模型标准化之后，实现了系统自动、主动分析工作（见图9.3）。

通过这个自动化过程，将原来需要工程师2天才能完成的每周业务资源使用分析工作，提升到只需要2小时就能自动化实现，在分析的效率与精细化程度、全面性方面都有了大幅度的提升。虽然分析的结果非常依赖数据源的有效性与准确性，以及产品变化导致资源模型变化等，但自动化分析也能指出这些可能的潜在影响，帮助工程师快速优化、修正。

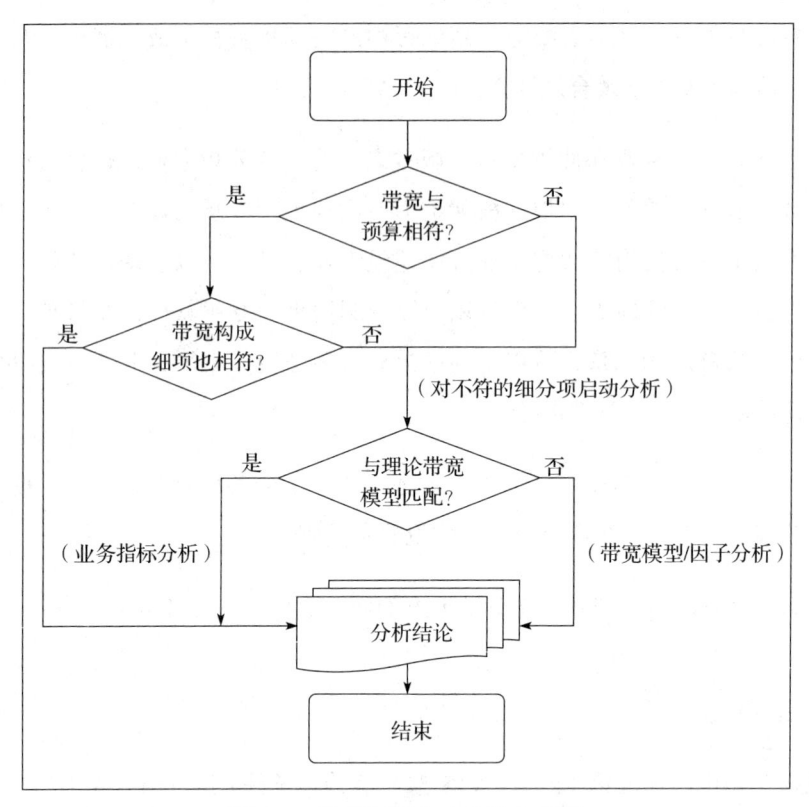

图 9.3　带宽资源自动分析流程图

有了自动化的分析，自动化预测也有了用武之地。在该即时通信产品的资源容量预测申请方面，技术运营团队进行了自动化预测方面的探索（见图 9.4）。

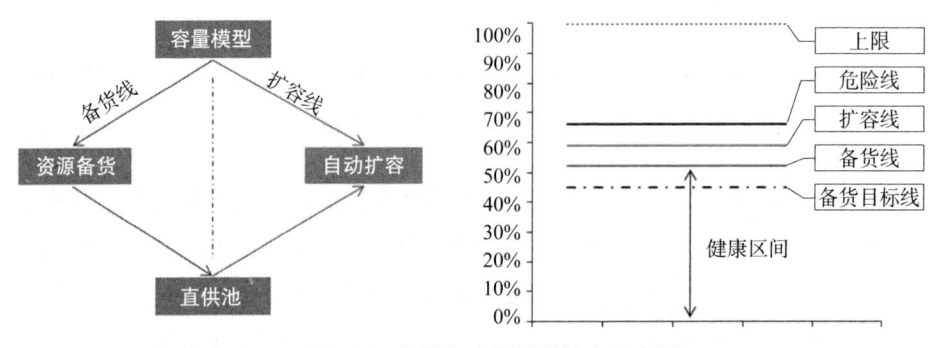

图 9.4　容量自动化预测扩容示意图

这个自动化容量的预测大大提高了资源申请、供应的效率。

9.6 智慧化

随着机器学习与深度神经网络的应用，技术运营的智慧化也是必然的发展方向。例如，传统的业务异常指标分析方法有阈值、同比、环比等，这些方法需要依赖大量的人力配置，随着数据量和指标量的增加，传统方法根本无法满足技术运营对数据精细化分析的要求。

在未来的智能化时代，更多智慧分析的策略和手段可以被引入。腾讯云总经理赵建春在演讲"AI浪潮下的高效运维思考与实践"中提到，AI与运维有多个结合场景点，包括智能告警、异常分析、故障预测、智慧客服等（见图9.5）。

运维智慧化探索		
智能告警	网络异常分析	程序异常分析
关联异常分析	变更体检报告	硬件故障预测
投诉文本聚类	咨询客服机器人	数据库参数调优
变更溯源	系统关联图谱	……

图 9.5 运维中 AI 可落地场景

一些智慧化技术运营场景的探索案例表明，相比自动化，智慧化技术运营在效率、准确性及全面性方面都有了进一步提升。当前AI在技术运营领域仍然处于非常初级的阶段，未来必定大有可为。

9.7 本章小结

我们在这一章介绍了关于技术运营未来发展方向的思考，包括云端微服务化、物联网时代资源管理全要素化、数据要素资产化与价值化、区块链应用、自动化与智慧化运营等。

企业层面的技术运营组织是否可以更进一步，承担起做强做大技术中后台、打破组织墙与数据墙的职责，也是未来技术运营发展的方向之一。

附　录 | Appendix

企业 DCI 运营管理规范

第一条　DCI 专线属于企业稀缺性网络资源。为规范 DCI 专线日常运营管理，落实 DCI 专线带宽的合理使用，维护 DCI 专线服务可靠性与稳定性，特制定本办法。

第二条　本办法涉及的 DCI 专线是指企业为连接各个分散的数据中心网络集群所建设的广域网络线路，目前特指跨城广域网络，不含 MAN（即同城专线网络）。

第三条　DCI 专线由网络部负责建设运营，运营管理部协助进行建设规划、日常运营管理，业务链群各设备在初始化时通过内网 IP 使用 DCI 专线带宽。

第四条　DCI 专线带宽服务按金牌、银牌、铜牌三个等级进行质量保障：金牌服务适用于对通信质量敏感、实时性需求最高的关键业务；银牌服务次之；铜牌服务适合对成本敏感、能承受短时间通信质量变化的业务。根据当前的专线建设容量及业务使用场景分析，大部分业务适合铜牌服务保障等级，参见表 1。

表 1　DCI 服务分级表

服务等级	丢包率	可用率	适用业务场景及服务保障说明
金牌	<2%	99.50%	承载关键的或需要保持高通信可用性的业务 在专线/设备部分故障的情况下，优先保障金牌流量

（续）

服务等级	丢包率	可用率	适用业务场景及服务保障说明
银牌	<2%	99.00%	承载可接受短时间通信质量变差或中断的业务 专线/设备故障部分的情况下，银牌流量根据专线剩余可用容量第二顺位切转
铜牌	<3%	99.00%	承载对成本要求高，对通信质量要求相对较低的业务 当专线需求容量超过专线建设容量时，铜牌流量最先被切换至外网带宽进行传输

第五条 DCI专线定价及收费标准：DCI专线定价包含专线流量单价及专线网络设备折旧两个部分，每年由运营管理部根据财务数据、企业运营成本明细、专线核算明细进行定价，参见表2。

表2 专线定价表

区域范围	服务级别	专线定价/[元/(月·M)]
国内	金牌	40
国内	银牌	20
国内	铜牌	10
国际	金牌	100
国际	银牌	50
国际	铜牌	20

注：表中"专线定价"指每月峰值时段传送1Mbit数据的定价。

第六条 DCI专线使用

1）DCI专线属于稀缺性网络资源，且建设周期较长，业务应尽可能优化、减少DCI专线用量。

2）业务接入时默认按铜牌打标，并按铜牌对应服务等级保障专线质量。

3）如果业务需要变更服务等级（比如由铜牌提升到银牌或金牌），按以下流程进行申请：

业务申请 ⇨ 业务指定接口人审批 ⇨ 运营管理部负责人审批 ⇨ 网络部负责人审批 ⇨ 实施变更

4）业务申请DCI专线银牌或金牌服务，需要结合对应的业务指标给出专线用量及推导过程。

5）日常运营中，业务在 DCI 专线使用达到指定预算用量后，会收到预警。对于金/银牌服务流量，预警 3 次（以周为单位）后，应当给出运营分析结论（或优化或追加），预警 6 次未给出运营分析结论，将实施降级服务。

第七条 DCI 专线流量按周期进行管理和核算，业务部门需要配合进行预核算分析，优化不合理使用的情况。

第八条 本办法由企业运营管理部起草并负责解释，自印发之日起执行。

推荐阅读

AIGC辅助数据分析与数据化运营：场景化解决方案与案例分析

书号：978-7-111-75963-8　作者：宋天龙　定价：99.00元

当AIGC与数据分析相遇，会给企业运营带来哪些颠覆性的变化？这本书聚焦于将先进的AIGC技术融入企业日常运营，深化业务数据分析，解决实际业务难题。书中围绕市场分析、竞争策略、客户运营、广告优化、商品运营与促销活动分析等多个维度，通过案例详细展现如何用AI延伸业务分析广度、拓展业务分析深度、优化业务分析效能。

无论你是业务专家、数据分析师还是市场研究人员，这本书都有助于你掌握AIGC的前沿技术，提升业务分析能力，帮助企业用智能的数据化运营实现业务持续增长的目的，为企业创新提供强大支持。

推荐阅读

数据安全与流通：技术、架构与实践

作者：刘汪根 杨一帆 杨蔚 彭雷 编著　ISBN:978-7-111-72632-6　定价:69.00元

本书由星环科技数据安全专家编写，是面向数据要素市场从业者的实用指南。全书从数据权属、数据价值、数据安全和数据流通等方面，对国内外关于数据有序流动和利用过程中的理论、模式、技术、法规等进行了全面梳理和解读，可以为数据要素市场建设的各方参与者提供重要并且完成的知识体系参考。

专家推荐

数据从人类文明之初就开始扮演着一个重要角色。互联网、人工智能技术的出现，终于将数据推到了作为人类生产要素的新高度，数据流通的安全合规性就变成了社会各个层面的一个重要课题。本书作者就是从这样一个高度来审视数据安全与流通的，将数据安全流通技术、架构与实践做了很好的概述，但又不乏一些深入的细节，能帮助读者对这些话题从理论到实践都有一个全面的了解。有些话题的描述可以直接在实战中使用，有些话题则是对未来发展的畅想。作者有着丰富的经验，也是用了心的，值得推荐给大家。

——王晓阳　复旦大学教授、中国计算机学会会士、中国人工智能学会会士

数据安全体系建设不仅需要理解法律法规本身，还需要结合技术与系统架构、组织与制度、业务场景与模式，使技术支持下的业务场景、业务模式与法律规则相匹配，最大限度地支持企业数据安全合规。本书立足数据安全立法视角，通过合规体系建设、数据交易与流通以及实践，多角度为读者提供了非常好的参考。

——戴昌久　北京市昌久律师事务所创始人

2020年国家文件将数据作为一种新型生产要素以来，数据要素的战略性地位和重要性不断提升，但整体来看数据要素流通还处于较为传统和起步阶段，数据交易流通还没有一套成熟的方案和规则。这本书从新的数据时代、数据安全、数据流通、实践与展望多个层面为数据要素流通厘清了思路，为数据交易场所发展探索了一条可落地的实践之路。

——周海扬　北部湾大数据交易中心副总经理

我国数据要素市场正在迅猛发展，数据安全风险也日益突出，解决数据安全问题对企业而言已经迫在眉睫。本书着眼数据安全与合规流通，兼顾政策、法规、技术和实操多个层面，是一本不可多得的为数据要素市场建设的各方参与者提供知识体系参考的书籍。

——孙元浩　星环科技创始人兼CEO